民族学论坛

民族学的转型发展

中国民族学学会 编

王延中 主编

张继焦 祁进玉 副主编

社会科学文献出版社

SOCIAL SCIENCES ACADEMIC PRESS(CHINA)

本书获得"国家社科基金社团活动资助"

# 编辑委员会

# 目　录

# 中华民族共同体：马克思主义
# 民族观的重大创新<sup>*</sup>

王延中[**]

习近平总书记在中央民族工作会议上指出："做好新时代党的民族工作，要把铸牢中华民族共同体意识作为党的民族工作的主线。"[①] 铸牢中华民族共同体意识，是以习近平同志为核心的党中央在民族理论方面做出的重大原创性贡献，是马克思主义民族理论的最新发展，是新时代中国特色民族观的核心内容，不仅是引领我国新时代民族工作的主线，而且已成为中国共产党探索解决中国民族问题正确道路的一个新里程碑。

## 一　历史演进中的中华民族观

马克思主义认为，民族是在一定的历史发展阶段形成的稳定的人们共同体。划分民族的标准包含主观和客观两个方面，是主观和客观的统一。一般来说，民族在历史渊源、生产方式、语言、文化、风俗习惯以及心理

　* 本文根据笔者在 2021 年"铸牢中华民族共同体意识研究论坛"上的发言整理而成。感谢北京市委《前线》编辑部高海涛先生的意见和建议。

** 王延中，中国民族学学会会长，中国社会科学院民族学与人类学研究所所长、研究员。

① 《习近平在中央民族工作会议上强调 以铸牢中华民族共同体意识为主线 推动新时代党的民族工作高质量发展》，《人民日报》2021 年 8 月 29 日，第 1 版。

认同等方面具有共同的特征。民族是一个历史范畴，有其发生、发展和消亡的过程。各民族在法律面前一律平等，维护国家统一和民族团结是各民族最高利益。中华民族是我国各民族的总称，中华民族在长期交往中形成了多元一体的格局，并且在长期的历史发展中形成了你中有我、我中有你、你离不开我、我离不开你的民族实体，也就是中华民族共同体。对于这个孕育于中华大地、超越了单一民族（或族群）边界、凝聚在"中华民族"旗帜下的超大型"民族共同体"的看法和认识，构成了中华民族观，也就是从整体的观点和民族的视角，看待中华民族与作为其组成部分的各民族及其相互关系的立场和观点。中华民族观的历史演进可以划分为三个阶段：古代中国"天下观"下的中华民族观、近代中国民族主义的中华民族观和马克思主义指导下的中华民族观。

古代中国的民族观，总体上看是"以文辨类"，一般从文化的角度对不同的人群进行大致的划分，并且强调教化与文化熏陶的作用。传统文化尤其"天下"观念对民族共同体的影响是巨大的。在某种程度上，可以说是"天下观"下的中华民族观。中国是历史悠久的文明古国。中国历史上的多民族社会现实和政治上的"大一统"思想，已经演变为中华文明的重要传统和思想基础。中华大地上的各民族在几千年的演变进程中形成了中华民族多元一体格局。各民族在漫长的历史长河中不断交往交流交融，客观上凝聚为一个"自在"的中华民族。政治上的"大一统"或者在几个政权并列时期对政治上"大一统"的追求，使中国始终保持了"大一统"的文明传统。这种民族观是古代中国"天下观"下的中华民族观。

近代中国民族主义的中华民族观。中华民族"大一统"的局面在近代遭到了严峻的挑战，生存发展出现了严重的危机。1840年鸦片战争爆发后，随着外国列强的入侵，中国作为"中央之国"的信念、知识、理论逐步发生动摇。维新派代表人物梁启超在戊戌变法失败后东渡日本，在西方思想影响下提出了"中华民族"的概念，从而开启了传统民族观（天下观）向近代民族观（民族国家观）演变的历程。梁启超认为，中华民族为一极复杂而极巩固之民族，乃出极大之代价所构成。此民族在将来，绝不至衰落，而且有更扩大之可能性。① 他批判那种"只知有天下有朝廷有自己而不知有国家之旧时观念拘囿"，指出国家是民族立于世界最有力的保证，要求将中国疆域内各民族统合至"中华民族"之下，争取民族独立和国家主权完整。梁启超推崇当时西方及世界许多地区兴起的"民族主义"与"民族国家"含义中的"民族"概念，是将之视作"谋公益而御他族"的法宝。他正是要用具有"民族主义"意涵之"民族"这一新的思想资源来谋求中国的社会整合与国家强盛。② 中国近代民主革命的先行者孙中山，在《临时大总统宣言书》中宣告："合汉满蒙回藏诸地为一国，即合汉满蒙回藏诸族为一人，是曰民族之统一。"③ 他进一步提出要打造以中华民族为国民身份认同的现代主权国家。

马克思主义指导下的中华民族观。中国共产党把马克思主义的民族理论与中国多民族国情相结合，探索形成了解决民族问题的新理论和新道路。1938 年，毛泽东在党的扩大的六届六中全会上所作的报告中，将中华民族界定为由"汉族"和"蒙、回、藏、苗、瑶、夷、番"等各少数民族组成的统一体，并指出，工作的重中之重是"团结中华各族，一致对日"。④ 毛泽东又在《中国革命与中国共产党》一文中对中华民族的内涵做出更详细的阐述，他指出，"中国是一个由多数民族结合而成的拥有广大人口的国家"，各族人民"赞成平等的联合，而不赞成互相压迫"。⑤ 新中国成立后，尽管社会主要矛盾和党的中心任务在不同时期有所不同，但民族工作在党和国家工作全局中的战略地位一直没有改变。70 多年来，不论是新中国初期进行民族识别、确立民族区域自治、建立社会主义民族关系，还是改革开放以来大力发展民族地区经济、完善少数民族和民族地区优惠扶持政策，我国的民族工作实践开展得扎扎实实、成就斐然。每个时期党都对民族工作的经验进行总结梳理。2005 年召开的中央民族工作会议

---

① 梁启超：《饮冰室合集·专集之四十二》，中华书局，1989，第 1~34 页。
② 张品兴主编《梁启超全集》第 2 册，北京出版社，1999，第 656 页。
③ 《孙中山选集》（上），人民出版社，2011，第 95 页。
④ 中央统战部编《民族问题文献汇编（一九二一·七——一九四九·九）》，中央党校出版社，1991，第 595 页。
⑤ 毛泽东：《毛泽东选集》第 2 卷，人民出版社，1991，第 622、623 页。

要求，新世纪新阶段的民族工作必须把"共同团结奋斗、共同繁荣发展"作为主题。该会议重申"民族是在一定的历史发展阶段形成的稳定的人们共同体。一般来说，民族在历史渊源、生产方式、语言、文化、风俗习惯以及心理认同等方面具有共同的特征"①。2014年中央民族工作会议把中国特色解决民族问题的正确道路概括为"八个坚持"。2019年在庆祝中华人民共和国成立70周年暨全国民族团结进步表彰大会上，将"八个坚持"进一步充实提升为"九个坚持"。党的十八大以来，以习近平同志为核心的党中央高度重视民族工作，站在坚持和发展中国特色社会主义、实现中华民族伟大复兴的战略高度，提出了一系列民族工作的新理念新思想新观点，采取了一系列新举措，引领我国民族团结进步事业不断创新发展，推动我国民族团结进步事业取得了新的历史性成就。习近平总书记在党的十九大报告中指出："深化民族团结进步教育，铸牢中华民族共同体意识，加强各民族交往交流交融，促进各民族像石榴籽一样紧紧抱在一起，共同团结奋斗、共同繁荣发展。"② 构建新的中华民族观，铸牢中华民族共同体意识，是中国共产党在新时代对马克思主义民族观的重大理论创新。

## 二 中华民族共同体民族观的继承与创新

中华民族共同体是中华民族观理论的新概括和新发展，是一种新的中华民族观。把中华民族共同体本身作为一种新的中华民族观，不是对以前我国民族研究理论观点的否定，而是为深化"铸牢中华民族共同体意识"重大论断的理论逻辑提供了新的思路。

新中华民族观的继承性。以华夏文明几千年的历史积淀为基础，中国的地理版图和生存空间保持着巨大的稳定性。在中华大地上生存的各民族及其在历史上不同时期建立的地方性政权，都把追求国家统一、政治一统

---

① 国家民族事务委员会、中共中央文献研究室编《民族工作文献选编（二〇〇三——二〇〇九）》，中央文献出版社，2010，第91页。

② 习近平：《决胜全面建成小康社会 夺取新时代中国特色社会主义伟大胜利——在中国共产党第十九次全国代表大会上的报告》，人民出版社，2017，第40页。

作为一个不变的追求。孙中山在继承维护国家统一、坚持中华文化包容性的同时，把近代民族国家观念、国家主权意识和民族主义思想引入中国，提出了资产阶级的民族理论，推翻了封建专制，建立了中华民国。中国共产党以马克思主义为指导，对资产阶级的民族理论进行了彻底的改造，把马克思主义的民族理论与中国多民族国情相结合，与中国革命、建设、改革实际相结合，推进马克思主义民族理论中国化，探索形成了解决民族问题的新理论和新道路。从古典中国"天下观"下的中华民族观到近代中国民族主义的中华民族观，再到马克思主义指导下的中华民族观，主体是中华民族这一事实没有变，概括这一事实的中华民族观念始终保持着连续性和一致性。把中华民族共同体作为一种新的中华民族观，可以更好地体现对马克思主义民族观的继承和创新，更大限度地在各民族间凝聚共识，共同推进民族团结进步事业，共同促进中华民族伟大复兴。

新中华民族观的创新性。中国是由多民族组成的国家，需要建立一个国家范围内所有群体和个人均认同的新概念，也就是促进政治整合、文化包容、社会团结功能的国家民族观念。进入新时代，提出以建设中华民族共同体为核心的新中华民族观，则是在继承基础上的创新，在总结实践经验基础上的新综合。中华民族共同体这一新概括是对具有鲜明同质性特征的狭义民族概念的超越，其回应的是现代多民族国家实现国家整合的必然诉求，彰显的是多民族国家内部成员对国家作为政治共同体的身份认同，具有更大的包容性和更强的凝聚力。新中华民族观的核心概念是中华民族共同体。对中华民族共同体进行理论厘定，必须要以马克思主义作为指导，将马克思主义基本原理同中国革命、建设和改革的实践相结合，同中国的历史传统和中华优秀传统文化结合起来进行分析。马克思主义在政治上主张，现代民族国家应当采取社会主义共和国形式，以更加广义的国家民族概念来组建政治国家，并且认为国家应该成为无产阶级实现民族平等和民族自决的政治组织形式。[①] 在理论与实践相结合的过程中，新中华民

---

① 任勇、付春：《马克思主义政治学视野中的民族和民族国家》，《政治学研究》2011 年第 1 期，第 49、52 页。

族观逐渐形成了自身特有的理论特色与现实关怀，其当代构建不断与中国特色社会主义的道路探索合二为一，最终造就了以马克思主义民族理论为指导的理论底色，形成了一种具有中国特色的政治共同体主张。理解中华民族共同体的共同性特征，应当注意以下三个方面。首先，中华民族共同体的本质是以爱国主义为纽带而产生的中华民族共同体全体成员之间凝结的深厚情感联结，体现了中国人民坚持爱国、爱党和爱社会主义高度统一，体现了中国人民对中国社会的政治道路、经济模式以及生活方式的广泛认同。其次，中华民族共同体在既往各民族交往交流交融的历史中，始终共享着多重公共价值。中华民族作为一个自在的民族实体是在几千年的历史过程中形成的，在生存空间场域和文明发展的实践进程中形成了非常深厚的共享基础：在经济、政治和社会发展上共享着规范化的制度模式，切实实现各民族共同繁荣和共同发展；在语言、文化上共享着相同的发展权益，并以此为基础实现融合共享。最后，中华民族共同体是中华民族近百年来为寻求自身民族独立、维护国家主权、实现中华民族伟大复兴而自觉建构起来的政治共同体。中华民族共同体中的每一个成员都拥有统一的市民身份，履行共同的权利义务，都与这一共同体的前途和命运息息相关、休戚与共。

## 三　中华民族共同体民族观对新时代民族工作的重大意义

新中华民族观是在中国共产党的领导下，全国各族人民为实现人民的主体性和建设社会主义现代化国家而形成的博采众长的民族观。以中华民族共同体为核心的新中华民族观不以同质性为指向，而以共同性为目标，对于增进我国各民族之间的共同体意识和民族友谊，促进全国各族人民在多元一体的民族架构下，进一步实现民族团结进步发展，有着深刻的理论价值和现实意义。

新中华民族观的理论意义在于厘清了民族研究领域若干概念之间的关系。新中华民族观与其他民族观的最大不同是，对民族现象中的共同性、同质性、差异性三个基本概念的关系进行了清晰准确的区分，即共同性不等于同质性，共同性包含同质性和差异性。新中华民族观是追求不断增强共同性而非同质性的民族观，强调把中华民族建设成为中华民族共同体，增强中华民族的共同性。中华民族自古以来是一个"自在"并不断"自觉"的实体，而中华民族共同体则是一个需要在新时代围绕实现中华民族伟大复兴目标进行进一步建设的"自为"的实体。新中华民族观关于民族现象中共同性、同质性和差异性关系的理论创新，为我们厘清了中华民族和中华民族共同体的关系、中华民族共同体与中华民族外延的关系、中华民族与 56 个民族的关系，以及中华文化与 56 个民族文化的关系。

新中华民族观的文化意义在于它本身就是一种新文化观。新中华民族观并不是凭空出现的，而是对中华优秀传统文化、党领导人民在革命、建设、改革开放中创造的社会主义先进文化的新综合。新中华民族观吸收了上述各种文化的精华成分，从而对民族现象有了更加理性且符合中国特色社会主义国情的认识。新中华民族观是一种在文化现象中借鉴和在反思中创新的民族观，彰显了鲜明自主性，体现了社会主义中国对新时代民族现象的文化解释，体现了对"一与多""共同与同质""共同与差异"等基本问题的辩证把握，是新时代社会主义中国的一种新文化观。

新中华民族观的时代意义表现在为统筹"两个大局"提供了新的理论工具。统筹"中华民族伟大复兴战略全局和世界百年未有之大变局"两个大局，要求我们必须统一思想认识，形成凝心聚力、团结合作的中国力量。新中华民族观以建设中华民族共同体为主线方向，突出强调了增强中华民族的共同性，为如何实现中华民族伟大复兴和建设人类命运共同体有机结合提供了理论指导。

新中华民族观的工作意义表现在为推进民族工作改革提供新的引领。中华民族共同体民族观能帮助我们形成正确的国家观、历史观、文化观和宗教观，具有鲜明的实践指导意义。新中华民族观有助于加深人们对中华民族共同体的认识，培育中华民族共同体思维，更加理性科学地认识新时代民族工作的新形势和新要求，为民族工作的改革优化奠定了原则基础，为民族工作具体改革措施提供时代标杆和方向，对推进各领域、各地区的民族工作发挥引领作用。

# 费孝通民族研究理论与"合之又合"的中华民族共同体

麻国庆<sup>*</sup>

全球史研究奠基人威廉·麦克尼尔（William H. McNeill）在《西方的兴起》一书中强调了人类历史的一个重要特点是文化的多元性与差异性。然而，在文化多元性之下仍然存在着某种重要的共同性。这种共同性往往超越了文化和政治的边界，且通过一个世界体系的兴起表现出来。① 而一部中国历史，也正是在多元性和差异性的基础上形成的中华文化共同性的历史，也是中华民族共同体形成与发展的历史。1950 年，历史学家范文澜在《中华民族的发展》一文中强调了中华各个民族共同开发了中国疆域，中华各民族的劳动者都是中国的创造者，当然是中国历史真正的主人翁。② 费孝通在 1951 年写的《兄弟民族在贵州》中引用范文澜的论述后，紧接着指出"过去大汉族主义把共同创造祖国的兄弟民族排斥在同胞之外，加以歧视和侮辱，是完全错误的。凡是犯这个错误的就也应当负责的"③。

范文澜于 1954 年发表的《试论中国自秦汉时成为统一国家的原因》一文就提出并回答了汉民族的形成问题，并用马克思主义的科学思想方法

* 麻国庆，中国民族学学会执行会长，中央民族大学副校长，民族学与社会学学院教授。
① 威廉·麦克尼尔：《西方的兴起》，孙岳、陈志坚、于展等译，中信出版集团，2018。
② 范文澜：《中华民族的发展》，《学习》1950 年第 1 期。
③ 费孝通：《兄弟民族在贵州》，生活·读书·新知三联书店，1951，第 21 页。

来认识和研究中国统一多民族国家的历史成因。范文澜提出，汉族这一独特民族是在独特的社会条件下形成的，且在秦汉时期就已具备形成民族的四大条件：一是"书同文"，即有了"共同的语言"；二是"共同的地域"；三是"行同伦"，即有了"表现于共同文化上的共同心理状态"；四是"车同轨"，相当于"共同体经济生活"。这四个方面分别对应着"共同的语言""共同的地域""共同文化上的共同心理状态""共同体经济生活"。① 此文发表后，在我国理论界引发了广泛的、持续近十年的大讨论，跨学科领域的不少著名学者也参与其中，包括吕振羽、翦伯赞、费孝通、林耀华等，产生了大量学术成果。该文章还引起了毛泽东、周恩来、李维汉等老一辈党和国家领导人的关注。随着学术大讨论的持续，涉及的问题远远超出汉民族形成问题本身，扩展到诸如马克思经典作家的民族定义、民族的起源、民族形成的规律、民族形成的上限与标准等许多具有一般性意义的民族理论议题，对新中国民族理论的形成产生了深远的影响。从历史学的角度强调了中华民族的共同性特征。

　　范文澜的这两篇文章涉及中华民族和汉民族形成问题的讨论，对于今天深入分析"民族"及其相关问题以及当前铸牢中华民族共同体意识都有重要的启示意义。

　　费孝通与当年范文澜历史学的研究路径不谋而合，"中华民族多元一体格局"的理论框架中，"尤其注重汉民族在中华民族中的核心地位和作用"②。费孝通从人类学民族学的角度指出，汉族在形成和发展的过程中，在吸收其他民族成分的同时，也给其他民族输送了新的血液。因此，中华民族这一体是在不断地发生混合、交杂，进而形成一种血统上的混杂。汉族的壮大是通过不断吸收进入农业地区的其他非汉人，而非单纯的人口自然增长。在这不断地吸收过程中，就像滚雪球那样越滚越大。③

---

① 范文澜：《试论中国自秦汉时成为统一国家的原因》，《历史研究》1954 年第 3 期，第15～25 页。

② 叶江：《对 50 余年前汉民族形成问题讨论的新思索》，《民族研究》2009 年第 2 期，第 1～10、108 页。

③ 费孝通等：《中华民族多元一体格局》，中央民族学院出版社，1989。

费孝通民族研究的一大学术特点是强调不同民族、不同文化在差异性基础上的共同性的历史进程和多民族社会共同繁荣的发展观。费孝通很早就强调，仅仅将少数民族作为民族学和民族研究的对象是存在缺点的，因为少数民族和汉族之间本身就是一个整体，若将少数民族割裂开来，作为一个单独的研究对象，就无法看到少数民族在中华民族整体中的地位及其与汉族的关系。① 在各民族交往交流交融更加密切的今天，"中华民族"的概念已经被赋予了新的内涵和意义。费孝通对于中华民族的形成过程以及中华民族共同性的探讨主要体现在以下几个方面。

## 一 "多元一体"是中华民族共同体的内在结构特点

李济是费孝通在清华大学的同事，是较早从考古学、人类学角度关注"中华民族"来源的学者，他在《中国文明的开始》一书中提到的"中华民族"是从英文翻译而来的，原文用的是 Chinese people。他指出"现代中国考古学家的工作，不仅限于找寻证据以重现中国过去的光辉，其更重要的责任却是回答以前历史学家只是隐约感知到的，而在近代科学影响下酝酿出的一些新问题。这些问题分为两类，但两者却息息相关：其一是有关中华民族的起源及其形成；其二是有关中国文明的性质及其形成"②。"魏氏的论文在很多方面引起了非常有趣的揣测。其中之一是山顶洞人之骨骼和中华民族在历史过程中的形成的可能关系。"③ "中华民族之总体，正如众多来访之人类学者所判识，实由诸多极不相同之种族成分和血统所构成；其间差异，即使对专业的人类学者而言亦常为难解之谜。"④

费孝通对于中华民族形成过程这一重要课题的研究由来已久。早在1934 年，他发表的《分析中华民族人种成分的方法和尝试》一文就已运用

---

① 费孝通：《中华民族研究的新探索》，《北京大学学报》（哲学社会科学版）1990 年第 4
期，第 3~5 页。

② 李济：《中国文明的开始》，江苏教育出版社，2005，第 3 页。

③ 李济：《中国文明的开始》，江苏教育出版社，2005，第 5 页。

④ 李济：《中国文明的开始》，江苏教育出版社，2005，第 191 页。

了中华民族这一概念。他在文章中指出，中国版图上的人民由不同的体质、文化成分在历史中历经种种分化同化后形成了一个极其复杂的丛体。在体质上、语言上和民俗上的各成分间的分合、盛衰、兴替、代谢和突变才是中国民族的根本的事实。要研究各成分的分合、盛衰、兴替、代谢、突变等作用，势必先明了各成分的情形。成分即是构成这丛体的单位。在体质上、语言上和民俗上分别有人种、方言和诸多不同的文化丛。这三者其实是一部分人群三方面的表现，但是研究时所用的方法不同。①

从人的体质特征来认识中华民族整体的研究视角，是费孝通持续研究的领域。1993年，费孝通主持研究"中国不同民族基因组比较研究"这一国家自然科学基金项目。该项目是要从生物学中寻找到我国各民族源流、迁徙和划分的相关依据。费孝通强调，分析中华民族形成和发展的历史过程，人类学民族学必须与生物学合作。当时，笔者作为费孝通的博士研究生，协助恩师整理了报告，直到将报告交给基金委。这篇报告十多年后应《开放时代》之约发表出来。② 费孝通在该研究报告中指出，在中国各民族的形成和发展中，其生物基础也体现出这是个非常复杂的过程。而且在不同区域之间乃至同一区域内，其复杂性也体现出了极不平衡的特点。中国历史上各民族的分与合的过程乃至现代不同民族之间的交流、交融与整合，正是体现了这种复杂性。

费孝通在清华研究院学习时撰写了两篇有关体质人类学的研究论文。一篇是对广西苗、瑶、侗、壮等少数民族的体质测量，另一篇是关于朝鲜半岛人种类型的分析。费孝通将中原人的体质特征主要分为 α、β、γ 等若干种类型。其中，α 类型主要出现在华北和西北一带，β 类型主要出现在东南沿海到朝鲜半岛，γ 类型主要出现在华南。③ 费孝通对该议题的研究，主要是想把这三种类型的体质特征和民族历史的迁徙联系起来。在一次民族研究的座谈会上，费孝通凭他的记忆总括了潘光旦对中华民族迁移的设

---

① 费孝通：《费孝通文集》第 1 卷，群言出版社，1999，第 276~280 页。

② 费孝通：《关于中国民族基因的研究——〈中国人类基因组〉评审研讨会上的发言》，《开放时代》2005 年第 4 期，第 5~9 页。

③ 费孝通在清华研究院的论文因战乱在搬迁中遗失。

想，大概是苗、瑶、畲这三个民族在历史上有过密切的关系，可能是早先从淮水流域向南迁徙的中原移民。自从有了文字记载以来，总体而言，北方民族向南或向东迁移，中原民族向南迁移，沿海民族入海和向南北分别迁移，向南迁移的又向西迁移出现在的国境。① 费孝通对不同民族体质特征的早期研究，试图通过探讨历史迁徙过程中不同民族的分与合，来了解中华民族的形成过程。

由于有了早年不同学科的研究背景和基础，费孝通在新中国成立后对民族的研究也一直强调民族的分化和交融。费孝通来到中央民族学院后，很长时间参与并负责西南民族访问团的工作。他在回顾 20 世纪 50 年代民族识别工作时曾指出："民族这种人们共同体是历史的产物。虽然有它的稳定性，但也在历史过程中不断发展变化；有些互相融合了，有些又发生了分化。所以民族这张名单不可能永远固定不变。"② 在民族调查的基础上，涉及族源、迁徙、分化、交融等民族之间的互动交流的历史与现状时，由于他有体质人类学的训练，费孝通强调从考古学资料来提供佐证。在 1956 年的全国考古工作会议上，费孝通就强调开展少数民族地区考古工作的重要性。他指出，中原的汉人或汉人祖先很早就已进入西南山区。但这些中原汉人移民进入西南山区，与当地各种人群接触后，必然在语言、文化、心理上发生变化，他们有的已经和现在的汉人有一定区别了。如果获得考古学者的帮助，能够看到这些人在不同时期所留下的遗物，那么这些人的来历与历史上的变化就可以得到佐证。这就要求加强考古学、语言学、人类学和民族学的密切合作，才能把各民族历史弄清楚。因为很多民族获得自由、平等，以及在党和政府的领导下使其社会得到飞跃发展后，他们都要求在中国通史中加入各民族的历史，体现出各民族在创造祖国文化中所作的贡献和所处的地位。③

---

① 费孝通：《关于中国民族基因的研究——〈中国人类基因组〉评审研讨会上的发言》，《开放时代》2005 年第 4 期，第 5~9 页。
② 费孝通：《费孝通文集》第 7 卷，群言出版社，1999，第 202~203 页。
③ 费孝通：《开展少数民族地区和与少数民族历史有关的地区的考古工作——在考古工作会议上的发言》，《考古通讯》1956 年第 3 期，第 1~10 页。

当时费孝通希望不同学科的学者，要关注中华民族形成过程的研究。例如，如何将考古学的研究和中华民族共同体的形成和发展结合起来？而这也是新时代需要关注的问题。由于民族地区的民族调查和考古工作的推进，1962 年，考古学家夏鼐在《新中国的考古学》一文中，从考古学家的角度较早提出"中华民族共同体"一词，他指出"现今全国的少数民族还很多，他们虽然和汉族不同，但各兄弟民族的祖先在悠久的历史进程中，与汉族的祖先建立起日益紧密的联系，今日大家一起构成了中华民族共同体"①。之后中华民族的概念不断出现在考古学家的研究中。

20 世纪七八十年代是中国考古学走向成熟的转折期。著名考古学家苏秉琦的"区系文化类型"说被认为是认识中华民族多元一体格局形成的重要的考古学论证。1975 年 8 月，苏秉琦给吉林大学考古专业师生作报告时初次提出了区、系、类型理论。这个理论被认为是中国文化起源、文明起源、从氏族到国家、从原始古国到"方国"，到多源一统帝国发展史、中华民族多元一体格局的形成史等重大课题研究的基础。在此基础上，苏秉琦还把我国历史的基本国情概括为"超百万年的文化根系、上万年的文明起步，五千年的古国，两千年的中华一统实体"。他特别强调从考古学来理解中华民族多元一体格局的形成与发展。苏秉琦认为，社会每前进一步，都会引起文化族群的组合与重组。兼容性和凝聚力是中国文明、中华民族的精神与气魄之一。"不论中华民族的哪一支系入主国家，都能保持住趋同、融合的总趋势。世界上没有哪一个国家能像中国这样有着超百万年传承不断的文化和民族血脉，有如此浑厚的兼容性和凝聚力。"②

从后来费孝通、陈连开在研究中华民族多元一体格局形成和发展的过程中，大量引用了诸如《新中国的考古发现和研究》③ 等考古资料的情形来看，可以肯定的是费孝通的中华民族共同体的研究，是希望多学科共同配合，从各种历史文献、考古资料以及民族志材料等，分析各民族之间在历史上分中有合的过程，进而凸显中华民族的共同性。

---

① 夏鼐：《新中国的考古学》，《考古》1962 年第 9 期，第 453~458 页。
② 苏秉琦：《苏秉琦文集》第 3 册，文物出版社，2009，第 207~217 页。
③ 中国社会科学研究院考古研究所编《新中国的考古发现和研究》，文物出版社，1984。

当前分子人类学的研究成果，也为中华民族"多元一体"的内在构成机制提供了自然科学研究的佐证。如张梦翰、严实等在《自然》杂志上发表的《语言谱系证据支持汉藏语系在新石器时代起源于中国北方》一文，指出汉藏语系是世界上母语人数第二多的语系，包括了汉语、藏语、缅甸语、西夏语、彝语等多种语言，涵盖了中国大多数人口。汉藏语的谱系以往在语言学界众说纷纭，主要争议为汉语在该语系演化谱系中的地位。作者利用贝叶斯方法，采用了马提索夫（Matisoff）教授主导整理的"汉藏语词源（STEDT）数据库"中 109 种汉藏语系语言的 100 个词义 900 余个词语数据，通过多种数学模型构建了汉藏语系的演化树，并通过历史文献中的时间标定计算了各节点的分化时间。文章的计算结果证实了汉语为汉藏语系中最早分化出的语言，藏缅语族为一单系群，汉语与藏缅语分化年代约在 5900 年前，由此支持了汉藏语系起源于中国北方的假说。文章进一步确认了包括汉语和藏语在内的国内多种语言的同源关系，为探索汉族、藏族等的早期源流和分化、混合过程提供了重要证据。这一证据与考古证据一起，说明了汉族、藏族、彝族、羌族等诸多民族在文化上是近亲，也在历史过程中相互间及与其他民族间发生过不断交融。①

从费孝通的民族史研究、体质人类学研究，通过对各种考古资料的梳理和最近的分子人类学的研究成果来看，各民族的分合过程逐渐整合出了中华民族的共同性。

## 二 "合之又合"是中华民族共同体
### 形成的内在运行机制

1991 年 9 月，潘乃谷带笔者和邱泽奇师兄陪费孝通到武陵山区考察。刚上火车，费孝通就说要给我们上一次课。我的理解是，费孝通给我们上的这一次课是关于历史上各民族之间的"分"与"合"的运行逻辑。

---

① Zhang, M., YAN, S., et al., "Phylogenetic Evidence for Sino-Tibetan Origin in Northern China in the Late Neolithic," *Nature*, 2019.

"分"当然不等于"分裂","分"以后是一种新的合,也如同历史学家葛剑雄所言的"'分'的过程,实际上就是政治民主化、经济市场化、文化多元化、(地方或少数民族)自治化的过程"①;"合"则是民族大交融,"合"的基础是国家的统一与民族的团结。"合"之后是各民族在政治上、经济上、文化上具有高度的共同性。当然,这种共同性中包容着多元性。中华民族形成的历史就是这种"分"与"合"相互作用、互动共生的过程史,最终形成了"中华民族多元一体"的格局。"分"与"合"并不是一种二元对立的关系,而是一种互动共生对转的关系,因而"分"与"合"关系更体现为一种"合之又合"的关系,这种关系必然"磨合"出中华民族的共同性。

我们武陵行的初衷是,一方面要沿着潘光旦的足迹去调查;另一方面要看西南民族地区的发展问题。调研结束后,潘乃谷把当时费孝通的讲话作了整理②,笔者又根据笔记作了进一步展开。费孝通说,潘光旦于1956年去过湘鄂川交界区调研,潘光旦的目的是解决两个问题:一是土家族到底是不是一个少数民族的问题,潘光旦经过两个多月的调查后得出了土家族为一个少数民族的结论;二是土家族的族源问题,依潘光旦观点,土家族为巴人后裔,巴人最早从四川西部向东沿长江下来,最后进入该山区繁衍生息。

但是,此次武陵行与潘光旦有着不同的目的。费孝通说,我们武陵行并非进行历史研究,而是要深入考察民族的分、合变化,从民族分化、交融、变迁来看中华民族的形成和发展。但历史上各民族之间是如何分?如何合?还需要进一步深入研究。费孝通在相关论著中已对历史上民族之间的分与合作了较为明确的论述,并强调区域中的多民族共同体。他在这次对武陵山区的调查后指出,武陵山区是各民族从云贵高原向江汉平原开放的通道。该通道是一条多民族交流交融的走廊,因其特殊的地貌而积淀了不同的民族特点,又因人口的迁徙和交融,成为多民族集聚的大熔炉。各

---

① 葛剑雄:《统一与分裂:中国历史的启示》,商务印书馆,2013,第280页。

② 潘乃谷:《费先生讲"武陵行"的研究思路》,《北京大学学报》(哲学社会科学版)2008年第5期,第39~46页。

民族长期生活在这一地区，在不同程度上已形成了一个我中有你、你中有我，你我之间既有区别又难分难解的多民族共同体。①

　　这么多年，笔者时常在回忆当年费孝通给我们讲的关于历史上的各民族之间的"分"与"合"的问题，并一直在思考这种"分"与"合"的内涵和外延。总的来说，历史上各民族之间的"分"与"合"应该是实现"合之又合"的内在动力所在。

　　费孝通提出历史上各民族之间的"分"与"合"的运行逻辑，也和潘光旦的研究一脉相承。潘光旦的《湘西北的"土家"与古代巴人》一文通过对古代"巴人"的调查研究后提出，"土家人"的一部分祖先在发展的过程中也出现变成各种不同程度的汉人的情况，最后成为汉族的一个组成部分。因此，这种历史研究又必须与汉族，乃至全部中华民族的大共同体是如何形成的这样一个总问题密切地结合起来进行，这样一个族类之间的接触、交流与交融情况在祖国漫长的几千年的历史中从未间断过。② 费孝通多年后重读潘光旦这篇力作后感慨很深，且十分赞成潘光旦的观点。费孝通认为，汉族之所以能成为当今世界人数最多的一个民族，绝非单纯的由汉族祖先自然繁殖的结果，而是在发展过程中不断吸收原来不属于汉族的人们而壮大起来的。其他的民族实际上也多是由原来不相认同的人们逐步交融而成的。在不断又合又分的过程中，出现了我国现有的民族结构。因此，中华民族是一个民族实体，具有共同的民族意识，由诸多互相不能分离的民族单位组成。中华民族是历史的产物，我们有责任对这个人们共同体的形成作出科学的论证。③

　　潘光旦在这里所讲的"人们共同体"，其含义就是中华民族共同体。这一"历史的产物"就是各民族共同创造的灿烂文化沉淀在中华民族包容发展的思想资源之中。各民族此消彼长的发展过程是中国历史的一个特点。不过历史上曾出现暂时的分裂割据或多个政权并存的局面，中国历史

---

① 费孝通：《费孝通民族研究文集新编》下卷，中央民族大学出版社，2006，第 395 页。

② 潘光旦：《湘西北的"土家"与古代巴人》，《中国民族问题研究集刊》第 4 辑，中央民族学院研究院，1955。

③ 费孝通：《费孝通选集》，海峡文艺出版社，1996。

发展的主流是统一的多民族国家。虽然有"分",但更重要的是"合",而且是"合之又合",不断叠加聚合而成中华民族。这也是费孝通理解中华民族发展过程中呈现出分与合的运行逻辑的核心。可以说,《中华民族多元一体格局》对中国多民族社会的变动过程及其"合之又合"的内化过程作了整体上的概括和研究。

费孝通强调中华民族成为一体的过程是日渐完成的。这是因为"在中华民族的统一体之中存在着多个层次的多元格局。各个层次的多元关系又存在着分分合合的动态和分而未裂、融而未合的多种情状"①。笔者认为,正是在这"分"与"合"的运行逻辑中,中华民族才会"像滚雪球一般越滚越大",我们可以将这一"雪球"比喻为一个超级磁场,她以超强的磁力紧紧地吸住各个民族而将之凝聚成一股强大的力量。

## 三　超越单一民族的中华民族的共同性研究

从费孝通的民族走廊研究,到支持对岷江、大渡河、怒江、澜沧江、雅砻江和金沙江等六江流域的民族调查研究,再到"中华民族多元一体格局"理论的提出,都是在强调通过区域来看民族。费孝通倡导的区域研究,就是要超越单一民族研究的限定,打破行政上和学科上的界限,用全面的整体的观点研究各民族历史上的"合之又合"的过程,进而整体把握中华民族的共同性。

1989 年,费孝通发表的《中华民族多元一体格局》可谓研究分合机制的集大成者,也是 20 世纪以来中国学界对中华民族结构之"一"与"多"的辩证关系研究的集大成之作。同时,这一研究开拓了中华民族研究的新局面。不只在民族研究领域,在人文社会科学领域也是非常重要的独创性的研究成果。该书出版以来,对中国的学界、理论界产生了广泛而深远的影响,引发的学术热潮持续至今,并产生大量研究成果。该理论对中国民族理论、民族学、中国民族史、历史学等学科的发展与建设,以及中华民

---

① 费孝通等:《中华民族多元一体格局》,中央民族学院出版社,1989,第 33 页。

族的研究均产生重要指导作用，已成为标志性的"中国理论"，内化于当代中国民族理论、民族工作指导思想之中。

《中华民族多元一体格局》的出版，可以说是标志着费孝通以及中国学界的中华民族多元一体格局理论的创立。该理论也是新中国成立以来，中国学者在哲学社会科学领域提出的为数不多、具有完全原创意义的基础理论，其深层意涵，对人们观察人类社会的民族现象、处理不同民族之间的关系，具有普遍意义上的引领价值。

中华民族多元一体格局理论是费孝通对当代中国民族问题深度思考的有力回应。费孝通用中华民族这个词来指现在中国疆域里具有民族认同的所有人民。56个民族和中华民族分别为"多元"和"一体"，虽然他们均被称为"民族"，但层次有所不同。由于"国家"和"民族"是两个互有联系又有不同的概念，所以使用国家疆域来做中华民族的范围并非很恰当。如此划定是出于方便和避免牵涉到现实的政治争论。① 费孝通首先界定了"民族国家"与民族共同体这些基本概念。然后，从诸多史料论证"一个你来我去、我来你去，我中有你、你中有我，而又各具个性的多元统一体"② 的形成过程。

作为一个统一的多民族国家，《中华人民共和国宪法》中的"民族"具有非常明确的指向。然而对56个民族实体的确认却是一个复杂的实践过程，费孝通就是这一过程的参与者和见证人。从1950年7月到1952年底，中央共派出四个民族访问团将新中国的民族平等团结政策宣传和落实到千家万户，以宣示新国家的成立。访问团在访问期间对民族地区进行了大量的田野调查，收集到很多一手资料。后来进行民族识别所用的佐证资料许多就是来自此次调查。费孝通作为西南和中南访问团负责人在贵州和广西访问期间，带领其团队深入民族地区开展实地考察，为日后该地区的民族识别工作发挥了重要作用。

费孝通在《中华民族多元一体格局》中重视民族概念依据不同情境的

---

① 费孝通等：《中华民族多元一体格局》，中央民族学院出版社，1989。

② 费孝通等：《中华民族多元一体格局》，中央民族学院出版社，1989。

表达，并积极拓展民族研究的理论创新。他的老师史禄国的民族概念，对费孝通有较大的影响。20世纪初期，史禄国就曾对中国东北与俄罗斯远东地区这一区域的“通古斯人”进行调查，并出版了《北方通古斯的社会组织》。在史禄国看来，“北方通古斯人”是一个“民族单位”。对“民族单位”这一定义的理解，把握“民族志要素”尤为关键。史禄国指出，“民族单位”中的民族志要素的变化过程及其向下一代的传递和生物学的过程正在进行。这些单位总是处在变化或变异之中。昨日之单位和明日之单位虽然不完全相同，但从发生学的角度来看，它们却是相同的。民族志要素规定了作为持久的人们共同体的社会功能，使民族单位得到繁衍，并保证民族单位的存在和延续。① 为避免类似概念的混淆，史禄国特意引用希腊文 ethnos 作为指代研究对象的新术语。他将这一概念定义为“一个讲同种语言，认定有共同族源，拥有一个习俗复合体和一套社会制度的群体。这一群体有意识地被维系并依据‘传统’作为解释基础，与其他不同群体相互区分。这一单元处于变化（成长与衰落）的进程中，在此期间民族志的、语言的、人类学的现象都是流变的”②。史禄国特别强调民族的“过程论”特点。

费孝通撰文解读了史禄国的“民族单位”概念。他在《人不知而不愠——缅怀史禄国老师》一文中指出，史禄国之所以使用拉丁原文 ethnos 指代“民族单位”，是为了避免与“民族”（nation）相混淆。ethnos 与“政治”和“国家”没有关系，是具有相同自我认同的人们的群体。③ 通过重新界定 ethnos 与 nation，费孝通明确了汉语“民族”的几层含义。

在《中华民族多元一体格局》出版前的 1986 年，费孝通就对“中华民族”这一概念的层次作了解释。费孝通在探讨孙中山提倡的“五族共和”的基础上将民族概念分为三个层次：第一层次是“中华民族”；第二

---

① 史禄国：《北方通古斯的社会组织》，吴有刚、赵复兴、孟克译，内蒙古人民出版社，1985，第9页。
② S. M. Shirokogoroff, *Ethnical Unit and Milieu—A Summary of the Ethnos*, Shanghai: Edward Evans and Sons, Ltd., 1924, p. 5.
③ 费孝通：《费孝通文集》第13卷，群言出版社，1999，第75~91页。

层次是汉、藏、蒙、回等 56 个民族；第三层次是 56 个民族中有些民族尚包含若干具有一定特点的集团，如苗族中的红苗、青苗，以及藏族中的康巴人、安多人等。①

费孝通对于"多元一体"的讨论，是把它放在一个非常宏大的历史进程之中，凸显空间布局在民族交往之间的联系性，就是把历时性和共时性结合在一起。费孝通对这一问题的研究首先是确定这个空间坐标，讨论民族的进程、民族的历史书写，以及中心和周边等，可以用一个坐标体系来阐述。这个坐标体系的 Y 轴是空间的维度，X 轴是历史的维度。多元一体格局，就是历史维度和空间维度融合在一起的叙事方式。这个空间维度凸显了中华民族的共同性。

费孝通将其学生谷苞的 4 篇文章收录进他主编的《中华民族多元一体格局》一书，其中《论中华民族的共同性》和《再论中华民族的共同性》都充分讨论了中华民族多元一体格局背景下的中华民族共同性的问题。在《论中华民族的共同性》一文中，谷苞引用了 1984 年费孝通在"国家民委民族问题五套丛书工作会议上的讲话"内容中的两段话来说明中华民族现存的共同点，以及历史上早就存在的移民与民族交融是产生中华民族现存共同点的主要原因的观点。在谷苞看来，历史上各民族交融存在三种情况：第一种情况是诸多少数民族与汉族相交融；第二种情况是大量汉族分别交融于其他诸多少数民族；第三种情况是出现大量的某一少数民族与另一个少数民族或另外几个少数民族相交融②。对中华民族共同性的思考要回到区域、空间与流动的层面来讨论。

费孝通的研究理念特别强调要按历史形成的民族区域进行研究。其《中华民族多元一体格局》的论述就是在限定的自然与历史文化民族区的基础上展开讨论的。费孝通认为，各民族似乎都反映着地理的生态结构，中华民族也不例外。中华民族是在一个地理地貌、气候条件存在较大差异的自然框架里形成的。复杂的自然框架形成了诸多不同的文化区。在不同

① 费孝通：《费孝通文集》第 10 卷，群言出版社，1999，第 394 页。

② 费孝通等：《中华民族多元一体格局》，中央民族学院出版社，1989，第 39 页。

的文化区以及同一文化区中，各民族之间既相互竞争又相互吸收彼此优秀的文化。①

　　其实，费孝通在《关于中国民族基因的研究》一文中讨论了区域和民族关系的问题。在他看来，中国境内的民族集团所在的地域空间中，不同区域之间、不同民族之间都存在相似性和联系性。② 近年来一些对少数民族的体质测量数据也反映了这样的特点。另外，费孝通的“民族走廊”学说也重点分析了区域内的共同性问题。他指出，从宏观的研究来说，中华民族所在的地域至少可以大体分成北部草原区、东北角的高山森林区、西南角的青藏高原、藏彝走廊、云贵高原、南岭走廊、沿海地区和中原地区。看清了这一盘棋，也就能够理解各少数民族的关系。同时还要通过这一盘棋上的演变来看各民族的过去和现在的情况从而进行“微型”调查。费孝通还倡导对以上各空间单位进行一次大调查。他说：“要把藏汉之间的走廊地区进行一次调查，那样很好的。我希望云贵高原也不妨作为一个单位来进行一次综合调查。我们现在广西大瑶山进行的调查，其实是另一个地区，即南岭山脉这个走廊的综合调查的起点。”③ 这些不同走廊的共同性来自区域内的历史、文化、社会、族群流动等因素。对这些区域内的民族研究，要在宏观研究中做好“微型”研究。④ 费孝通还提出，“研究各民族的形成过程就是向微观方面发展的研究工作。我们在广西大瑶山的研究就属于这个性质。我并没预料到在广西大瑶山的微观研究会在理论上和宏观上与中华民族的研究是统一的。那就是说，在一个民族实体中可以存在若干在语言、生活方式上各具特点的组成部分。广西大瑶山里的瑶族包括了茶山、花篮、坳、盘、山子等 5 种瑶人。他们尽管各有各的语言和生活方式，但是都具有瑶人的共同意识。这是和我们中华民族包括许多不同民族成分相一致的”⑤。

---

① 费孝通等：《中华民族多元一体格局》，中央民族学院出版社，1989，第 6、7 页。
② 费孝通：《关于中国民族基因的研究——〈中国人类基因组〉评审研讨会上的发言》，《开放时代》2005 年第 4 期，第 5~9 页。
③ 费孝通：《费孝通民族研究文集新编》上卷，中央民族大学出版社，2006，第 440 页。
④ 费孝通：《民族研究文集》，民族出版社，1988，第 279 页。
⑤ 费孝通：《费孝通选集》，海峡文艺出版社，1996，第 268 页。

费孝通提倡的这一宏观与微观相结合的研究方法，说明不同的民族走廊作为不同民族的区域共同体，具有跨越民族、区域的特点，不同的民族走廊在互动中形成更大的地域共同体，在此基础上也强调民族内部支系与整体民族之间的有机联系。归纳起来，费孝通对中华民族共同性的思考，突出表现为如下几个方面。

第一，中华民族的共同体是建立在不同民族的共同性的基础之上的。

民族和文化是民族交融的两个层面，探讨一个多民族地域内的民族文化，既要强调民族的特殊性，也要强调地域内文化的共同性。在统一多民族国家的任何区域里面，民族文化是具有共生性的，它们之间互相吸收和借鉴。如在费孝通所提出的河西走廊、藏彝走廊、南岭走廊等区域内，虽然走廊里面民族的格局和特点各具特色，但它们的共同性则是主流，走廊里面各民族之间经过历史上长时间的交往，通过"合之又合"的过程，最终形成了一个具有共同文化与公共性意识的区域社会。这一区域社会因包容多元民族文化、民族社会而呈现出一个跨区域社会体系的格局。在这个格局中，民族和社会发展更加紧密联系，其民族存在已经不是单一的民族存在，它是区域中的民族、社会中的民族。

第二，中华民族的共同性是建立在超越民族、文化、宗教等边界的基础之上的。

"边界原生论"代表学者弗雷德里克·巴斯（Fredrik Barth）强调边界的持续存在，边界不会因为族群的成员和物品等的跨界流动而消失。① 然而，巴斯的"边界原生论"在中国民族社会中必然遭到挑战。我国历史上各民族之间的"合之又合"的内在运行逻辑就包含着不同民族之间的交往存在互为超越边界，即"越界"的现象。各民族之间的交往也只有通过不断地"越界"后才能达到"合"，逐渐形成共同性。费孝通的中华民族多元一体格局理论，正是没有拘泥于西方的族群边界理论的束缚，才发展出建立在中华民族共同性基础上的中华民族多元一体格局的形成过程的探

---

① 弗雷德里克·巴斯主编《族群与边界——文化差异下的社会组织》，李丽琴译，商务印书馆，2014，第6页。

讨。在笔者看来，恰恰是史禄国关于突出民族的过程论，使费孝通的作为历史过程的民族的思考找到了起点。

第三，中国的文化传统也是中华民族共同性的文化基础。

费孝通强调，在中华文明中能随处体会到多样和统一的辩证关系。儒家学说中又有一种东西使她成为联结各个不同族群、不同地域文化的纽带，进而维系和发展了中华民族的多元一体格局。① 儒家文化对于不同少数民族的影响由来已久，成为中华文化认同的基础。而中华文化认同是中华民族共同性的重要基础。

## 四　费孝通的中华民族共同体研究对新时代
## 民族研究的启示

费孝通对中华民族共同体的研究，对新时代民族研究具有十分重要的启发意义。主要体现在以下几个方面。

第一，从中华民族整体出发来研究民族的形成和发展的历史及其规律是新时代"铸牢中华民族共同体意识"的重要学术基础。

习近平总书记在我国新时代民族工作面临的阶段性特征基础上，提出"铸牢中华民族共同体意识"这一新时代民族工作的核心。② 要理解"铸牢中华民族共同体意识"，首先需要明确"中华民族共同体"形成的历史进程。中国的历史在各民族的交流中形成，中华民族的历史由历史上涌现出的众多少数民族和汉族共同创造。中华民族共同体是各民族交往和历史发展的必然结果而非凭空建构。民族之间具有互动性、有机联系性和共生性，这是理解中华民族共同体的重要基础。多民族是我国发展的一大有利因素，这个重要优势的发挥，必须强调有机联系中的多元、共生中的多

---

① 费孝通：《费孝通全集》第 17 卷，内蒙古人民出版社，2009，第 545~546 页。
② 习近平：《在全国民族团结进步表彰大会上的讲话》，http://www.xinhuanet.com/politics/leaders/2019-09/27/c_ 1125049000.htm，2019 年 9 月 27 日。

元，加强对各民族有机联系中的共生性如何形成共同性的研究。①

第二，少数民族的现代化是否意味着更大程度的汉化？

这是费孝通在《中华民族多元一体格局》中最后提出来的问题。他指出："如果是这样，各民族共同繁荣是否指向更大的趋同，而同样削弱多元一体格局中多元这一头呢？"在接下来的回应中，费孝通强调在发展中共同性越来越强，而民族的个性在其不同的生态环境中，有其各自发挥的空间。在笔者看来，各民族的交往交流交融是以发展作为前提的。经济发展形势下如何保持不同民族文化的多样性，通过发挥各民族平等团结互助的精神达到共同繁荣的目的，就是我们今天所追求的美好生活。费孝通早年强调中国社会的特殊性时，也强调了要了解人民的这种生活，人类学、民族学要做迈向人民的学问。然后他认为，中国的社会一定要建成一个美好社会。如何能实现共同富裕，共创美好生活的未来，正是铸牢中华民族共同体意识的社会基础。加强各民族交往交流交融，目标是要促进各民族像石榴籽一样紧紧抱在一起，共同团结奋斗、共同繁荣发展。

第三，流动的民族成为新时代民族研究的重点。

在中国社会人口流动日益频繁的今天，各民族之间原有的有形边界逐渐被"穿越"，各民族的语言、宗教、婚姻、文化等在现实社会生产生活中不断互动，"我中有你，你中有我"的局面比历史上任何时期都要凸显，呈现出互通有无、文化共享的状态。但在各民族之间互为"越界"的过程中，民族之间的平等、团结依然是我们民族政策的基础。费孝通"迈向人民的人类学"的理念就包含着人类学如何为各族人民实现一个"和平、平等、繁荣"的社会而服务。

第四，费孝通提出的扶持人口较少民族已经成为国家发展计划的组成部分。

早在 20 世纪 50 年代，费孝通在贵州访问期间就提出了对"小民族"的帮助和保护建议，他说："贵州是个多山地区，多山的自然条件使弱小

---

① 麻国庆：《铸牢中华民族共同体意识的社会结构视角》，《光明日报》（理论版）2020 年 4 月 10 日，第 11 版。

民族得以保存。像水浪一样，一次又一次从多方面来的移民，积聚在这交通不便的山旮旯里。"① 20 世纪 90 年代末期他还提出了"小民族、大课题""小民族、大政策"的重要理论，并倡议对十万人口以下的少数民族进行调查和研究。也针对人口较少的民族在现代化的过程中出现的新问题，即"保文化"和"保人"的问题，提出了自己的看法，包括倡导通过"兴边富民行动"来促进边疆少数民族的发展，谋求各民族、各地区共同繁荣。边境地区的和谐稳定，对于促进民族团结进步事业的发展，尤其对于新时代铸牢中华民族共同体意识具有重要的战略意义。②

第五，中华民族共同体为构建人类命运共同体提供了文化共享的历史与现实经验。

中华民族的共同体是建立在"和而不同""同而又合"的思想基础之上的，而各民族的和平相处正是费孝通"和而不同"全球社会理念的核心。费孝通说，21 世纪中"不同的国家、民族、宗教、文化的人们，如何才能和平相处，共创人类的未来，这是摆在我们面前的课题"③。实际上，费孝通的全球社会理念在 20 世纪三四十年代就有所体现。1947 年 1 月他在伦敦政治经济学院的学术演讲中就指出，"中国社会变迁，是世界的文化问题"，"让我们东西两大文化共同来擘画一个完整的世界社会"。④ 费孝通在这里就已明确地提出了"世界社会"概念。

如今，费孝通"和而不同"理念已越发体现其时代意义。全球化的世界体系日益明显，全球人类逐渐形成了一个命运共同体。新冠疫情全球大流行，或将推动着全球化格局的变动，中国在构建人类命运共同体中的引领作用将越发显著。中国人民在疫情防控中展现的中国力量、中国精神、中国效率，展现的负责任大国形象，得到了国际社会高度赞誉，中华民族将以更加昂扬的姿态屹立于世界民族之林。中华文化这一超强磁力，也必

---

① 费孝通：《兄弟民族在贵州》，生活·读书·新知三联书店，1951，第 21 页。
② 罗惠翾：《边境民族地区铸牢中华民族共同体意识的几个关键问题》，《西北民族研究》2020 年第 2 期，第 29~34 页。
③ 费孝通：《费孝通民族研究文集新编》下卷，中央民族大学出版社，2006，第 559 页。
④ 费孝通：《费孝通文集》第 4 卷，群言出版社，1999，第 312~313 页。

将开启对全世界的正向赋能。中华民族共同体的内在结构特点，也必将被赋予新的内涵与意义。如何考量新时代中华民族的世界担当，已经成为当前人类学、民族学需要迎接的一个新课题。

# 结　语

中国历史上各民族集团，从起源到发展扩大乃至衰亡的过程，都是相互交流交融、共同开拓祖国疆域、共同书写历史，各民族共创中华民族、中华文化、中华精神的过程。民族共同体拥有一种强烈的"同一性"追求，总是试图对差异化的事物进行统一化处理，以便在其中形成一种共识。① 各民族历史上的迁移、分化、交融所造就的各种关联性，共同奠定了中华民族共同体的基本面貌。正如习近平总书记所强调，"一部中国史，就是一部各民族交融汇聚成多元一体中华民族的历史，就是各民族共同缔造、发展、巩固统一的伟大祖国的历史。各民族之所以团结融合，多元之所以聚为一体，源自各民族文化上的兼收并蓄、经济上的相互依存、情感上的相互亲近，源自中华民族追求团结统一的内生动力"。②

无论是麦克尼尔的"整体世界史"的观点，还是费孝通的"多元一体格局"乃至"和而不同的全球社会"理念，都将全球文明作为一个不断运动变化的整体。他们都希望未来的人类社会能更加和谐相处，避免各种政治、文化、宗教、贸易的冲突，更要避免导致人类毁灭的生态灾难和战争的发生。然而，要实现麦克尼尔和费孝通的愿望，必须重新认识世界史未来发展的总趋向。这一总趋向就是，要进一步修正世界史研究传统的西方中心论问题，重新认识中华民族在世界民族之林中的地位。毋庸置疑，中华民族运行逻辑中具有极大包容性的"合之又合"的特点更加适应全球的历史力量和历史运动趋势的需要。

---

① 张康之、张乾友：《共同体的进化》，中国社会科学出版社，2012，第31页。
② 习近平：《在全国民族团结进步表彰大会上的讲话》，http：//www.xinhuanet.com/politics/leaders/2019-09/27/c_1125049000.htm，2019年9月27日。

# 民族研究认识论转向与民族学知识体系重构*

何　明**

**摘　要：**我国民族研究缺乏解释力、信度和效度的深层次原因为初民社会研究范式、本质论和实在主义的旧认识论。只有推动民族研究的认识论转向，建立起复杂社会研究范式、实践论和关系主义的新认识论，才有可能实现我国民族学的知识体系重构。

**关键词：**民族研究危机；认识论转向；复杂社会范式；关系主义

20 世纪 80 年代后期以来，民族学界在反思与争论过程中不断发现我国民族研究存在的一系列问题和缺陷，甚至出现了学科认同和社会信任危机。① 近年来，学者们提出若干解决方案，然而，多年过去之后似乎未见明显成效。作为认知、判断与解释世界万物的基本信念、原则和框架，认识论（epistemology）对于学者的知识获得和知识建构具有前置性、意向性和方向性的重要作用，倘若从认识论视角探寻我国民族研究存在的问题，或许能够发现阻碍民族学知识体系创新的深层次根源，并寻找到更换民族研究"照相机"上透光性不佳的"镜头"的进路。

＊　本文为国家社会科学基金重大项目"我国民族团结和民族关系的理论和实践研究"（项目编号：16ZDA151）阶段性成果。

＊＊　何明，教育部人文社会科学重点研究基地云南大学西南边疆少数民族研究中心教授、博士生导师。

①　何明：《民族研究的危机及其破解——学科认同、学者信任和学术体制的视角》，《清华大学学报》（哲学社会科学版）2016 年第 1 期。

# 一 从初民社会范式转向复杂社会范式

范式（paradigm）是学者从事学术研究的总体认识论模型，或者说是学术研究的理性化、系统化、学科化的认识论。瑞泽尔（George Ritzer）认为："范式是某一科学领域内关于研究对象的基本意向，它可以被用于界定应该研究什么、提出什么问题、如何对问题进行质疑以及按照什么样的规则解释所获得的答案。"[1] 也就是说，学术范式在学者开始研究之前早已对研究对象和研究领域给出基本判断和解释框架，成为学者认知研究对象、进行知识生产的认识论体系。绝大多数学者经历过某一学科、领域或学术共同体所共享的信仰、价值和技术集合而成的范式的规训过程，所开展的研究大都属于库恩（Thomas Kuhn）所说的"常规科学"（Normal Science），即"坚实的建立在一种或多种过去科学成就基础上的研究，这些科学成就为某个科学共同体在一段时间内公认为是进一步实践的基础"，[2] 因此，范式犹如天文学家的望远镜或生物学家的显微镜，为特定学者群体获取数据、证据、经验等事实的必备工具，往往决定着他们对研究对象的总体判断、获取与遴选信息的基本方式。学者对范式高度的依赖性、盲从性和黏着性，一旦形成就难以放弃，即使遭遇范式无法解释的事实，多数情况下只会怀疑所获得的事实或研究过程是否存在错误，而不会轻易怀疑范式本身。只有当与范式相抵牾的事实积累到一定数量以至于引起相当多的学者产生危机时，才有可能产生范式革命。

众所周知，西方的民族学和人类学都起源于西方殖民地社会的研究，殖民地"原始社会"或"初民社会"的特殊性及其殖民地政府的管理需要是催生欧洲民族学和人类学诞生的"助产婆"，同时构建起具有民族学和人类学鲜明特征的初民社会范式，形成学科研究对象的基本意向——初民

---

① George Ritzer, "Sociology: A Multiple Paradigm Science." *Explorations in Social Theory: From Metatheorizing to Rationalization*, Boston: Allyn & Bacon, 1975, p. 8.

② 〔美〕托马斯·库恩：《科学革命的结构》，俞吾伦、胡新和译，北京大学出版社，2012，第8页。

社会。

　　作为学术团体的英语名称，首先使用"ethnology"的是 1843 年成立的"伦敦民族学协会"（Ethnological Society of London，ESL），其成立的动因来自研究非英国国教徒的辉格党激进主义者，为反对非洲奴隶贸易和改善殖民地土著人状况运动，成立人权组织"土著人保护协会"（Aborigines Protection Society，APS），并积累大量殖民地人群的资料。其研究范围，既包括殖民地土著的身体特征，也包括其精神特征。"伦敦民族学协会"坚持反种族主义的思想，提出人类不同种群的一元起源观点，倾向于用不同环境的差异影响解释人类的多样性，认为不同"种族"成员在智力上是平等的，"低等"人群具备进步的能力。同时，协会内存在着一批反对一元起源论而主张多元起源论的学者，他们致力于种族之间差异的解剖学研究，认为种族的多元发生是导致人类文化和精神多样性的根源。学术见解和意识形态的对立导致了协会的分裂，1863 年种族主义语言学家亨特（James Hunt）率领一群人从"伦敦民族学协会"中分离出来，组织成立"伦敦人类学协会"（Anthropological Society of London，ASL）。尽管"伦敦人类学协会"成员扩张很快，但其种族主义的主张、怪异的活动引起学界的反感。1871 年，著名的生物学家、进化论的重要代表人物赫胥黎（Thomas Husley）将两个学会统合起来，成立了统一的组织"大不列颠和爱尔兰人类学会"（Antropological Institute of Great Britain and Ireland）。该学会凭借赫胥黎的崇高地位和包容性而获得持续发展，1907 年获准改名为"大不列颠和爱尔兰皇家人类学会"（Royal Antropological Institute of Great Britain and Ireland）并一直持续至今。在最早设置人类学学科的牛津大学的学科体制内，人类学处于劣势地位，被限定在研究海外"野蛮人"的范围。这迫使人类学家奔赴非洲、大洋洲、亚洲等地开展田野调查，进而成为英国人类学的传统。对中国民族学和人类学影响深远的马林诺夫斯基（Bronislaw Malinowski）、拉德克利夫-布朗（Alfred R. Radcliffe-Brown）也是以没有文字、没有民族国家的"岛民"为研究对象构建起结构-功能主义范式。

　　与欧洲民族学或人类学研究海外殖民地的起源路径略有不同，美国人类学始于对本土印第安人的研究。19 世纪早期，旅行者、作家、政治家和来自不同学科的学者们，对印第安人进行了各种各样的调查与解释，其中最著名的是摩尔根（Lewis Henry Morgan）对易洛魁部落的调查研究并于1877 年出版的《古代社会》。至 19 世纪后期，随着美国西部开发的需要，对印第安人的调查研究引起政府的重视，先后成立"美国地质调查局"和"美国民族局"，建立"史密森尼国家博物馆"、哈佛的"皮博迪博物馆"和纽约的"美国自然历史博物馆"等，开展了一系列调查工作。曾经在德国柏林皇家民族学博物馆工作的博厄斯（Franz Boas）在 1895 年前后移民到美国，把德语区的民族学传统与英语系统的人类学学科结构结合起来，针对无文字的印第安人研究设计出由文化人类学、体质人类学、语言学、考古学 4 个领域构成的人类学学科结构，并创建了历史特殊论学派，进一步对民族学和人类学的原始主义认识论进行了系统化与制度化研究。

至 20 世纪 20 年代中期，与社会学互动密切的芝加哥大学人类学家开始尝试把研究目光转向现代国家的乡村和小城镇人群。1926 年，雷德菲尔德（Robert Redfield）把人类学在初民社会研究中形成的理论和方法运用于现代国家结构中的墨西哥泰普兹特朗（Tepoztlan）村庄的田野调查。"他的研究是将由初民社会的人类学研究发展出来的方法和概念运用到一个现代国家的最有影响力的早期尝试"，[①] 开启了人类学的社区研究。在此期间，美国的一些机构开始提出有关种族关系的研究论题，赫斯科维茨（Melville Herskovits）等一批人类学家接受资助，调查研究美国黑人的生活。第二次世界大战前后，美国政府为了掌握敌对国或占领国的社会文化信息并对其优势和劣势进行评估、与敌对国或占领国的美国支持者及游击队建立联系，向人类学界提出了调查研究需求并给予项目资助。其中最著名的成果就是本尼迪克特（Ruth Benedict）的《菊与刀》。1944 年，本尼迪克特受美国战争情报局委托，研究"日本人是什么样的"这一问题。她以日本整个国家为分析单位，从文化内部寻找证据，进行国民性的研究。

---

① 〔美〕西德尔·西尔弗曼：《美国的人类学》，载〔挪威〕弗雷德里克·巴斯等《人类学的四大传统——英国、德国、法国和美国的人类学》，高丙中等译，商务印书馆，2008，第 352 页。

该书出版之时恰逢美国打败了日本，但对其不知如何处置，故受到官方和社会的高度重视，对美国安排日本战败后的政治格局的决策（如保留天皇等）产生了重要影响。

第二次世界大战结束后，民族解放运动在世界各地风起云涌，殖民地纷纷摆脱殖民统治而独立建国，"原始社会"迅速被纳入民族国家体系而消失殆尽，早期人类学的"原始社会"研究范式失去了研究对象而被收纳进学术史博物馆，人类学家纷纷转向现代社会研究。当今社会的不同领域和不同论题进入了人类学的研究范围，有的甚至成为人类学的分支学科，如都市人类学、科技人类学、移民人类学等，并发展出一系列的复杂社会研究的学术范式和现代主义的认识论，如雷德菲尔德的"乡村-城市连续体"（folk-urban continuum）、施坚雅（G. William Skinner）的"区位理论"（locational theory）、西敏斯（Sidney Mintz）和沃尔夫（Eric Wolf）的"文化-历史法"（cultural-historical method）等。

20世纪初至40年代中期，中国引进国外民族学和人类学。而这一时期，人类学的复杂社会研究处于早期的探索阶段，尚未获得学界的普遍认可，初民社会范式仍居于主导地位，故中国学界引进的主要是初民社会的学术范式，民族学和人类学学界普遍接受的是认识初民社会的思维方式。20世纪50年代至80年代，摩尔根的《古代社会》基本上被奉为唯一的西方经典，进化论定于一尊并框定了中国学术研究的认识论和学术话语与形塑了两代学者的学术范式。① 20世纪80年代以后，随着改革开放的推进，国外民族学和人类学研究成果的引进力度加大，除了早期的进化论、结构-功能论、历史特殊论，从结构主义、象征人类学、阐释人类学到后现代人类学等论著被批量性地翻译成中文出版。然而，从文本阅读到转化为研究范式和认识方法却需要时间的积累，从概念、理论的引用与阐述到其背后的逻辑脉络和认识方法的洞察与运用，则时常需要通过学者的代际更替来完成。从中国民族学及民族研究的现状来看，只有费孝通等极少数学

---

① 潘蛟、彭文斌：《学科史对话：从社会进化论到东方学批评——我们经历的学术变迁》，《中南民族大学学报》（人文社会科学版）2019年第4期。

者意识到从初民社会范式转向复杂社会范式的必要性，并自觉地运用社会科学方法研究现代国家背景下的民族和民族问题。更多的研究者至今仍然把《西太平洋的航海者》《安达曼岛人》等封闭岛屿社会的民族志奉为圭臬并亦步亦趋，把民族或社区预设为类似于"原始民族"的自治自足社会，鸵鸟般地把头扎进研究对象的生活之中；或有意或无意地沿用初民社会范式与方法解释中国的民族社会，而无法完整准确地把握研究对象，遮蔽了许多真问题。

从初民社会范式转向复杂社会范式、从原始主义转向现代主义，需要解决的首要问题包括以下两个方面。

一方面是建立国家视角，把国家尤其是现代国家带入民族研究之中。"复杂社会"与"初民社会"（即"原始社会"）的根本性区别在于有无国家的制度性设置。复杂社会"指有国家组织的体系，包括那些前现代时期的国家体系（旧世界和新世界的文明）、那些近代工业化时期的国家体系以及那些来源于后殖民地时期或其他近期政治转变后的国家体系"。① 众所周知，中国是世界文明古国之一。至于国家何时出现，学界有不同的观点。其中，著名考古学家苏秉琦先生提出的中国国家发展"古国—方国—帝国"的"三部曲"学说认为，中国的国家起源经历了从距今五六千年前的红山文化为代表的古国，发展到夏家店下层文化为代表的方国，再演进到秦帝国的历史过程。② 在这一过程中，国家的治理结构逐渐成形，《诗经·小雅·北山》的"普天之下，莫非王土；率土之滨，莫非王臣"诗句说明其时国家的控制能力。尽管在相当长的历史时期，甚至到民国时期，尚有许多区域和人群没有完全纳入国家直接或有效的控制范围，但大部分区域和人群与国家存在着或直接或间接，或紧密或疏远的关联。因此，中华大地上大多数民族早已走出初民社会而进入复杂社会，特别是 20 世纪50 年代的社会主义改造，将中华人民共和国领土范围内的所有区域、所有

---

① 〔美〕西德尔·西尔弗曼：《美国的人类学》，载〔挪威〕弗雷德里克·巴斯等《人类学的四大传统——英国、德国、法国和美国的人类学》，高丙中等译，商务印书馆，2008，第 351 页。

② 参见苏秉琦《中国文明起源新探》，生活·读书·新知三联书店，1999。

人群全部纳入国家统一管理范围，那些被判定为处于"原始社会"的民族也都"直接过渡"到社会主义社会，仅有个别区域、个别民族保留着一些"原始社会"的"历史遗迹"而已。时至今日，各个区域、各个民族无可避免地卷入现代性和全球化，而被学者们视为珍宝的传统文化遗迹已成非物质文化遗产，其中越来越多的内容趋向濒危状态。这从另外的角度说明，初民社会在中国早已不复存在，国家版图范围内的所有群体不仅早已进入国家体系，而且自近代以来开始了现代国家化的进程，至中华人民共和国成立与实行社会主义改造则完成了全域的现代国家化，任何地域的任何民族都在现代国家体系之内并全方位接受政府的领导。

另一方面是确立国族维度，把中华民族共同体意识及其构建作为观察与研究民族问题的重要观照。世界各个民族国家的经验教训表明，能否建立起有效维护各民族之间的和谐关系与增强各民族国家认同的制度体系和治理模式，决定着国家的安定、政权的稳定和经济社会的发展。中华民族是世界上人口规模最大的民族，也是唯一数千年来文化传统未曾中断的民族。中国大地上的各民族都是中华民族不可或缺的重要组成部分，都为中华民族的发展和壮大做出了贡献，为中华文化的形成和繁盛奉献了智慧，彼此之间早已形成了"你中有我、我中有你、谁也离不开谁"的血肉联系和互补共生的同胞亲情。各民族只有共同团结进步、共同繁荣发展，才能实现中华民族伟大复兴的中国梦。因此，在进行民族研究时，无论是具体的个案研究、族别研究，还是宏观的理论推导，中华民族共同体的宏观观照和解释维度必须始终保持。

## 二　从本质论转向实践论

受西方古典哲学、传统人类学和苏联民族学的影响，我国民族研究的认识论具有明显的本质论（essentialism）倾向。

本质论是西方古典哲学讨论的核心论题，也是其认识论的基本导向。古希腊哲学家亚里士多德（Aristotle）明确说：

　　它研究"实是之所以为实是",以及"实是由于本性所应有的禀赋"。这与任何所谓专门学术不同;那些专门学术没有一门普遍地研究实是之所以为实是。它们把实是切下一段来,研究这一段的属性;例如数学就在这样做。现在因为我们是在寻取最高原因的基本原理……所以我们必须认清,第一原因也应当求之于实是之所以为实是。①

本质论来源于亚里士多德逻辑学的三段论四谓词论说。他说:

　　所有命题和所有问题所表示的或是某个属,或是一特性,或是一偶性;因为种差具有类的属性,应与属处于相同序列,但是,既然在事物的特性中,有的表现本质,有的并不表现本质,那么,就可以把特性区分为上述的两个部分,把表现本质的那个部分称为定义,把剩下的部分按通常所用的术语叫做特性。根据上述,因此很明显,按现在的区分,一共出现有四个要素,即特性、定义、属和偶性。②

　　定义就是至今仍然常用的界定概念或语词的语句,其结构为"种差+属"。其中,属是被定义项所归属的类。特性即本质特性,"本质特性被设定为与其他所有事物相关且又使一事物区别于其他所有事物的东西;例如,能够获得知识的那种有死的动物就是人的本质特性"。③本质属性不仅归属于事物,而且能够揭示事物的本质。偶性尽管也归属于事物,但不能揭示事物的本质:

　　偶性是指,它不是上述那些的任何一种,即既不是定义和特性,又不是属,但是也属于事物;并且,它可能属于也可能不属于同一的某个体,例如坐的姿势就可能属于也可能不属于同一的某物。白色也

---

① 〔古希腊〕亚里士多德:《形而上学》,吴寿彭译,商务印书馆,1995,第56页。
② 苗力田主编《亚里士多德全集》第1卷,中国人民大学出版社,1990,第356页。
③ 苗力田主编《亚里士多德全集》第1卷,中国人民大学出版社,1990,第400页。

如此；因为没有什么东西能妨碍同一个事物在此时为白，在彼时为非白。①

由此，种即被定义项通过"种差+属"进行定义，种差即定义项要揭示种的本质特性，并且本质特性是被定义项必然具有的。由此可知，"本质"所指为一事物之所以成为该事物的决定性因素，是"常存的"、"一直在那里"、始终不变的基质，变化的只有属性。亚氏的本质论保留着对现实世界的本质分析，被哲学界称为"古典本质论"。可以说，西方哲学起始阶段就生存于"破裂的领域——双向度的领域之中"。② 从古希腊和古罗马经中世纪到近代，哲学家们无论哲学体系和思想观点差异有多大，甚至对立到水火不容，归根结底无非对于"本质"是什么持有不同见解而已，其认识论并无实质性的差别。直到20世纪现代哲学和后现代哲学兴起并对本质论形而上学进行反思与批判，本体论意义上的本质论才逐渐淡出，而认识论意义上的本质论却仍然潜伏于许多理论研究之中。

从本体论来说，本质论要解决的核心问题是世界万物统一于什么及其具体多样和变化无常的具体事象背后起支配作用的原因是什么；从认识论来看，本质论设定了认识的方向和路径是探寻世界万物的统一性并根据所确定的统一性解释具体多样和变化无常的具体事象的原因和原理。

由此可知，本质论的认识论具有以下特征。一是终极性。寻求与论证某一"超验世界"为本质，它具有绝对优先的第一性，为世界万物得以存在的"阿基米德支点"。二是推演性。本质为先定的原则或规定，从中出发演绎具体存在及世界的现在和未来。三是统一性。本质超越具体时间和语境，丰富多样的具体事物和不同时间、不同语境的事物最终统一于本质。

本质论对民族研究的影响深刻，阻碍了知识创新和方法创新。表现之一是民族的本质化。不少学者或有意识或无意识地保有民族原生论的认知

---

① 苗力田主编《亚里士多德全集》第1卷，中国人民大学出版社，1990，第358页。
② 〔美〕赫伯特·马尔库塞：《单向度的人》，刘继译，上海译文出版社，2008，第101页。

模式，习惯性地形成"以今推古"的思维方式，默认民族识别所确定的民族"自古以来"早就存在，其民族边界是清晰明确而恒定不变的。这一思维方式在民族史研究中体现得较为充分，其中族别史研究尤为突出。一些少数民族学者在组织本民族历史编纂过程中争相追溯本民族的历史源头，形成民族的历史越久远越光荣意识，生拉硬扯、胡编乱造、张冠李戴者比比皆是。殊不知，民族群体边界随着时间、空间及其诸多条件的变化而不断迁移，绝大多数经历过无数次的融合、分化、再融合、再分化的循环往复过程，并不存在从远古一直延续至今的民族共同体。

表现之二是理论研究的内卷化。理论在人文社会科学研究中处于宝塔尖或皇冠明珠的位置，既是此前学术研究成果的提升和结晶，又是之后引导研究方向的方向盘、激发思想创新的发动机、提供分析框架和研究方法的工具箱。然而，我国的民族理论研究具有此境界和作用者寥若晨星，其中许多研究罔顾民族的社会实践，设置某些命题或概念并将其本质化，援引掐头去尾的案例或任意剪裁经验事实作为类似于"小前提"，在封闭的逻辑脉络中推导出"可能世界"或个别判断普遍化的结论。此类研究无法有效解释现实社会生活中的民族实践，也不可能生产出新知识和新思想，更无从提出关于民族的真问题，基本属于无效的学术生产，所产出的论著只有学术之形而无学术之实，坠入学术内卷化的陷阱而难以自拔，于新时代中国民族学知识体系构建难以有所贡献。

表现之三是实证研究的佐证化。近年来，民族学、社会学等学科围绕民族问题开展了大量运用田野调查和民族志撰写方法的质性研究、运用问卷调查和统计分析等方法进行的量化研究，积累了大量的资料和数据。然而，其中相当一部分是缺乏反思性地把前人或西方的某一理论命题设置为研究论题，围绕所设置的论题设计调查方案、实施调查与撰写论文，所得出的结论大都在重复前人或西方的理论，调查与收集的资料和数据无非为前人或西方某一理论提供了新的证据。前人或西方的理论犹如"黑洞"，将所有资料和数据吸纳进去，没有留下新思想、新观点，甚至"白茫茫大地真干净"，属于研究者的独立思考了无痕迹。

民族是人的社会生活的一种状态和社会关系的一种形式，而人是社会关系的总和，人在实践活动中"创造、生产人的社会联系、社会本质"。①
作为由人结合而成的共同体，民族只有从本质论转向实践论、透过实践才
能获得准确把握和有效解释。马克思多次批判用观念解释观念、用文本阐
释文本的封闭循环的思辨方法，确认实践是认识发生、发展的基础和最终
目的，态度鲜明地指出："在思辨终止的地方，在现实生活面前，正是描
述人们实践活动和实际发展过程的真正的实证科学开始的地方。"② 民族研
究只有摆脱本质论的樊篱，终止从观念到观念的思辨方式，确立实践论的
思维进路，才有可能触及民族的真情况、真问题，并获得真知识、真
思想。

　　以实践为出发点、验证依据和最终归宿，是实践论认知与研究民族现
象、民族问题的基本导向。实践论就是要"把感性世界理解为构成这一世
界的个人的全部活生生的感性活动"，③ 把对象"当作感性的人的活动，当
作实践去理解"。④ 从实践出发，就是要摆脱绝对性、先在性、规定性命题
的束缚，放弃非时间性和非语境性的民族本质的追求和以"可知的本质世
界"为依据推论"可见的经验世界"，需要直面民族的感性生活和现实问
题。作为社会科学或者具有实证性的人文学科，民族研究必须遵循"从实
求知"的原则，深入当下社会生活之中，感受、体验与参与观察研究对象
的日常生活，从中发现具有价值的问题。实践论的认识论以主观见诸客观
的实践作为知识生产的基石，运用可靠的研究方法尽可能完整和准确地获
得有关研究对象的资料和数据等信息，并通过"已然"信息的尽可能完整
而准确的获得、严谨细密的分析工具及其运用得出能够验证与重复的研究
成果。这样的研究才可能产出真实有效的知识和思想，才可能获得科学的
信度和社会的信誉，也才可能有效地转化为社会实践，指导民族政策的制
定和民族工作的实施。

---

① 《马克思恩格斯全集》第 42 卷，人民出版社，1979，第 24 页。
② 《马克思恩格斯选集》第 1 卷，人民出版社，1995，第 73 页。
③ 《马克思恩格斯选集》第 1 卷，人民出版社，1995，第 78 页。
④ 《马克思恩格斯选集》第 1 卷，人民出版社，1995，第 54 页。

# 三 从实在主义转向关系主义

受西方自然科学特别是实验科学认识论和苏联民族理论的影响，加之民族学和人类学学科的起源与现代之前的理论方法和实证主义存在密切关联，我国的民族研究存在着明显的实在主义认识论成分，即把民族设定为一种实体性的存在。

实在主义（realist）在西方思想史中占有重要地位。早在古希腊时期，实在主义的本体论和认识论不仅被多位思想家所研究，而且形成了不同的观点和路径，开启了延续至今的西方思想史的一个论争议题。德谟克利特（Democritus）等把实在理解为物质之物，柏拉图（Plato）等则把实在理解为精神之物。至中世纪，经院哲学在讨论共相与殊相关系时对实在主义进行了论争，唯名论认为殊相为实在之物，唯实论坚持共相是实在之物。到了近代，笛卡尔（René Descartes）、斯宾诺莎（Baruch de Spinoza）、莱布尼茨（Gottfried Wilhelm Leibniz）、黑格尔（Georg Wilhelm Friedrich Hegel）等大陆理性主义者认定理性或观念为实在之物，洛克（John Locke）、巴克莱（George Berkeley）、休谟（David Hume）等英国经验主义者认定物质实体为实在之物。尽管实在主义者所认定的实在之物不一致、理论观点差异巨大甚至尖锐对立，但其认识论具有明显的共同性，就是设置一个完全依赖自身而存在的绝对独立的实在，这一实在是绝对无条件的、普遍存在的统一体，具有客观实在性，作为认识对象独立于认识过程，与人的认知、意识、活动及其环境条件无关，只能被人所发现而不能为人所改变，在质上和量上具有确定不变的恒定性。

中国学界许多人接受与吸纳了实在论的学术范式和认知模式，加之缺乏深入的反思意识，实在主义的认识论被无意识地延续下来，在民族研究领域甚至占据着一定的主导地位。其表现主要如下。一是民族的实在化，设定民族为独立于主体性的客观存在的实在。曾经被奉为绝对真理的关于具有共同语言、共同地域、共同经济生活和共同心理素质的"四个共同"的民族定义，体现了视民族为客观存在的实体的认识论，在相当长的时间内规训了中国的民族研究者，致使许多研究忽视与否认"我群"和"他群"的主体性在民族产生与演变过程中的意义和作用，设定民族及其成员的价值选择和身份认同无关，与民族识别者的理论观念和认知方式也无关，只要拥有某民族的血缘或语言等文化特征就必须归属于民族。二是民族的整体化，设定民族为普遍存在的统一体。许多民族研究视民族为均质化的统一整体，认为民族成员均质享有文化符号和持有相同的观念意识，忽视民族成员之间和不同地域之间的价值取向、权力关系、思想观念等的差异性。视民族为统一整体的实在主义认识论，难以解释田野调查所遭遇的经验事实，并引导民族政策的制定和民族工作的思路走向歧路。三是文化的族别化。无视文化的传播特性和共享事实，或有意或无意地以族别为单位划分文化事项的归属，致使原本区域共享和若干民族共享的文化，排他性地为某一民族所抢注。实在主义认识论体现在非物质文化遗产名录的认定上，更是"民族+非物质文化遗产事项"的命名模式。于是，区域诸民族所共享的某一民俗事项，因已被其中一民族申报成为政府认定的名录，其他民族不得不对同一文化事项重新编造一个名称加上本民族名另行申报，结果是同一文化事项被赋予不同的"民族+非物质文化遗产事项"格式名称。四是研究路径的原子化，大量采用分析民族基本构成单元的"还原论"（reductionism）路径。因设定民族为客观存在的实在，故研究者确信，调查研究清楚民族构成的基本单元，就能获得关于民族的真理性认识。犹如现代科学坚信，认清人体的结构和器官的功能就认清了人，认清宇宙的基本构成单元基本粒子、场等就认清了宇宙。于是，大量的民族调查报告和民族志仍满足于描述与解释研究对象的环境、生计、生活、语言、信仰、组织等构成要素，认定把构成要素罗列出来就能够把民族还原出来；汗牛充栋的研究聚焦于各民族群体的细碎的文化事项，认定把民族的文化构成要素解释清楚就解释清楚了民族本身。

由此，民族研究若欲产生解释民族的可信知识和贡献解决民族问题的有效方案，必须摆脱实在主义的思维惯性，建立关系主义的认知模式。

马克思是最早从实在主义转向关系主义的重要思想家。青年时代，马克思便接受了黑格尔的观念实在即自我意识认识论，用以批判神学的上帝实在；继而转向费尔巴哈（Ludwig Andreas Feuerbach）的感性实在即自然的人，用以批判黑格尔的观念实在。到 1845 年前后，马克思开始走出西方传统哲学的实在主义窠臼。他在《1844 年经济学哲学手稿》中指出：孤零零地独立存在着的、既不是对象又没有对象的存在物，"是一种非现实的、非感性的、只是思想上的即只是想像出来的存在物，是抽象的东西"，① 透露出从实在主义向关系主义转向的信息。之后，在《关于费尔巴哈的提纲》和《德意志意识形态》中，他从包括生产关系和交往关系在内的社会关系的角度阐述实践理论，彻底摆脱实在主义的束缚，建立起关系主义的认识论，在其晚年的《资本论》中，以关系主义的认识论为基础建立起宏大的政治经济学理论体系。

进入 20 世纪以后，爱因斯坦的相对论、海森堡的测不准定律等一系列的科学发现，不断揭示出实在主义认识论的谬误而证实了关系主义认识论的科学性。著名的物理学家石里克（Moritz Schlick）指出："处于今天物理学中心的不再是有广延的'实体'的概念，而是更一般的时空过程的概念。"② 之后，关系主义逐渐成为主流，成为诸多社会理论和族群理论构建的认识论基础，如吉登斯（Anthony Giddens）的结构化理论，布迪厄（Pierre Bourdieu）的实践论理论，利奇（Edmund Leach）的族群函数论，巴斯（Thomas Fredrik Weybye Barth）的族群边界论等。

在关系主义的视域里，任何事物都存在于特定的过程和相互作用的关系之中，对象无非处于关系网上的"纽结"，其性质只有在关系之中才能呈现，关系的变动改变着事物的性质。

从关系主义的认识论出发，任何民族都是关系中的民族，都产生于历史和现实、内部与外部、主观与客观、宏观与微观、自然与社会等相互交织与相互作用的多维关系之中。

首先是问题的语境化。民族研究的基本问题"什么是民族""什么是民族问题"等转化为"何时为民族""何时为民族问题"等关系主义的问题，从其内部构造系统、外部社会系统甚至全球系统中进行把握，把民族

① 《马克思恩格斯全集》第 3 卷，人民出版社，2002，第 325 页。
② 转引自洪谦主编《逻辑经验主义》下卷，商务印书馆，1984，第 432 页。

置于其内外关系及国内外关系的关系系统中识别。民族和民族问题会随着内部和外部诸多关系的变化及其相互关系的变动而产生或强或弱，或明显或隐蔽的变化。诸如资源价值的增加、民族主义观念的传入、国内外力量的介入、精英人物与其他人的互动等关系，都会引起民族和民族问题的产生、消解或强化。因此，只有把民族研究的问题或论题语境化，把问题置于具体的时间和空间之中，置于区域、国家甚至全球的语境之中，才能开显出真问题，寻找到有效的问题破解进路。

其次是视域的全景化。民族现象存在于民族内部、民族与环境、民族与国家、境内与境外等多重复杂关系之中。整体观原本是民族学和人类学的重要学科理念，然而只将其作为审视研究对象，特别是小群体和社区的文化系统的认识原则而限制了其认识论的重要意义。因此，传统的整体观需要扩大视域并赋予其新的内涵。特别是在国家化和全球化背景下，所谓整体首先是特定区域的整体，继而是国家的整体，最后是全球的整体。这样的整体观才能让民族研究摆脱"见树不见林"的局限，开显出更完整的认知维度、更准确的信息和更清晰的脉络。

最后是主客观的融合性。任何社会事实都是整体性的事实，都是主观见之客观、主观与客观交互作用的结果，都蕴含着相关群体和个人的主体性、价值和意义。作为具有特殊性的社会事实，民族包含了复杂而深刻的社会意识，甚至可以说，倘若没有结群的主观动机、群体边界意识、民族认同和文化认同、维护"我群"权益和尊严等主观意识，就不可能产生民族和民族问题。族群认同、想象的共同体、族性（ethnicity）等理论，都意识到主体性和社会意识对于在民族这一特殊的社会事实形成中的作用。因此，必须解构"主客二分"的实体主义认识论，消弭主观与客观的绝对区隔，视民族事实为蕴含着复杂深刻的主体性、价值、意义的对象，方能寻找到民族问题破解的有效路径。

综上所述，阻碍中国民族学知识创新的深层根源在于初民社会范式、本质论和实在主义认识论。只有摆脱僵化的认识论的束缚，转向更能准确全面把握对象和更能洞察问题关键的复杂社会范式、实践论和关系主义，中国民族学的知识体系创新才有可能。

# 改革开放与中国民族学的繁荣发展

## ——以中国民族学学会为例

色 音[*]

**摘 要**：1978 年 12 月 18 日，中国共产党第十一届三中全会召开，从此开启了我国改革开放的新征程。1980 年 10 月 25 日，在贵阳举行的第一届全国民族学学术研讨会上中国民族学研究会宣告成立。1984 年 10 月，改为中国民族学学会。改革开放初期，中国民族学学会在民族学界拨乱反正、学科重建、人才培养、学术体系建构等方面起到了非常重要的作用，为后来中国民族学的繁荣发展奠定了坚实的理论和实践基础。进入 21 世纪之后，中国民族学学会的学术活动日益增多，学术年会的主题紧扣中华民族伟大复兴、中央民族工作会议精神等时代主题和民族学如何进步等学科建设的前沿议题。2018 年是我国实施改革开放政策 40 周年，40 年来，以中国民族学学会为代表的民族研究学术团体和学界同人为中国民族学理论的创新发展和学科建设做出了不可磨灭的巨大贡献，中国民族学事业取得了辉煌的成就。我们要继往开来，把民族学学科的繁荣发展推进到新时代，发表和出版高质量、高水平的学术成果，以助力中国新时代的哲学社会科学话语体系、学科体系、学术体系的创新发展。

[*] 色音，中国社会科学院民族学与人类学研究所研究员，民族文化研究室主任，中国社会科学院蒙古学研究中心主任，中国民族学学会常务副会长，中国统一战线理论研究会民族宗教理论甘肃研究基地研究员。

关键词：改革开放；中国民族学；学科重建；话语体系；创新
发展

## 一　改革开放后中国民族学学术团体的建立

1978 年 12 月 18 日，中国共产党第十一届三中全会召开，从此开启了我国改革开放的新征程。习近平总书记在庆祝改革开放 40 周年大会上的讲话中指出："改革开放是我们党的一次伟大觉醒，正是这个伟大觉醒孕育了我们党从理论到实践的伟大创造。改革开放是中国人民和中华民族发展史上一次伟大革命，正是这个伟大革命推动了中国特色社会主义事业的伟大飞跃！"①

1978 年党的十一届三中全会的召开，标志着中国的历史进入了改革开放的新时期。"与之同步，中国的民族学也迎来了学科的新生与春天。"②

在 1979 年 3 月召开的第五届全国人民代表大会的"政府工作报告中将民族学这一学科名称重新提出。按照政府工作报告的精神，民族学的恢复工作开始列入议事日程"③。

1979 年 5 月，在昆明举行的全国民族研究规划会议上，与会有关人士发起成立中国民族学研究会筹备委员会。经过一年多的筹备，1980 年 10 月 25 日在贵阳举行的第一届全国民族学学术研讨会上中国民族学研究会宣告成立④。1984 年 10 月，改为中国民族学学会。第一届理事会（1980 年 10 月至 1984 年 10 月）的会长为秋浦，顾问有吴泽霖、黄现璠、李安宅、杨堃、吴文藻、刘咸、杨成志、方国瑜、江应梁、费孝通、李有义等，副会长有马曜等七人⑤。

---

①　习近平：《在庆祝改革开放 40 周年大会上的讲话》，中国新闻网，http://www.chinanews.com/gn/2018/12-18/8705415.shtml，2018 年 12 月 18 日。

②　王延中、祁进玉主编《民族学如何进步》，社会科学文献出版社，2018，第 38、133 页。

③　王建民、张海洋、胡鸿保：《中国民族学史》下卷，云南教育出版社，1998，第313页。

④　中国民族学学会秘书处编《中国民族学学会（1980—2001）》，2002。

⑤　中国民族学学会秘书处编《中国民族学学会（1980—2001）》，2002。

中国民族学学会是全国性的民族学群众性学术团体，由中国社会科学院主管，挂靠中国社会科学院民族学与人类学研究所。前任会长为中国社会科学院学部委员郝时远研究员，现任会长为中央民族大学杨圣敏教授、执行会长为中国社会科学院民族学与人类学研究所所长王延中研究员。

中国民族学学会主办的不定期学术刊物《民族学研究》，已出版 13 辑，由民族出版社出版。《民族学研究》主要选编历届民族学学术讨论会论文，成为中国民族学的重要学术园地之一。尤其在 20 世纪 80 年代前期，在我国学术刊物较少、民族学栏目更少的情况下，出版《民族学研究》意义更为重要。

《民族学通讯》（以下简称《通讯》）是中国民族学学会主办的内部刊物，已编辑发行 144 期。《通讯》的内容主要是通报学会的工作，会员间沟通学术信息。在 20 世纪 80 年代我国学术信息闭塞的情况下，《通讯》对国外民族学重要学术信息作报道，有选择地刊载苏联、美国、日本等国家民族学刊物的目录，为国内民族学界提供了可供参考的信息。

中国民族学学会原有的下设分支机构如下。

## 1. 中国民族学学会汉民族分会

1994 年 4 月，由中央民族大学、云南大学、广西大学、广东省中华民族凝聚力研究会、广东省汕头史学会、四川省民族研究所、中国社会科学院民族学与人类学研究所（当时称民族研究所）、广西民族学院民族研究所、广西民族研究所、广东省民族研究所、广东省社会科学界联合会、云南省社会科学院、湖南省社会科学院、中山大学人类学系、厦门大学人类博物馆等单位筹备发起成立"中国民族学学会汉民族分会"，属群众性学术团体。同年 10 月，民政部社团司正式批准本会成立。本会旨在开展广泛的学术研究，推动汉民族研究活动全面深入开展，为加强民族平等团结，增强中华民族凝聚力，维护国家统一和建设中国特色社会主义服务。

## 2. 中国民族学学会昭君文化研究分会

昭君文化高层论坛暨中国民族学学会昭君文化研究分会成立大会于 2008 年 9 月 7 日在呼和浩特昭君大酒店举行。

内蒙古自治区原党委书记王群，自治区人大常委会副主任云秀梅，自治区人大常委会原副主任陈瑞清，自治区政协原副主席格日勒图、奇英成，湖北省政协原副主席杨斌庆，中国社会科学院民族学与人类学研究所所长、中国民族学学会会长郝时远以及民政部、呼和浩特市的领导同志出席了大会。来自内蒙古、北京、湖北、陕西、浙江等全国各地的专家学者、领导干部作了大会发言。

郝时远在发言中对中国民族学学会昭君文化研究分会的成立表示热烈祝贺，并深刻阐述了研究昭君文化的意义。自治区原党委书记王群在会上作了热情洋溢的讲话，他深情地回忆起在内蒙古工作的经历，全面论述了弘扬昭君文化的重要性。

### 3. 中国民族学学会影视人类学分会

中国民族学学会影视人类学分会成立于 1995 年 10 月，系中国民族学学会下属的二级群众性学术团体。分会宗旨是：坚持党的基本路线，贯彻"百花齐放、百家争鸣"的方针，开展人类学影片的摄制和影视人类学理论研究，促进人类学研究手段的现代化，为繁荣我国的学术事业而努力。学会现有个人会员 130 人，团体会员 15 家。学会秘书处设在中国社会科学院民族学与人类学研究所。

### 4. 中国民族学学会回族学会

中国民族学学会回族学会是经有关部门批准，民政部备案，于 1998 年 9 月成立的。这是新中国成立以来第一个由我国从事回族及其历史文化研究的各民族研究工作者和热心于这一事业的实际工作者共同组成的全国性学术研究团体。全国政协副主席白立忱、著名回族史学家白寿彝先生等为名誉会长，沙明、哈经雄分别担任会长和执行会长并组成了理事会。

### 5. 中国民族学学会中国民族服饰研究会

2004 年 11 月成立，中国民族学学会副秘书长杨源任会长。由中国民族学学会和北京服装学院联合主办、北京服装学院民族服饰博物馆承办的"中国民族服饰研究会"成立大会暨第一届中国民族服饰学术研讨会在北京服装学院举行，"民族服饰博物馆馆藏珍品展"也同时开幕。中宣部、文化部、国家文物局和北京市领导出席了开幕式，并为"民族服饰博物馆馆藏珍品展"剪彩。此次大会讨论成立了"中国民族服饰研究会"，推举产生了第一届中国民族服饰研究会理事会组成人员，针对近年来日益严峻的民族服饰文化遗产保护形势整合了社会各界力量，并以此为平台探讨民族服饰的保护、开发、创新之路。来自全国各地的专家学者还就"中国民族服饰文化遗产保护""中国民族服饰传承与创新"等主题进行了深入而广泛的学术研讨。

中国民族学学会近年来还相继成立了东北亚民族文化研究会、边境民族学专业委员会、民族体育专业委员会、生态民族学专业委员会等分支机构。

中国民族学学会的会员队伍，是随着我国民族学事业的发展逐步壮大的。1980 年 10 月学会成立之初共有会员 200 余名，1982 年底增加到 380 余名。至 2001 年底共有会员 965 名，其中少数民族会员 418 名，占全员总数的 43.3%，包括回、彝、蒙古、苗、壮、满、白等 34 个少数民族的民族学工作者和业余爱好者。20 年来近千名会员中除去病故、调离工作等原因脱离民族学工作者外，实际从事民族学工作者有五六百人。

20 世纪 80 年代前期，为加强民族学队伍建设，中国民族学学会与中南民族学院、云南民族学院合作，于 1983 年 9～11 月、1985 年 4～6 月，在武汉和昆明举办了两期民族学讲习班，学员共计 140 余名，收到很好的效果①。中国民族学学会现有单位会员 20 家，个人会员约 1500 名，分布在包括台湾、香港和澳门在内的全国各地，有汉、壮、藏、维吾尔、蒙古等 40 个民族成分。

改革开放初期，中国民族学学会在民族学界拨乱反正、学科重建、人才培养、学术体系建构等方面起到了非常重要的作用，为后来中国民族学的繁荣发展奠定了坚实的理论和实践基础。

## 二 改革开放初期中国民族学学会的主要工作和学术活动

满都尔图先生在《中国民族学学会四年来的工作报告》中讲道：1980

---

① 中国民族学学会秘书处编《中国民族学学会（1980—2001）》，2002。

年 5 月，在贵阳举行的首届全国民族学学术讨论会上成立中国民族学学会（原名民族学研究会）以来，已整整四年了。四年来，中国民族学学会在中国社会科学院、民族研究团体联合会及有关部门的关怀和指导下，在学会广大会员的支持下，做了不少工作。①

根据满都尔图先生的《第一届理事会工作报告》②归纳总结，改革开放初期中国民族学学会遵照中央领导同志关于学会工作要务实，不要逐名的指示精神，开展了以下几个方面的工作。

第一，举办民族学学术讨论会，推动民族学研究工作的发展。

改革开放初期，中国民族学学会共举办了三次学术讨论会：第一次会议以与民族学学科本身有关的问题为中心议题，于 1980 年 10 月在贵阳举行，参加会议者 223 人，收到论文及有关资料共 174 篇；第二次会议以民族学与现代化建设为中心议题，1982 年 9 月在西宁举行，参加会议者 170 人，收到论文共 158 篇；第三次会议以纪念恩格斯《家庭、私有制和国家的起源》发表 100 周年及民族地区有关现实问题的调查研究为中心议题，参加会议者 141 人，收到论文共 147 篇。这三次会议参加者共 534 人次，收到的论文共 479 篇，其中已公开发表者将近 200 篇。可见，这三次讨论会为发展我国的民族学起了一定的推动作用。

第二，主办刊物，为民族学界提供学术平台。

由中国民族学学会编的不定期辑刊已出 7 辑，共收入论文 170 余篇，共计 170 余万字，其内容涉及马克思主义民族学基础理论，我国少数民族的原始社会、奴隶社会、封建领主制社会形态、婚姻家庭、生活习俗、宗教信仰、文学艺术等方面的研究探讨，对我国民族地区现代化建设过程中出现的新情况、新问题的调查研究，等等。此外，学会还编印不定期的内部刊物——《民族学通讯》，已出 40 期，共计 40 余万字，主要刊载学术动态和工作通讯。

第三，开展中外学术交流，促进我国民族学的发展。

---

① 满都尔图：《中国民族学学会四年来的工作报告》，中国民族学学会编《民族学通讯》，1984，第 41~42、32~33 页。

② 中国民族学学会秘书处编《中国民族学学会（1980—2001）》，2002。

在国内学术交流方面，除上述召开学术讨论会、主办学术刊物外，学会还同30多个有关科研、教学单位、学术团体和杂志社建立学术联系，相互交换资料，互通情报。在与国外民族学界的学术交流方面，学会负责人秋浦、林耀华、马曜、谷苞、梁钊韬等同志多次接待国外有关学者，进行学术交流。1983年8月，我国第一次派出代表团参加第十一届国际人类学与民族学大会，受到各国代表的热烈欢迎和关注，中国民族学学会会长秋浦、副会长胡庆钧同志参加代表团，进行学术交流。

第四，举办民族学讲习班，培训民族学干部，普及民族学知识。

1983年9~12月，中国民族学学会与中南民族学院联合主办了第一期民族学讲习班，来自全国20个省（自治区、直辖市）的66名学员参加了讲习班。在这次讲习班上，有将近20名第一期讲习班的学员提供论文。通过实践，学界同人一致认为举办民族学讲习班，是培养民族学干部队伍、普及民族学知识的重要途径之一。

第五，发展学会会员，壮大民族学工作者队伍。

1980年10月中国民族学学会会员不到300名，至1982年底增加到358名，截至1984年9月，会员总数达548名，在548名会员中，男会员475名，女会员73名。这些会员包括汉、蒙古、满、朝鲜、达斡尔、鄂温克、鄂伦春、锡伯、土、撒拉、回、维吾尔、哈萨克、柯尔克孜、彝、纳西、白、傣、藏、苗、布依、侗、壮、瑶、水、黎、土家、畲等民族的成员。着眼于民族学知识的普及，发现和培养民族学专业人才，中国民族学学会吸收了一批业余民族学爱好者，他们中的大部分在民族工作相关部门或民族地区工作，或本人为少数民族。实践证明，邀请他们加入学会，参加学会的活动，对于普及民族学知识、提高民族工作干部的业务理论素质是有积极意义的。

改革开放初期，中国民族学学会的工作，是在毫无经验的情况下开展的。通过几年的实践，学会秘书处①有如下几点体会。

第一，学会是群众性学术团体，其工作应面向广大会员。

---

① 中国民族学学会秘书处编《中国民族学学会（1980—2001）》，2002。

几年来学会的一切工作都面向广大会员，尽量给他们的学术活动以支持和提供方便。每次学术讨论会的中心议题，都首先在广大会员中酝酿；会议代表的产生坚持以提供论文为条件；《民族学研究》优先选用会员的文章，以激发专业和业余民族学工作者的积极性。

第二，要办好学会，其主要负责人要亲自过问学会的工作，不能只挂名不务实，要组建热心为学会工作的班子。

几年来学会的重要工作都由在京的会长和副会长直接过问，外地的副会长也通过信函联系关心学会的工作。学会的重要文件由学会的主要负责人草拟，重要活动由他们主持拟订方案。学会工作人员从秘书长、副秘书长到秘书，都是兼职的，他们尽管本职工作都比较繁忙，但都热心于学会的工作。他们分工合作，分别处理学会的日常事务，主持编辑《民族学研究》和《民族学通讯》，发展会员，与广大会员联系以及分发材料等。每编一辑《民族学研究》，需审阅近百万字稿件，从选稿到定稿，花费相当多的精力和时间。每举办一次学术讨论会，主持和参加筹备工作者断断续续花去几个月的时间。这些工作对于其个人的本职业务多少都会有影响。

第三，开展学术交流，办好学术刊物，是学会工作的核心。

学会作为群众性学术团体，其主要任务是开展学术活动，促进本学科的繁荣发展。中国民族学学会成立初期把主要精力放在组织学术讨论和编辑出版学术刊物上。学会根据发展我国民族学实践的需要，确定中心议题组织学术讨论会，基本达到了预期的效果。前两次讨论会在民族学的基本理论和民族学应该为民族地区的现代化建设服务等问题上，取得了基本一致的认识，从而为在我国大力开展民族学研究，完成党在新时期的总任务，开创民族学研究的新局面，发挥了积极的作用。《民族学研究》不仅受到广大读者的普遍欢迎，而且在国外民族学界也受到好评，《苏联民族学》1983 年第 5 期题为《评中国学者论民族学研究对象》的评论文章，即是明显的一例。

第四，为了更好地推动我国民族学的发展，学会有必要拟定一个发展本学科的长远设想。

1981 年 7 月，中国民族学学会在昆明召开座谈会，在充分酝酿讨论的基础上拟定了《关于发展我国民族学的初步设想》，共分专著、资料、工具书、形象化科学记录、通俗读物、译著、刊物等七个方面。在民族学研究正在大力开展的时候，拟定一个切实可行的长远设想，是必要的，它可以增强民族学研究工作的计划性和主动性，避免或减少盲目性，为有关部门提供参考。

第五，民族学学术讨论会在民族地区召开，具有一定的积极意义。

一方面，使与会的民族学工作者通过会议期间的接触或对附近民族地区的考察访问，增强感性认识；另一方面，还可为推动当地的民族学研究产生积极影响。

改革开放初期，中国民族学学会最为重视的工作是民族学如何更好地为民族地区的现代化建设服务，适应我国的科学文化事业发展的需要，力图摸索出立足本学科，使民族学与现代化建设紧密联系在一起的正确路子。

改革开放后我国与国外的交流互动日益频繁，民族学界也逐步和国外学界建立了联系。民族学是一门国际性的学科，民族学研究除了适应各国的需要和体现各国的特点外，还有许多共同的理论问题需要探讨。中国民族学学会本应通过各种途径和形式，加强与国外民族学界的联系，交换资料，人员互访，尤其需要派人出国考察访问，积累国外民族学资料，批判地吸取国外民族学的有益成果，以促进我国民族学的发展。但由于各种原因，改革开放初期中国民族学学会几乎还没有开展这方面的工作。到了20世纪80年代末，中国民族学学会的主要负责人以及一些理事和会员，接待了一批又一批的来访学者，外出到一些国家讲学或考察访问，和国外同行进行了广泛的学术交流。"1988年，学会会长和几位理事，参加了第十二届国际人类学与民族学大会。学会还通过《民族学通讯》，介绍国外民族学研究动态，向会员传递信息。"[1]

同时，中国民族学学会主办的《民族学研究》开始受到国外学界的关

---

[1] 詹承绪：《第二届理事会工作报告（1989年10月16日）》，中国民族学学会秘书处编《中国民族学学会（1980—2001）》，2002。

注。据了解，《民族学研究》在国外和中国香港地区都有一定影响，日本、美国、苏联、南斯拉夫的一些图书馆和大学，收藏有这个刊物，日本和我国香港地区的书店还经销过这个辑刊①。

到了 20 世纪末，中国民族学学会开始关注如何面向 21 世纪的前瞻性问题，组织召开了相关主题的学术座谈会。由中国社会科学院民族研究所资助、于 1994 年 5 月 14 日召开的题为"中国民族学如何面向 21 世纪？"②的在京部分中青年民族学学者学术座谈会，是国内学界研讨本学科如何面向 21 世纪的最早的学术活动之一。

何星亮研究员在《中国民族学如何面向 21 世纪——中国民族学学会大连会议纪要》③ 中写道，此次讨论会的主题是"中国民族学如何面向 21 世纪？"，包括三个方面的内容：（1）如何进一步建立和完善中国民族学学科与理论体系；（2）在新形势下民族学如何研究和解决民族地区现代化建设中出现的理论问题与实际问题；（3）如何培养中国民族学跨世纪教学和科研人才。与会代表本着"百家争鸣"的方针，踊跃发言，各抒己见，就以上三个问题分别进行了热烈的讨论。这次会议提出了今后中国民族学的任务和目标，它对建立和完善有中国特色的民族学研究具有重要意义。他还强调指出："培养大批中国民族学跨世纪的教学和科研人才，是使中国民族学在 21 世纪能得到迅速发展和完善的前提。一些学者指出，目前中国民族学界 35~45 岁的优秀科研和教学人才少，应强化人才意识，创造人才成长的环境；鼓励中青年敢于提出不同意见，鼓励他们在学术上超老一代；搞好梯队建设，处理好老、中、青的关系，消除阻碍人才成长、培养的各种因素，有意识地培养新一代学术带头人；加强宣传优秀中青年民族学工作者。有的学者还建议，设立以著名民族学家命名的奖励基金，以促

① 詹承绪：《第二届理事会工作报告（1989 年 10 月 16 日）》，中国民族学学会秘书处编《中国民族学学会（1980—2001）》，2002。
② 夏之乾：《第四届理事会工作报告（1997 年 11 月 10 日）》，中国民族学学会秘书处编《中国民族学学会（1980—2001）》，2002。
③ 何星亮：《中国民族学如何面向 21 世纪——中国民族学学会大连会议纪要》，中国民族学学会秘书处编《中国民族学学会（1980—2001）》，2002。

进民族学专业人才的选拔和培养。"①

夏之乾先生在《第四届理事会工作报告（1997 年 11 月 10 日）》中讲道："下一届理事会将是一届跨世纪的理事会，任务更加繁重。希望与会同志利用此次到会的机会，积极献计献策，群策群力，把我们学会的工作顺利推向 21 世纪。"②

## 三　21 世纪中国民族学学会的创新发展

进入 21 世纪之后，中国民族学学会的学术活动日益增多。由中国民族学学会与兰州大学、新疆大学西北少数民族研究中心联合主办的"兰州·2001 年民族学学术研讨会"于 2001 年 7 月 16～19 日在兰州大学举行。来自北京、甘肃、新疆、陕西、宁夏、青海、内蒙古、辽宁、四川、云南、湖北、湖南、广东、江苏、河北、广西等 16 个省（自治区、直辖市），包括汉、蒙古、藏、回、维吾尔、哈萨克、撒拉、裕固、达斡尔、壮、土家、苗、傣、傈僳等 14 个民族的 70 多名专家学者出席了会议。当时的中国民族学学会会长宋蜀华致开幕词，中国社会科学院民族研究所所长郝时远在开幕式上讲话。常务副会长满都尔图主持闭幕式，副会长李绍明作了会议总结。新疆大学西北少数民族研究中心副主任、新疆大学副校长吴福环，中国民族学学会副会长马启成主持各次讨论会。开幕式前，举行教育部人文社会科学百所重点研究基地——兰州大学、新疆大学西北少数民族研究中心揭牌仪式，与会专家学者对此表示衷心祝贺。兰州大学西北少数民族研究中心的 30 多名博士、硕士研究生列席会议。会议收到论文 44 篇，29 位与会者作了大会发言。与会专家学者围绕"西部大开发与民族学面临的任务"这一主题，展开了热烈讨论。发言者一致强调在西部大开发中吸取中外历史上的教训，保护生态环境，合理利用自然资源，在多民族地区

---

① 何星亮：《中国民族学如何面向 21 世纪——中国民族学学会大连会议纪要》，中国民族学学会秘书处编《中国民族学学会（1980—2001）》，2002。
② 夏之乾：《第四届理事会工作报告（1997 年 11 月 10 日）》，中国民族学学会秘书处编《中国民族学学会（1980—2001）》，2002。

保护和开发人文资源，使各民族的传统文化与现代化建设相调适，与时俱进的重要性。① 与会者注意到，"改革开放以来，我国民族学在应用研究方面已经取得了很好的成绩，积累了相当的经验。现在要进一步树立参与意识，以高度的热情和积极努力发挥本学科所长，作好西部开发中的应用性研究，拿出更多更好的成果，以不辱时代赋予的使命，为民族地区的现代化建设和民族学的发展作出应有的贡献"②。此次研讨会上，有学者对 21 世纪头五年我国民族学的发展趋势进行了分析和预测：（1）我国民族及民族关系发生变化，亟须对民族及民族关系的现状进行研究，因此民族学研究正在发生着由研究民族及民族关系的历史为主向研究民族及民族关系的现实为主的转变；（2）由于汉族已被纳入民族学研究的视野，汉族及其与少数民族的互动关系将在民族学研究中得到加强；（3）民族学研究的发展和学术意识的增强，将有力地克服其"泛化"现象，使自己特有的视角、方法、概念、学科体系更为明确，其作为一门独立学科的作用和意义会更加凸显；（4）随着研究的深入和学术视野的开阔，民族学将与其他学科（包括某些自然科学）有更多的交叉与渗透，由此必然会有一批新的分支学科出现；（5）民族学研究的国际化和本土化将呈现相互统一的趋势。一方面改革开放以来我们在学术视角、学术规范、研究方法上不断地吸收和借鉴外国的民族学成果，"走出去、请进来"，努力扩大与国外的交流与对话，这是国际化的一面；另一方面我们立足自己的国情，对国内民族进行了大量富有特色的研究，这是本土化的一面。这两方面相互统一的趋势将会在今后进一步加强③。

中国民族学学会第六届学术研讨会于 2002 年 7 月 16～19 日在湖北省恩施市举行。这次会议由中国民族学学会、湖北民族学院和作为教育部人文社会科学重点研究基地之一的中央民族大学中国少数民族研究中

① 陈景源：《兰州·2001 年民族学学术研讨会纪要（2001 年 7 月）》，中国民族学学会秘书处编《中国民族学学会（1980—2001）》，2002。
② 陈景源：《兰州·2001 年民族学学术研讨会纪要（2001 年 7 月）》，中国民族学学会秘书处编《中国民族学学会（1980—2001）》，2002。
③ 陈景源：《兰州·2001 年民族学学术研讨会纪要（2001 年 7 月）》，中国民族学学会秘书处编《中国民族学学会（1980—2001）》，2002。

心联合举办。会议的主题是"民族学与 21 世纪",与会的专家、学者共 110 多人,分别来自全国各教学及研究机构。

研讨会共收到论文 52 篇,会议分大会发言和小组讨论两种形式进行。从内容来看,会议论文可分为三大类:一是民族文化的保护、开发与利用;二是民族学研究的回顾与学科建设;三是民族社会、宗教与文化研究。会议期间,理事会根据学会章程进行了换届选举工作。经各省(自治区、直辖市)有关单位推举,组成了第六届理事会。在第六届理事会第一次会议上,选举了理事会会长、副会长、常务理事和秘书长,并聘请了顾问。

2010 年 10 月 29~30 日,由中国民族学学会主办、中南民族大学承办的中国民族学学会第七届全国会员代表大会暨"少数民族与中华民族的复兴"学术研讨会在中南民族大学学术交流中心隆重召开。来自全国各省(自治区、直辖市)的 218 位专家、学者参加了此次会议。中国民族学学会副会长兼秘书长何星亮作了理事会工作报告,汇报了学会自 2002 年第六届理事会成立以来的财务管理、学术活动等情况。开幕式上还举行了中国民族学学会成立 30 周年的庆祝仪式。10 月 29 日下午和 30 日上午,大会就"少数民族与中华民族的复兴"进行研讨。所有与会成员分为四个小组,每组有四场报告会,大家就不同的议题发言。

中国民族学学会 2013 年学术年会暨"文化交流与中华民族繁荣发展"学术研讨会在银川举行,区内外 70 多名专家、学者和 50 多名该领域的在读研究生参会。本次年会由中国民族学学会和宁夏大学主办。研讨会设有三个学术专题,专家、学者对民族文化、不同民族文化的对话与交流及其相关问题进行了深入探讨。

2014 年 10 月 25~27 日,由中国民族学学会和内蒙古师范大学联合主办,内蒙古师范大学经济学院协办的中国民族学学会 2014 年学术年会暨"经济社会发展与民族文化变迁"学术研讨会在呼和浩特市召开。本次学术年会的主题为"经济社会发展与民族文化变迁",来自全国各地高校和科研单位的 100 余名代表参会,共进行了 12 个单元的讨论,5 位著名专家作了主题演讲,85 位发言人和 13 位评论者作了发言。中国民族学学会色音秘书长主持开幕式，中国社会科学院院长助理、中国民族学学会会长郝时远研究员根据中央民族工作会议精神作主题报告。国家民委原副主任、中国人类学民族学研究会常务副会长周明甫先生指出，实践证明中国的选择是正确的，要在坚持我们自己道路的基础上，巩固、完善、发展和创新我国的民族政策。中国社会科学院民族学与人类学研究所党委书记张昌东先生提出，学界要认真学习贯彻习近平总书记关于民族工作的重要讲话精神和中央民族工作会议精神，围绕我国民族地区经济社会发展与民族文化变迁的有关问题进行深入研讨。国务院参事、中国民族学学会常务副会长何星亮研究员从民族心理的角度探讨了民族地区现代化建设与观念变迁的关系。北京大学高丙中教授根据历史和逻辑的演进分析了中国近代以来的身份设计。内蒙古师范大学经济学院包玉山教授从现代畜牧业发展所导致的草原生态空前恶化和牧民收入连续下降的现实出发，主张保护和恢复游牧生产方式，这种回归是蒙古族文化自觉、文化恢复和文化重建的一部分。

为了鼓励在校研究生关注中国经济社会发展与民族文化传承保护，培养民族学人类学未来人才，并为在校研究生提供学术交流平台，在中国民族学学会2014年学术年会期间还举办了中国民族学学会研究生论坛，来自全国各地的近40名博士和硕士研究生围绕"经济与社会发展""婚嫁民族文化""变迁中的民族文化""旅游与休闲文化""宗教、宗族与社团组织""民族学与人类学理论探索"六个议题进行了热烈讨论。中国民族学学会色音秘书长在总结发言中指出，这是一次积极探索和真诚沟通的会议，是民族学、人类学界对中央民族工作会议的很好的响应，研讨会上达成的共识必将推动民族学界进一步深入学习中央民族工作会议精神和民族学研究的进程。

在改革开放40周年之际，2018年9月22~23日，中国民族学学会2018年学术年会在西北民族大学召开。会议由中国民族学学会主办，西北民族大学民族学与社会学学院、甘肃省高校新型智库"民族地区全面建成小康社会研究中心"承办。会议以"全面建成小康社会与新时代民族地区发展"为主题，来自国内的近300名专家、学者就如何在国家全面建成小康社会的战略关键时期，推动新时代民族地区的发展展开交流。校长赵德安教授出席大会，副校长何烨主持会议。

在 2016 年中国民族学学会高层论坛论文集基础上编写的《民族学如何进步》① 一书于 2018 年改革开放 40 周年之际正式出版，中国民族学学会前任会长郝时远研究员、现任会长杨圣敏教授、执行会长王延中研究员的最新学术论文收录其中。从某种意义上来说，《民族学如何进步》一书是中国民族学学会为庆祝改革开放 40 周年献礼的厚重学术成果。

中国民族学学会现任会长杨圣敏教授在《民族学如何进步——对学科发展道路的几点看法》一文中提出："在国际民族学界普遍开展的反思中，对我们来说这显然是一个时机，以马克思主义理论为指导，结合中国实际，探讨中国经验，总结中国学界的研究，创建中国人类学、民族学学派的时机和时代已经到了。"② 中国民族学学会执行会长王延中研究员在《民族学理论研究与学科建设的若干问题》一文中强调指出："在我国这样一个多民族国家中，民族现象的复杂性、民族问题的重要性、民族研究的时代性，为民族学研究提供了丰沃的土壤，民族学人适应时代呼唤，响应国家需要，在调查研究、人才培养、学科建设、政策咨询、学术交流等领域辛勤耕耘，产出了很多有影响的重大成果，为发展我国哲学社会科学事业做出了很大贡献。民族学已经成为最具中国特色的哲学社会科学专业领域之一，也是习近平总书记在 2016 年 5 月 17 日哲学社会科学座谈会讲话中提出大力发展的重要学科之一。"③

进入 21 世纪以来，中国民族学学会学术年会的主题紧扣中华民族伟大复兴和中央民族工作会议精神等时代主题及民族学如何进步等学科建设前沿议题。2018 年是我国实施改革开放政策 40 周年。40 年来，以中国民族学学会为代表的民族研究学术团体和学界同人为中国民族学理论的创新发展和学科建设作出了不可磨灭的巨大贡献，中国民族学事业取得了辉煌的

---

① 王延中、祁进玉主编《民族学如何进步》，社会科学文献出版社，2018。
② 杨圣敏：《民族学如何进步——对学科发展道路的几点看法》，载王延中、祁进玉主编《民族学如何进步》，社会科学文献出版社，2018，第 37 页。
③ 王延中、祁进玉主编《民族学如何进步》，社会科学文献出版社，2018，第 133 页。

成就。

　　当前，我们已进入新时代，这对当前民族学学科的繁荣与发展提出了更高更多的要求和目标，民族学学科的发展繁荣面临重要机遇期。我们要把民族学学科的繁荣发展推进到新时代，发表和出版大量的高质量、高水平的学术成果，以助力中国新时代的哲学社会科学话语体系、学科体系、学术体系的创新发展。我相信，中国民族学学会在新时代，必将担当新的使命，为中国民族学的话语体系、学科体系、学术体系的建设起到积极的引领和推动作用。

# 海外民族志的发展历程及其三个层次

高丙中　　熊志颖<sup>*</sup>

**摘　要：** 海外民族志研究内生于中国人类学的传统，近年已经成为中国社会科学的新潮流。中国学人偶尔有在境外做实地调查研究的例子，但是作为学术事业的海外民族志是在 21 世纪初期从北京大学开始推动的，而后逐渐有高校和研究机构参与其中，形成一个全国性的、多学科的学术创新领域。早先的研究尝试在周边国家进行，后来扩展到包括发达国家在内的世界各地。高丙中评述了这个发展过程，并认为，中国海外民族志研究已经呈现出三个层次的关注，即以微观社区实体为对象的蹲点研究、由多点构成代表性的区域国别研究和以世界社会为对象的研究。

**关键词：** 海外民族志；世界社会；"我们"人类学

## 一　海外民族志研究的倡导

熊志颖（以下简称熊）：高老师，您好！受《广西民族大学学报》（哲学社会科学版）秦红增教授的委托，很高兴能跟您就海外民族志研究进行访谈。您指导的研究生和博士后在过去十八年里开展了三十项海外民族志研究。这些研究者坚持采用当地人的语言，在地调查一年，树立了中

---

\*　高丙中，北京大学社会学人类学研究所教授，博士生导师。熊志颖，北京大学社会学系2019级博士研究生。

国人类学的田野作业的新标杆。我看您的著述后，发现基本上在世纪之交，您已经开始在考虑做海外民族志的事情了，在当时十分具有前瞻性。

高丙中（以下简称高）：我那个时候得到刘新博士的帮助，在美国加州大学伯克利分校做访问学者。在世界上这些最好的人类学系，你不仅从它们师生的著作中获得收益，还可以在它们的发展历程中获得人类学学科建设的启示与激励。伯克利的人类学，按照我们习惯的分类，一个是做印第安人研究的，一个是做海外研究的。它们系里图书馆的墙上，就有一张地图，标示它们的师生在全世界哪些地方做田野。这幅图显示着一个全球的布点。当然不只是伯克利有这个地图，好多学校有类似的地图。我挺受这幅图刺激的。

当然，在我们讨论中国社会科学往"海外"转向时，这里面可能有一个观点，就是说我们做自己的社会研究还远远不够，还远远没做好，咱们应该继续投入人力、多集中精力做自己社会的研究。这种声音的意思，不是说我们做本土社会研究多了，不是说我们有余力去做外面的调查，而是说我们本身的研究还没有做好呢。但是，我倒要强调，其实我们说我们做自己社会的研究没做好，恰恰是因为我们只在研究我们自己。

当然这在当初都是一些个人想法，而它的机遇发生，则是老师和学生都有一些共同的追求。人类学专业当时在做重点学科建设。蔡华老师、王铭铭老师都是在国外受过很好的科班人类学教育的，其实也都知道海外研究的必要性。所以那个时候，我们这个专业本身就在一些方案里面提出这样一些设想。大家有一个共同的设想，那么我们就争取去做这个事就好了。我正好有学生有心独闯海外，就行动起来。后面不断有学生认同这是他们的学术生涯的方向，海外民族志就形成了规模。

熊：学界有一个说法，中国人类学早期有一些海外民族志实践，但是成规模、成体系的海外民族志研究是在您这里才开始的。您对此有什么评价？

高：如果大家评价我们这些年做的这些我们叫作海外民族志的东西，尤其是说它在多大意义上是一个创新的时候，就会涉及这是不是最早的中国海外民族志研究之类的问题。实际上这个争论没有多大必要，因为在单纯的学术思想方面，它本身并不是一个新的东西。实际上，在学科发展意义上，我们说它是一个学术规范。说到学术规范，就是国外一些学术圈一直在这么做，这么做是合适的、常规的，这早就不是一个 new idea，但是，这却是中国人类学一直没有达到的学术实践高度。作为规范，我们谁都知道，但是我们谁都没有做到。我们今天谈海外民族志的意义，并不是说它本身是不是有创意，是不是标新立异。差不多指导学生们完成三五个点的海外民族志研究的时候，我在《中山大学学报》上发表了一篇文章①，其实就是在讲，中国人类学的海外研究是一个从学科规范的角度来做的事情。只有规范才会有一个更好的学术产出，才能更多地在社会科学里面发挥人类学学科的作用，也能够为自己的国家发挥人类学知识群体的作用，也才能够让"中国人类学"在世界人类学中有一个新机会。

但是，我相信，我们提倡的海外民族志，从教育体系来说，从学科建设来说，确实是一个新的学术事业。在这个教学体系里面，海外民族志是一个有设想有追求的集体行动，它是在现有体制里面寻求学术团队发展的集体行动。在一个大学里面，你需要经过院系的允许，同专业老师的支持——因为你的学生虽然"挂名"是你的学生，可并不是你一个人教出来的，那是院系的老师一起把学生教出来的。社会学系的历届系主任马戎教授、谢立中教授和张静教授也给我们各种包容和支持。所以，从这种单位行为、集体行动、教育体制支持的行为来说，其实它是一个新东西，是新兴的学术实践。

## 二 海外民族志的研究过程

熊：您刚提到，2006 年的时候有三五个人投入了海外民族志的研究，那您能介绍一下他们的研究经过吗？例如怎么样获得经费，怎么确定田野点，又怎么去那里的？

---

① 高丙中：《人类学国外民族志与中国社会科学的发展》，《中山大学学报》（社会科学版）
2006 年第 2 期。

高：起点是 2002 年，第一个决心去海外做田野作业的是龚浩群。浩群愿意去国外做研究。① 不过，到哪儿去？怎么去？冒出来一些技术性的问题。对于实践来说，技术上的问题就是最重要的。

当时，觉得能做的肯定是周边。选择周边有一个考虑，是经济考虑，因为远了的话路费就贵了。泰国的话，有它的便利，确确实实也算是比较经济的。我还记得，浩群总的预算是三万块钱，她中间还回来了一次。前期调查之后，回来跟老师们交流讨论，心中更明确一些问题，然后再回去继续做田野。她多往返了一次，多花了路费，最后手上还有点剩余，她临走的时候买了一个冰箱送给当地卫生院。赵旭东老师爱谈互惠，浩群是一直有这份心在做人类学实践的。当然我没问过她自己搭了多少钱进去。

去泰国，要学它的语言。因为要做规范的研究，我们要做一年的田野，一定要会讲当地人的语言。当时我们对博士生的田野要求是半年至十个月，并没有说一定要求一年。因为三年学制，要求一年的话时间不够。当时我们能做的就是最基本的规范。当然，现在全世界做异国异民族研究的话，往往一年的田野时间是不够的。当时我们先照这个规范的底线来做。要讲当地人的语言，在北大其实有一个好的条件，因为我们有东语系，里面有一些老师讲授泰国的语言、文学和文化。关键是在泰国有一定的人脉，有诗琳通公主，她在北大留过学，一直跟北大保持很好的关系。所以泰语、泰国文化的研究就有很好的力量。东语系的傅增有老师帮忙安排学习泰语，然后还有机会和泰国的老师认识，帮忙办签证。然后过去之后，得有一个人接待你，帮你介绍他们的人脉，我们做调查做什么他可以帮你推荐。只有这样别人才信任你，要不然一个天外来客从天而降，当地社会可能不会接受。大家可能没有库克船长第一次降临夏威夷岛那样的机遇，也不能这么去撞运气。总而言之，海外研究牵动着太多的教学单位，牵涉了多个老师。后面康敏 2004 年做马来西亚的研究②，也是因为这边有马来语的教学。还有就是历史系有一个吴小安老师，做东南亚历史的，给

① 龚浩群：《信徒与公民：泰国曲乡的政治民族志》，北京大学出版社，2009。
② 康敏：《"习以为常"之蔽：一个马来村庄日常生活的民族志》，北京大学出版社，2009。

了康敏很多帮助。总而言之，做海外人类学，要有多院系的人脉，多院系老师的参与，北大有这种条件。北大相对来说先在推动海外民族志，在很大意义上就是因为北大有这些人类学海外研究背后的支撑，我们的教学体系，是包含着支撑海外研究的因素。我们做的就是把它们组织起来，形成发挥作用的机制。

再后面就是 2005 年吴晓黎去印度。[①] 吴晓黎来的时候已经听说我们在做海外研究了，所以她来了就说她要做印度研究。那就来做吧。她来了之后，做老师的就要想，她要做印度，做喀拉拉邦，那语言就不能只是讲英语，就要讲别人的母语。当地的语言叫马拉雅拉姆语，这在北大可没有，我们当时在内地都找不到教这个语言的，所以她就从香港买磁带自己来听。那这样学语言不行啊，自学语言效率低下。后来也巧，有一天马戎老师来跟我说，有一个印度学者要来申请做访问学者，我们得有老师愿意跟他合作才行。我一看，我说那行，我跟他联系一下吧。我心里在想，印度来的，是不是有可能会讲喀拉拉邦的语言呢？我就给他写邮件问他，说你会喀拉拉邦的马拉雅拉姆语吗？他回答说，不会，但是他的夫人就是那个邦长大的，她的母语就是这个语言。那我说如果我愿意接受你来，你夫人帮我们教一个学生马拉雅拉姆语，可不可以？他说可以。这样，他就办签证过来了。所以他夫人就教吴晓黎这个语言。

## 三　海外民族志研究的三个阶段

熊：这些研究应该算作海外民族志的第一阶段？

高：对。这个时候有三个人做周边国家。我后来一想，还是觉得，如果今天做海外社会的研究是对认识我们中国社会起"他者"的参照系作用的话，我们做周边国家是有用的；那我们做发达国家（的社会研究），可能是有更直接的用处。因为我们追求现代化，追求国家的整体发展，而

---

① 吴晓黎：《社群、组织与大众民主：印度喀拉拉邦社会政治的民族志》，北京大学出版社，2009。

别人的社会在整体发展方面是走在前面的。所以还是想做发达国家的社会研究。

根据那个时候我自己能够控制、支配的资源，做发达国家（的社会研究）还是太贵。但是我们统筹各种资源，发挥学生的能力，还是做出了规模：杨春宇去做澳大利亚，李荣荣去做美国，周歆红去做德国，张金岭去做法国。

杨春宇是受到了 Andrew B. Kipnis 的帮助。Andrew B. Kipnis 就是写 *Producing Guanxi* 的那个国立澳洲大学的人类学家，中国通，他对中国挺友好，跟我和朱晓阳老师有多年的友谊。他来我们这边做讲座，我们跟他有一个沟通，就说我们想有学生过去做澳大利亚研究的话，能不能给我们一些支持？他很乐意帮助我们。所以我们只需要补足学生一部分资金，然后他再补足一部分资金，两边的资金合起来就可以保障春宇在澳洲一年的生活费用。

然后是李荣荣 2006 年在美国做研究。① 她是在加州做的，按常规费用会很贵。好在我有一个很多年的朋友，我请他帮我们。有些人家里是有多余房间的，住一个年轻学生在他们家，对他们来说可能还是有一些好处，比方说平时可以聊天，帮他分担一些家务之类的，然后也可以分担一些很少的费用。再就是请 UCLA 的阎云翔老师帮忙办理签证，在学业上指导她。所以关于美国的第一个海外民族志是通过私人友谊的帮助而做成的。

周歆红也是 2006 年去做德国调查的。她因为自己有申请资金的能力，所以她通过申请学术基金已经在德国待过几次。她去做田野的时候就再去申请，如果申请得到，这不就好了吗！结果她还真申请上了，所以我们也只要给她很少的补助，她就能够把这个田野做下来。张金岭也是申请学术经费能力很强的学生。② 他原来做博士学位论文就在法国待过，所以在做博士后的时候，他也是能申请到这个经费去完成的。

从第一阶段，我们做周边国家，我们基本上能够完全支付他们经费去

---

① 李荣荣：《美国的社会与个人——加州悠然城社会生活的民族志》，北京大学出版社，2012。

② 张金岭：《公民与社会——法国地方社会的田野民族志》，北京大学出版社，2012。

做，到第二阶段，我们去做这些发达国家，我们都只能承担其中部分经费。但确确实实这个社会是有资源可调度去做这些调查研究的。这就是实际情况。我们没去做这个事的时候，会觉得这就是一个不可想象的事。这些事情，你要去做，你就能够组织资源，去把这个事情做成。实际上这个时代，不管是中国还是世界，对那些有未来的年轻人，会有各种渠道给予资助和帮助。这是过去好多年的事了，现在的话这种资源和机会是更多了。不管是北大的学生还是其他院校的学生，如果能够看到我们的经历，应该来说会非常有信心去实践。不怕做不到，就怕想不到。如果你真正想做一件有意义的事情，你就真心地去想去做，老师也会支持，然后，一定要有信心的是，你迟早也会找到相应的社会资源。

我们专业的多数老师，都指导了海外民族志研究。王铭铭老师一直在他的文章里、书里、教学里传授这方面的知识，这也是学生面向世界、面向异文化一个很基本的知识武装。王铭铭老师的学生罗杨是做柬埔寨的，朱晓阳老师的学生金杰是做泰国的，周云老师的学生李伟华是做缅甸的。

熊：在北大之后，或者北大之外，也出现了一些海外民族志的研究成果。这些研究有什么特点呢？

高：我们一直都希望海外民族志是中国教育体系和中国社会科学体系里面内在的一个东西，并不只是作为我们个人感兴趣的事情。那么我们从这个第一阶段周边研究，到第二阶段做这个发达国家社会的拓展，在这个推动达到一定的规模之后，刚好第 16 届世界民族学人类学大会 2009 年在昆明召开。那时候，北大的"走进世界·海外民族志大系"已经出了三本了。在那个会上，我们也有几个媒体采访，也有几个发言，就在讲我们推动海外民族志。那应该是第一次，我们在这个专业的集会平台上发布，介绍我们前几年做的这个努力的初步成果。当时他们还有一些年轻的美国学者参加这个会，还写了关于我们发起海外民族志事业的报道，并把它登在 AAA 的会刊上。

在那前后我们很荣幸有机会跟一些兄弟院校的同行朋友合作推动人类学的学科建设。2006 年，《写文化》（商务印书馆）中文版出版的时候，我们请乔治·马库斯来讲学，我们是和商务印书馆以及上海大学、云南大学、中央民族大学、中山大学合作的。2009 年之后，我们好几个活动，开会、举办海外民族志的暑期学校，就还是这些单位合作。在这个过程当中，何明老师、周大鸣老师、麻国庆老师、包智明老师、张江华老师都参与推动海外民族志发展。景军老师、杨圣敏老师参与了浩群的博士学位论文答辩。他们无一例外地支持、鼓励海外民族志研究。像景军老师给予龚浩群很高的评价，因为海外民族志做了该做但是大家一直没有做的事，他自己在那个阶段也指导博士生和文臻去做了斐济的研究。仅浩群一个人就串起了好几个老师的帮助：周大鸣老师接收她去做博士后，麻国庆老师给她的书写序，罗红光老师和翁乃群老师都曾经支持她到他们负责的机构工作，包智明老师最后把她拉入世界民族学人类学研究中心。早期开展海外民族志研究的学人都比较幸运，受到各个单位的欢迎，都在很好的机构获得工作。

当然，海外民族志，每个学校都有自己的路径，有自己的布局。像云南大学何明老师那里，这些年他们以昆明为中心，研究东南亚，特别是缅甸、泰国、老挝和越南。这是他们的特色，他们的"地盘"。当然他们占据周边地盘之后，也会"野心"爆发，实际上也在做中亚，也在做其他的地方，尤其是"一带一路"的概念出来之后，他们也在尝试把区域作为一个整体的关注对象。这些年赵旭东老师也在特别提倡"一带一路"的人类学研究。

## 四　中国人类学海外研究学术共同体

熊：从目前的情况来看，中国人类学的海外研究，是以民族志为主，能解释这个原因或者说意义吗？

高：把人类学当作经验研究学科的话，你经验研究的初期可不就是得发现事实、描述事实、呈现事实、分享事实吗？当然今天的民族志毕竟不是早期的民族志，今天的民族志还是要有主题关怀的。主题实际上就是它的研究所追求的东西，只不过跟那种靠逻辑、论述为主的论文不一样。人类学的很多论文也是一个微缩的民族志，因为它也是在讲一个故事、讲一个案例，然后拿这个来讨论一个理论问题，讨论现实关切。

熊：我的意思是现在的海外研究中重大的理论会少一些吗？

高：因为人类学本身就是以小见大，见微知著的。因为它本来就是在村落里研究，但并不停留在研究村落。它还通过村落来研究它的社会、文化，研究它的文明，研究人类共同关切的一些问题。民族志本身就是人类学这个学科的特点或者优势。

当然，我想你可能说的另外一个意思，就是中国的海外研究什么时候能够在这样的议题里面有世界学术贡献。

对于发展海外民族志，我们最早强调的是点，然后各个点通过布局，形成周边国家、西方发达国家、"一带一路"共建国家等"区域"。学生们当然有他们自己的追求，从我的角度，我们主要定位于为中国社会科学奠定基础，培养中国人类学的新型人才。这些年教育部在推动区域国别研究机构的建设。区域国别研究一定是要落在具体社区的支撑，一定是要以微观的研究做基础。从我们的立场来看，中国的社会科学，更多的是一个关于中国社会的学术。我们希望让它转变成中国对全世界做研究的社会科学。其实之所以走不到这一步，就是因为缺少人类学在里面发挥学科的作用。走好这一步，人类学的各种主题研究将具有社会科学的意义，也将整体提升中国社会科学的世界影响。

人类学有两个非常关键的要点。第一，它是微观的，它能深入具体的人群跟社区里面去，它具体，它微观，它深入。再一个是它的整体观，访问几户人家，跟几户人家的人居住在一起，但是一定要说它谈的是一个村落；它在村落里做调查，它一定要谈这个村落代表的民族、国家、文明。人类学一定有一个微观的实体与宏观的整体。中国社会科学，其实缺失人类学的这两个知识禀赋作为关键支撑。

熊：刚刚我听您讲述，发现中国其实已经形成了一个研究海外社会的人类学的学术共同体，那么这个学术共同体对于海外民族志发展有一个什么样的意义呢？

高：实际上，海外民族志的实践，已经是一个多方合作的学术事业，大家已经被联系在一起。但是现在还是一个非正式的、松散的关系。下一步，我们要发挥学术公共平台的作用。不管是在中国人类学学会和中国民族学学会，还是在中国人类学民族学研究会里面，都在凝聚共同的兴趣，例如刘夏蓓教授主持的专业委员会。然后一些大学可能会成立一些相应的机构。这些机构不只是自己本校的师生活动的平台，一定是向外面开放的，不仅向国内的兄弟院校，而且向世界的同行、相关的人开放。因为做海外研究，我们没法只依靠国内的人脉去做，我们一定是要有跨文化的、世界性网络的人脉，才能做到海外研究由点变成区域国别研究，再变成我们现在论证的"世界社会"的研究。

原先我们认为，我们在中国，中国之外是世界，中间因为国界，因为文化的差异，因为语言，因为经济的循环圈，是隔开的。我们从中国去外面，做一个所谓海外社会的研究，当我们这个研究积累起来，形成世界性的布局和网络的时候，我们在一起交流的时候，你会发现"世界"呈现在我们面前的，不是这个点跟另外一个点这样的联系，实际上这些点汇集起来本身构成一个整体性的东西。这就是我们讲的"世界社会"。原来可能说，出了国就是国际，国家与国家之间怎么样，因为你只有"国"这个范畴。实际上你现在看到这些求学、就业、旅行、通婚等，会发现，国虽然依然存在，但是这些联系不是在国与国的范畴（"国际"），而是在同一个"社会"之内发生着。它本身构成一个很典型的"社会"概念所代表的基本内容。所以说，从点的民族志到由点构成网络的区域国别研究，再到这个"世界社会"，这可能是中国人类学的海外研究要做的三篇文章。从我们自己的经历来说，可能是三个阶段，但实际上它是同一个工作的三个层次，因为做"世界社会"的研究的时候，还是要更多、更好、更深入做点的研究；另外，还是要通过对区域国别的研究，然后再做世界社会的研究。这样才可能实现人类学这个学科的潜力。前辈学人发明了人类学这个知识方式，它到我们手上，今天就是要在这三个层次上做知识贡献。

熊：在 20 世纪 40 年代，费老提出过"世界性社会"的概念，您也引用过。① 我看您后来对世界社会的阐释，和 Barry Buzan 研究国际关系时强

①　高丙中：《海外民族志与世界性社会》，《世界民族》2014 年第 1 期。

调的"世界社会"概念很接近。① 现在人类学和国际关系研究都在使用同一个概念，是不是也意味着人类学研究和国际关系研究之间的一种衔接呢？

高：从中文来说，20 世纪 40 年代就在谈这个世界社会或世界性社会。其实中国学者对我们跟外部世界的联系，建立了这种一体认知。因为我们原来是说华夷之别、夷夏之防，原来是指自己的王朝范围内，后来在自己范围之外也用这样一个区分。其基本面就是我们跟他人、跟他者是区别开来的。

"世界社会"是说，我们的生活在国家的范畴是分开的，但是在社会范畴实际上是一起的。这是一个对自我跟他者的关系格局的新认识。改革开放之后，中国的政治经济变化、人口流动的力量，重新塑造了中国人对自己跟外部世界关系的想象和认识。这个时候，作为普通人就能够看到，我们作为真实的人，跟境外的真实的人本身能够建立关系。如果我们都要通过国家才能跟境外的具体的人建立关系，那么国家在这里就起了一个边界清楚的容器的作用。个人只能在这个容器里，跟外面发生关系。那现在我们讲的这个经验性的东西，实际上你本身可以跟其他的人建立所谓社会联系，就是说话、分享知识，然后建立友谊、进行商品的交易。你可以有那种人跟人之间的社会联系，作为群、作为团体等。社会学家 John W. Meyer 从 20 世纪 80 年代就在描述新兴的"世界社会"。②

"世界社会"这个概念，是多学科的概念和经验的研究对象。人类学追踪着对真实的人的观察。早先的追踪就做成了多点民族志，因为追踪人，发现他不在一个点上，他在流动。非洲人既在肯尼亚、埃塞俄比亚，也在义乌。项飙研究的印度乡村里面的一些小伙子，受了教育之后，到了澳大利亚，到了美国硅谷。③ 早先我们从蹲点的民族志到多点的民族志，

① Buzan, *From International to World Society? English School Theory and the Social Structure of Globalisation*, Cambridge：Cambridge University Press，2004.

② Meyer, *World Society：The Writings of John W. Meyer*, Gili S. Drori & Georg Krücken, eds., Oxford：Oxford University Press，2009.

③ 项飙：《全球"猎身"：世界信息产业和印度的技术劳工》，王迪译，北京大学出版社，2012。

现在应该是做到"世界社会"这种意义上的民族志。

## 五　中国人类学的内生传统与精神构成

熊：海外民族志对于中国人类学来说，还是一个比较"新"的东西。那么怎么处理和传统的人类学的关系呢？

高：这里面有好几个关系需要去理顺。一个就是当中国人类学走向世界的时候，我们自己认为自己是以一个什么样的态度来看待世界。因为早先西方人类学兴起的时候，它是以一个自我与他者的关系模型来看外部世界的。那么我们今天走向世界的时候，是不是也是以一个中国式的自我与他者模式来看和评说别人？中国人类学从国内研究的人类学，到以世界为对象的人类学这两者之间，是要变成新的人类学还是说这其实是同一个人类学？

把这两组问题放在一起考虑的话，我最近几年在谈中国人类学本身的内在的一个理念，这就是费孝通先生跟林耀华先生他们这一代学者的学术实践所磨炼出来的一些智慧吧。因为他们最先都是做国内的研究的，有些研究就是研究自己的家乡。费先生跟林先生都做了家乡人类学，也做了国内的少数民族研究，后来参加社会主义革命对知识分子的改造。他们的人生经历其实都在培养一种情感，就是你跟你的研究对象的亲和关系，你跟他们是不见外的。虽然在认识上，他们是你的对象，但实际上对你的知识生产来说他们是你的伙伴。因为他们接待你，相信你，跟你推心置腹说家常，说掌故，就是别人没把你当外人。你呢，应该说也是投之以桃报之以李。总而言之，这是一个我与你的关系，不是一个自我与他者的关系。并且你去研究这些人，是要去帮助这些人，能够造福这些人，就是知识为他们所用，从他们的角度想问题。改革开放以后，费先生有机会复出，接受马林诺夫斯基纪念奖，就讲《迈向人民的人类学》①，就是跟人民打成一片，想人民所想，用知识为研究对象服务，就是把这些理念用政治和学术

① 费孝通：《迈向人民的人类学》，《社会科学战线》1980 年第 3 期。

结合的语言表达出来。

中国人类学内生的这种研究者跟研究对象的这个关系，对于我们今天去做外部世界研究，仍然可以作为一个指导，作为一个我们要坚守的理念。因为这就是中国人类学本身在道德、在政治、在情感上的品质或心智的构成，是中国人类学的精神构成。这是我们的 legacy，是老一辈传下来的。那么我们应该带着这些东西去看世界，去做学术研究。所以海外研究应该是中国人类学内在生发出来的理念向外延展。从这个视角来看的话，中国人类学的传统与新兴的海外民族志在关系上就很顺。以海外为对象的人类学是一个更有学术自觉的、更了解自我的、更能够发挥自我的中国人类学。

用我们这种理念去做外部世界的人类学，有点把外部世界不当"外"，而是在知识上、在学术上把它当"内"的意思。中国人类学的深层哲学，不是关于"我"与"他者"的关系建构，而是关于"我"与"他"构成"我们"的关系建构。中国人类学去研究非洲、研究亚非拉这些发展中国家的时候，因为我们现在好像比别人更有钱一点了，好像比别人在科技方面要更领先一些了，那我们是不是又要走殖民主义人类学的老路呢？这个问题应该说在这里面得到了回答。我们今天做的人类学，究竟是西方初期到海外扩张的那个人类学，还是定位于晚期的西方人类学同时代的学术？晚期的西方人类学，它对殖民主义跟人类学的联系是经过强有力的自我批判的。当代的人类学是对自己的历史有过深度反思的人类学，所以，今天中国人类学做的"我们"人类学，恰恰跟当代的西方人类学应该是更亲和的。就从这一点意义来说，这样一个理念就能够同时把国内跟国外一系列的关系理顺。

熊：您认为海外民族志除了在学术上的功用之外，它作为公众读物有怎样的价值？

高：人类学的研究，主要是作为专业内的知识创新。但是人类学家又是最擅长运用各种文体写作的文化人，我们也最有条件诉诸大众。因为对于中国来说，我们在传统上是一个帝国，历来以民族文化、民族历史为荣耀。可是近代中国又被动地卷入现代化的浪潮，在这里面确确实实受尽了委屈，也遭受了很多重大的牺牲。在这种创伤里面，我们看外部世界，确确实实会有我们自己的情绪。一个受伤的心灵，它更容易产生对客观信息的筛选，来支撑和保护自己。但对于已经处在国际关系新时代的中国，这确确实实有其历史局限性。

今天中国跟世界的关系、我们普通人在这个时代拥有的机会和我们的能力，都与以往不同。我们确实需要一种新的眼光来看世界。扎扎实实的有学科规范支持的研究提供关于外部世界的图景，让我们更新我们跟外部世界的真实关系。尤其是我们讲的"我们"人类学这种理念，它在学术上是一个方法论意义上的理念，但同时也可以成为我们普通人看自己跟外部世界、跟他人联系的方法。因为你到国外去旅游、去求学、就业，实际上你都是有机会交朋友，有机会在外部世界找到为你个人所用的具有社会属性的东西，比方说人脉。外部世界的他人，都可能成为你的帮助者、伙伴。所以从这种意义上来说，人类学知识生产的产品，知识生产的方式和理念，其实都有益于我们的国民跟外部世界建立新型的关系，形成想象"世界"的新方式，使中国国民在整体上完成对于现代挫折的精神创伤的治疗。

熊：不久前北大成立了"世界社会研究中心"。您能介绍一下成立这个中心的设想和经过吗？

高：从民族志海外布点到形成网络，然后参加区域国别范畴的研究，我们已经在这里面发挥人类学的两点贡献。实际上，这里呼之欲出的，是以世界为对象、推动世界向更人性化方向发展、让世界是每个人的机会的理念。在北大，已经有这么多年这么多院系的老师在合作推动这个海外民族志，我们现在只是把这种合作关系通过组织形式体现出来。所以我在2017年向学校申请成立这个"世界社会研究中心"。学校做区域国别研究的大项目来提升北大的整个社会科学研究的创新能力和贡献，也需要我们这样定位的人类学。

我们成立这个中心，就是想为我们专业的师生跟北大相关的、能够互相合作的师生建立一个共同的交流平台。我们也希望向兄弟院校和国内的一些同行开放，希望他们也来参与支持。然后也会开展一些活动，拓展与国外主要的合作伙伴建立交流的机会。

　　我们已经运行微信公众号一段时间，欢迎大家利用这个平台。公众号的名称就是"世界社会"，搜这个名字就能搜到。我们希望利用这个平台，让老师发挥倡导指导的作用，年轻人分享自己的经验、分享自己的教训。让有志在这方面发展的学生，找到自己的师友，找到实践的路径，也可以提供很有用的人脉。当然还有学术理念启迪、自我培养、自我养成的资源。希望再过十年，中国人类学因为有海外民族志的扎实根基，成为新的更好的自己，变成复数的世界人类学（world anthropologies）的一个有足够分量、体量、质量、气量的好伙伴。

# 认识中国：从费孝通的社会调查经历谈起*

周大鸣**

## 一　引言

最近学界庆祝了费孝通先生诞辰110周年，所以笔者希望谈谈费老是如何做社会调查的。怎么样做社会调查，向来是知易行难。若是希望更进一步，在进行社会调查的同时，将零散的资料进行理论化整合成一系列的概念就更为困难了。笔者想通过费老的社会调查经历，来谈谈这个问题。

费老毕生从来没有停止过社会调查，也从来没有停止过关于社会调查的相关写作，不论是研究报告还是专著、论文，费老不拘一体，均有创见。所以很多的研究围绕费老一生中怎么样做社会调查，把这些调查方法作为研究的内容。① 笔者把认识中国放在一个题头，实际上是认为在费老的研究历程中，体现了社会调查是认识中国社会的一个途径，而且是一个主要的途径。

---

* 本文根据作者于2020年10月8日在厦门大学人类学云中讲堂的题名为《认识中国：从费孝通先生社会调查经历谈起》的演讲录音整理修改而成。

** 周大鸣，中国民族学学会副会长、中山大学教授。

① 赵旭东：《超越社会学既有传统——对费孝通晚年社会学方法论思考的再思考》，《中国社会科学》2010年第6期，第138~150页。

　　费老曾说在中国传统社会里，认识世界的方式，主要是从书本和经典的著作里进行学习的。所以我们过去有所谓"秀才不出门，能知天下事"，还有所谓"半部《论语》治天下"这样的说法。我们过去强调书本以及经典著作的重要性，这种强调当然很有道理，因为经典记载了过去我们对于世界认识的经验和总结。但是费老认为，若是只通过书本来认识社会、认识中国的话，应该有两个逻辑前提：一个是过去出版的著作里包含了我们人类所有的知识，因此任何的知识都可以从书本中得到了解与答案；另一个前提是过去的书中，应该包含了所有解决问题的方法，也就是说我们要解决的所有问题，都应该包括在过去出版的书中。当然实际上这两个逻辑前提都是不成立的。特别是在一个发展速度日益加快，竞争强度日渐增长，社会状况日趋复杂的时代，我们的认识状况也处在知识爆炸的情境中。这样的中国，无论是知识的积累，还是解决问题的需求，要面对的要素越来越多且越来越复杂。所以按照费老的说法，认识和治理中国这样的社会，应该要以社会调查来作为一个根本的途径。通过社会调查，才能够了解中国、认识中国，以及系统与现实地提出解决中国社会问题的一些方案。

　　费老的社会调查方法，可以从几个方面谈。首先是上文谈的，费老认为社会调查是认识论的起点，这也符合我们今天所讲的历史唯物主义，以及从实践到理论，又从理论回到实践的一个认识过程。我们要认识社会，必须从实际调查出发，所谓没有调查研究就没有发言权。其次是费老的理论来源，主要是功能主义的。费老自述他的一生受三位老师的影响，第一位是吴文藻先生，吴文藻先生教给了他社会学的一些基本方法，尤其是社会学怎样中国化，怎样开拓社区研究。① 第二位老师是潘光旦先生，潘先生教会费老怎么把人的生物性跟文化结合起来研究。所以潘光旦先生提出了位育的概念，就是把人的生物性与人的文化性结合起来研究。② 第三位老师确切地说是三位外国人，一位是帕克，早年他来北京讲学，费老在北

① 费孝通：《简述我的民族研究经历与思考》，《中央民族大学学报》（哲学社会科学版）2000 年第 1 期，第 1～9 页。
② 费孝通：《想起潘光旦老师的位育论》，《西北民族研究》2000 年第 1 期，第 1～2 页。

京听到他的讲座，他的研究主要是芝加哥学派的，有些类似后来的社区研究。第二位老师史禄国主要是教费老人类学，尤其是体质人类学的方法。第三位就是马林诺夫斯基，费老前往伦敦政治经济学院跟随他做博士学位论文，费老跟马林诺夫斯基读了两年博士，接受的是功能主义的这一套分析方法。从费老受的学术训练来看，他拥有比较丰富的知识结构。所以在他后来的研究中能够有广泛的联想和深入的思考，能够基于经验提出很多概念。这与知识的广博有一定的关系。费老社会调查的方法论，强调的是知识背景的广博。

费老还强调社会调查与社会学调查的区别，他特别强调了这样一个区分，他说社会调查就是描述性的，告诉我们社会是什么，他认为过去他做的《江村经济》这本书，是一种描述性的著作，也就是我们如今说的民族志。所以我们需要辨析的一个关键问题是，社会学的调查与社会调查的区别到底是什么。

社会学调查是要带着问题去调查，除了描述还需要解释，费老从社会调查到社会学调查的分水岭，是云南三村的调查。1938 年费老从英国拿到博士学位，当时因为抗日战争，他回到云南，希望将他刚刚学到的这一套社会学方法用于调查。他带着问题，在江村经济的基础上，去调查研究中国的乡村社会。

从今天看，社会调查有两种面向，一种是做描述性的民族志，一种是带着问题或者带着假设去做社会调查，来论证假设与做出一些解释性的分析。这也就为如今调查需要使用哪种模式做了一个区分，我们有时需要做一个民族志的调查，有时需要做一个社会学的调查，有时是带着问题去做调查的。

## 二　费孝通的社会调查经历

费孝通先生自己在《社会调查自白》那一本小册子里，谈到他的社会调查经历。首先是做瑶山的调查，然后是江村经济和云南三村；之后是访美日记、民族识别、小少民族调查；再之后是小城镇调查、知识分子调查；等等。当然后来还有一些其他的调查，《行行重行行》书中，实际上收集了他后来在各地的一些调查报告。[①]

首先应该谈的当然是瑶山调查，当时吴文藻先生希望费老的研究，从做异文化开始，也就是从做瑶山的研究开始。费老当时新婚不久跟王同惠女士一同去瑶山做调查，调查的结局有点悲剧的色彩。这应该是费老一生惦记瑶山的一个很重要的原因，也是费老脑海中摆脱不了的印记。

所以在几十年后《花篮瑶社会组织》这一本书出版时，他在后记里谈到当时生不如死的心态和经历。[②] 费老与王同惠女士合作的《花篮瑶社会组织》，实际上依然是用人类学最基本的研究方法进行的研究，主要是用描述性的方法去做调查。所以我们读毕《花篮瑶社会组织》后发现，它研究的是家庭与亲属，社会组织和亲属团体之间的关系等，这些都是人类学最基本的东西，是早期人类学最基本的研究主题。

费老在多年以后依然惦念着这件事，所以他指导他的学生，多次去大瑶山做调查。比如他的博士生徐平教授的很多研究是关于瑶山调查的。[③] 现在大瑶山有一个纪念碑，纪念费孝通与王同惠的瑶山调查。因为费老的脚受了伤，在广州的柔济医院治疗他的腿伤，也是现今的广州医科大学第三附属医院。在广州住院几个月后，费老回到江村休养。因为当时他的姐姐费达生在江村做了一个桑蚕养殖实践基地，所以他在休养的过程中做了一些调查，实际上费老在这个调查里完成了他博士学位论文最基本的材料收集与实地调查。

江村经济中所提出来的乡村问题，如今回头看依然非常有启发。费老在书中提出了农村的几个基本问题，一个是手工业的衰落，当时的中国面临帝国主义的经济入侵，大量的工业化产品进入中国乡村，导致乡村手工业衰落，过去的江南农村手工业很发达，是村民的一个很重要的经济来源。

第二个是土地所有权的流转，当时费老在江村做调查，很多的土地所

---

① 费孝通：《行行重行行》，群言出版社，2014。

② 费孝通、王同惠：《花篮瑶社会组织》，江苏省人民出版社，1988。

③ 徐平、包路芳：《"大瑶山"调查与费孝通文化思想——纪念费孝通先生"大瑶山"调查八十周年暨逝世十周年》，《福建论坛》（人文社会科学版）2015 年第 6 期，第 20~25 页。

有者并不在江村，甚至并不在江苏，所以土地的所有权是一个很重要的问题。其实关于土地的所有权以及土地所有权怎样流转，到现在依然是一个很重要的问题，这关系到我们现在怎么解决农村的土地问题。现在我们在强调农村土地政策的改革，有各种各样的方案，这一问题的实质，是怎样充分地利用农村的土地来发展。如今的江村与费老最初去的江村已经大有不同，现在的江苏已经完全成为一个联结全球的工业社会，他们的产业已经成为全球大分工的一部分。如今的江村可以通过电商将他们的纺织产品以及各种商品销往全中国乃至全球。当年费老最初在江村做调查时，想说明的就是世界经济对江村这样一个村落的影响，如今仍然可以看到村落与世界的互动影响。

　　费老的另一个调查是关于云南三村的，费老从 1936 年去伦敦经济学院读博士，到 1938 年 9 月完成学位答辩后便立即赶回中国。因为当时抗日战争已经全面爆发，所以他直接到了云南。费老到了云南以后，在云南大学社会学系任教，后来担任社会学系的系主任，费老在这一时期开始了对云南三村的调查。过去很多学者质疑费老只做了一个江苏的研究，如何能够代表整个中国，很多人提出异议，所以费老认为要真正认识一个完整的中国乡土社会，应该还要做更多的深入的研究。在选择云南三村时，实际上费老是按照三村的不同分类进行研究的。一个是以农业为主的禄村，一个是以手工业为主的易村，还有一个是商业为主的玉村。比较费老在云南三村的调查与过去在江村进行的调查，可以明显地认识到他的调查更为精细化了。

　　费老将这一概念称为微型研究，微型研究就是在一定的地方，在少数人可以直接观察的范围内，同当地人民结合起来，对这些地方的居民的社会生活进行全面研究。这是过去社会人类学常用的方法。① 这种研究方法，在调查农村的时候，需要仔细观察一亩地花多少劳动力，能够收割多少粮食。今天我们回顾云南三村的研究，回到费老做过研究的禄村，过去费老来到这里做研究时，将它归类成纯农业的村落，如今它早已完全和县城融

────────────────

① 费孝通：《民族社会学要把宏观研究与微型研究结合起来》，《中国社会科学》1982 年第 4 期，第 155～156 页。

为一体，进入城市化的范畴中了。

费老的另一个重要的调查成果是外访日记，主要是前往英美等国家进行访问后的成果。费老去英美各国做了几个月的访问，他以一个人类学家的眼光对美国社会进行观察，因此很多人认为他的访美日记是一个访美的田野调查日记，是他对美国人当时的生活、美国社会的一些状况的描述。即使今天重新审视，也依然有所启发，费老看得很细微，见微知著。①

费老在中华人民共和国成立以后，主要组织和参与了一项重要的活动——中国少数民族社会历史调查，后来我们把它称为民族识别。民族识别实际上是一个很大的工程，当时费老主要负责南方片区。后来费老有专门的文章提到关于民族识别的重要性。费老认为中国这样一个大国，就像一个大家庭一样，如果要治理好这样一个大家庭，得弄清楚这个大家庭有哪些不同的民族、不同的群体，摸清新中国的家底是一项很重要的工作。②

改革开放后费老复出时已经 70 岁高龄了，但费老自述在自己 70 岁时，学术生涯迎来了第二春——他重新开始进行研究工作了。费老在他的《社会调查自白》中言明，在改革开放以后，他主要做了三个方面的调查，首先是小城镇的调查，其次是乡村的调查，再次是知识分子的调查。做这些调查的首要原因是改革开放以后，很多地区的农民开始自发地走非农业的道路，小城镇的发展，在江南、在珠三角这些发达地区，成为一个很有显示度的、全社会都十分关注的社会事项，为此费老展开了这个研究。③

对于这样一种事项，当时的很多学者是以一种负面的角度去理解的，费老在看这个问题的时候，主要是考察它积极的方面，费老就此写了一系列的文章，每一篇的篇幅都很长，而且都是在宾馆里写成的。一位七十多岁的老人，在旅途中，白天做调查，晚上整理笔记，然后再写成文章，每次一调查完，就将文章投出发表。费老提出小城镇的调查，小城镇大问题，笔者认为费老主要希望大家理解小城镇在中国发展过程中的重要性，用更加直白一点的话语来说，它们是一个个连接城乡的很重要的连接点。

---

① 费孝通：《外访杂写》，中国展望出版社，1988。

② 费孝通：《关于我国民族的识别问题》，《中国社会科学》1980 年第 1 期，第 147~162 页。

③ 费孝通：《社会调查自白》，北京出版社，2017，第 10 页。

其次，小城镇的发展是一个乡村自发的发展，是自下而上的发展过程。这样的发展实际上在当时是减少制度性成本的发展方式，所以他希望通过调查，对小城镇进行一个分类。基于此，费老提出了之后颇具影响的几种发展模式，费老归纳的苏南模式、温州模式、珠江模式，不是一个简单的划分，实际上笔者认为这是费老对中国的国情最清醒的一个认知。他认为中国是一个差异性极大的社会，是不能用一种模式来全部概括的，所以他要用不同的模式去概括，不同的发展模式对应的是不同的发展要素。所以费老当时把温州模式归纳为小商品的发展模式，将苏南模式理解为企业下乡，因为它依托上海发展起乡镇工业。珠江模式就是前店后厂，主要是依托港澳把工厂建设在珠三角，窗口在港澳，这是他讲过的几种模式，至今还能够看出多样性在发展中的作用。①

改革开放伊始，费老组织开展了知识分子调查，主要原因是当时他在民盟担任领导。当时的知识分子由于历史原因，不大受重视，很多知识分子被打成右派或者被下放，人才得不到尊重，不受重用。费老希望通过知识分子调查的成果，促使国家重视知识分子、重视人才。因此知识分子的调查跟国家的人才战略是联系在一起的。故而费老的研究能够被各个方面的人接受。

另外费老还主导了一个项目——小少民族调查，现在的通用说法是人口较少民族调查，指标是总人口 30 万以内的民族。这些民族是很重要的，因为这些民族实际上保留了很多很重要的文化遗产，40 年前与 40 年后有非常大的改变。很多的民族习俗包括民族语言等，如今几乎都已经消失了。到了现在，小少民族调查的价值就显现出来了，《甘肃土人的婚姻》的序言里费老是这样介绍小少民族研究价值的，他认为土族作为一个小少民族，应将它放在中华民族的形成过程中，这些小少民族具有很重要的地

---

① 费孝通：《各具特色的吴江小城镇》，《瞭望周刊》1984 年第 2 期，第 18~20 页；《小城镇大问题（之二）——从小城镇的兴衰看商品经济的作用》，《瞭望周刊》1984 年第 3 期，第 22~23 页；《小城镇 大问题（之三）——社队工业的发展与小城镇的兴盛》，《瞭望周刊》1984 年第 4 期，第 11~13 页；《小城镇 大问题（续完）》，《瞭望周刊》1984 年第 5 期，第 24~26 页。

位。实际上小少民族，能够在大的民族中间生存下来，本身就是一个值得研究的题目。这是一个很重要的话题，土族处在藏族、蒙古族还有汉族这样几个民族之间，河湟流域的几个民族，比如东乡族、土族，还有裕固族、撒拉族这些都是人数较少的民族，在费老调研时它们的总人口应该都在 10 万人以下，在这样的情况下，能在大的民族中间生存下来一定有它内在的逻辑。实际上通过研究小少民族，展现的是这样一个区域中的民族关系。当时很多人没有意识到这个问题的重要性，所以后来费老就提出了民族走廊的概念。①

## 三　社会调查与认识中国社会

社会调查的目的不是调查本身，我们进行社会调查的目的是要认识社会，或者叫作认识中国社会。然后在认识中国社会的基础上，来提出问题和寻找解决问题的方法，所以费老一生中提出的很多概念都十分有创建。他最早提出一个"五谷文化"的概念，五谷文化其实内涵非常丰富，五谷一词其实直接包含了中国的南北东西，他认为中国作为一个农业国家，没有比"五谷"更贴切的词语能够概括了。"五谷文化"这个概念是极具包容性的概念，他没有使用稻作文化也没有使用麦作文化，而是用了五谷这个概念，显而易见这是一个包容性的概念。他强调五谷文化，就是说农耕文明的核心是对作物的逐步栽培，而它的文化是围绕作物栽培的一套生产生活方式。

另外一个概念是差序格局，这是很重要的一个概念。他在《乡土中国》书中举的例子浅显而形象，一块石头扔到池塘中，波纹从中心往周围散开，费老认为这就是中国人的一个人际关系的运行方式，以自我为中心向周围散开。

费老把云南三村的调查、江村的调查等一系列的研究都综合起来，提出乡土中国的概念。乡土中国想要达到的目的，就是费老希望概括出作为

---

① 　许让神父：《甘肃土人的婚姻》，费孝通、王同惠合译，辽宁教育出版社，1998。

农业社会的中国乡土中具有特色的东西，所以他认为差序格局是乡土中国里面很重要的概念，同时费老还强调了乡村中国里面男女有别的礼治秩序。

无讼、无为政治、长老统治、血缘和地缘的结合，都是乡土中国的重要组成部分。笔者认为除了血缘和地缘，业缘也很重要。费老提出一些概念化的表述，希望将中国概念化，我们今天来看，这些问题依然具有生命力。另外还有一个很重要的概念是文字下乡，费老那一代知识分子，从晏阳初、梁漱溟一直到费老研究乡土社会，他们研究的一个很重要的共同点，是他们认为乡土社会需要重建、改变、发展。这是他们那一代人的一个理想，那么怎么样去改变乡村社会？怎么样去重建乡村社会？费老这一代人就认为文字下乡是很重要的，晏阳初一生都在办平民教育。

毛泽东在《中国社会各阶级的分析》这篇文章里面也讲到，过去地主阶级有文化，农民没有文化，所以实际上地主阶级通过掌握文字而掌握文化，也就掌握了话语权。所以要重建乡土，就必须普及教育、文字下乡，这是很重要的一个途径。其实这种有文化没文化的观点，一直影响到了我们现在。比如很多人在考虑西部贫困地区为何贫困、为何发展较慢时，将原因归结为缺乏教育，所以我们要发展教育。这套理念，我们已经坚持100年了，通过教育来改变贫困，来改变乡村的落后状况。这是从费老那一代人开始就坚持的，并不是从我们这一代人才开始的。

费老的另一本重要的著作是《生育制度》，这本书是被很多人所忽视、不太重视的一本书，其实这本书是一本最基础的理解中国社会的书籍。生育制度这本书最重要的是它讲的是家庭、婚姻这些最基本的东西，以及家庭与家族的关系，这些都是中国社会最基本的社会制度。生育制度可能到今天还是制约中国社会发展的一个很重要的问题，我们围绕一套生育制度，建立起一套文化的法则，有些东西变化很快，有些东西变化很慢，笔者经常讲汉族社会以父系祭祀作为一种传统，这到目前为止都还没有变。既然没有变，那么孩子的性别选择就依然很重要，很多人还是希望生一个男孩子。这个基础的制度没有变，在这个基础上，我们在研究中国社会的时候，就要清楚哪些东西影响着我们整套文化的法则。

还有一组很重要的概念，民族走廊与费老后来所讲的中华民族多元一体格局，是一个紧密联系的话题。1978 年开始，费老多次提出并逐渐明确了民族走廊的含义与内核。他当时提出河西走廊、藏彝走廊、南岭走廊，后来又加上了东北亚走廊。费老认为中国的民族是周边的民族和中央的民族，通过这几大走廊联系在一起，互动形成你中有我、我中有你的格局。①

所以费老当时强调藏彝走廊、河湟地区、河西走廊的研究，笔者也认为民族走廊在今天依然具有很丰富的研究意义。所以笔者组建了一个南岭走廊论坛。关于走廊的研究，还是大有可为的。现在研究苗疆走廊、藏彝走廊、河西走廊的学者渐渐多了起来。当然还有费老说的东北亚民族走廊，现在其实各种走廊的研究都开展起来了。② 笔者认为当时费老提出民族走廊概念的重要一点，是他要打破单一民族研究，还有单一行政区划研究，这是因为费老一直不太主张单一民族的研究，因为他一直强调中华民族是一种你中有我、我中有你的不可分割的状态。所以如果强调单一民族的研究，费老认为未来容易出现问题。

笔者最近的研究讨论了这个问题。如今的中国实际上正在从地域社会向移民社会转变，从一种以地域性为中心的文化向一种多元文化转变。③其实民族走廊可以让我们看到在过去我们中国的人群互动，走廊概念的好处是有一个互动的关系在其中。我们过去强调中原文化对周边文化的辐射传播，没有讲周边文化对中原文化的影响，因为作用和反作用必然是同时存在的。费老用走廊这个概念，就避免了传播决定论的那样一种说法。过去的中原决定论的影响，束缚了我们的一些思想理念，费老其实在努力打破这个局面。

费老的另一个贡献是基础性的，那就是文化自觉的提出。文化自觉这个概念是费老 1997 年在社会主义人类学高级研讨班开班仪式的讲话中，不

---

① 李绍明：《费孝通论藏彝走廊》，《西藏民族学院学报》（哲学社会科学版）2006 年第 1 期，第 1～7、105 页。

② 周大鸣、张超：《如何理解中国：民族走廊研究的历史与现实意义》，《社会科学战线》2018 年第 12 期，第 1～8、281 页。

③ 周大鸣：《从地域社会到移民社会的转变——中国城市转型研究》，《社会学评论》2017 年第 6 期，第 3～10 页。

知不觉地冒出来的，围绕这个概念后来专门出了《文化与文化自觉》一书，把费老的很多相关的文章结集出版了。[①]

在提出文化自觉后，费老又提出了文化转型的概念。1998 年，北大百年校庆，专门组织了一个人类学系列讲座，在讲座上费老提出了文化转型这个概念。他认为中国的发展不仅是一个社会转型，还存在一个文化转型的问题。就如我们刚才说的，我们的社会经历了从地域社会向移民社会的转变。最后费老提出了他最著名的那句话：

> 各美其美，美人之美，美美与共，天下大同。

所以从这些概念中，我们可以了解到，费老对于概念的认识，从最基层的乡土社会的认识，然后到小城镇的研究，然后到文化自觉与文化转型，到最后我们应该怎样处理文化问题，即各种不同人群之间的关系，因为他一生提出了如此多的重要概念，所以能够一直被大家记住。

## 四　以调查方法认识中国

费老在社会调查中运用了一系列的方法，笔者在此的整理不一定是全面的，只是一点个人体会。第一种是个案研究，第二种是社区研究，第三种是类型学方法，第四种是比较研究法，第五种是区域研究法，第六种是整体研究法。费老的这六种方法实际上是自成系统相互联系的。比如个案研究，费老认为他早期对花篮瑶的研究以及对江村的研究，都是关于个案的研究。还有社区研究的方法，社区的研究方法实际上就是通过聚落村落这种聚集人口的方式，把空间和人口结合做一个综合性的调查。

我们在做研究与调查的时候，需要掌握的是一个立体的思维、一个立体的概念。我们要研究这一群人，研究这一群人的环境，以及这些人与周边的关系，费老过去做所有研究的时候，都是这样做的。所以他研究花篮

---

① 费孝通：《文化与文化自觉》，群言出版社，2016。

瑶时，先从家庭婚姻与亲属到村落组织，再探讨村落和村落之间的关系，这是一整套整体的视野。另一个是他认为中国作为一个大国，社会内部实际上极为复杂，需要分类进行研究，每一类找到它的典型。

模式的研究其实也是一种分类的方法，模式的分类是复杂的。费老云南三村的研究实际上也是一种分类，到不同的村落去做不同类型的研究。所以大家一看禄村的研究就知道它是以农业为主。这就是费老的类型研究方法，实际上笔者认为通过分类来做研究的方法，到今天还是一个必需的研究路径。因为研究总体怎么可能一个整体都能够让研究者进行研究呢？我们怎样去研究整体？还是要通过分类。做研究收集到的都是各种各样的零零碎碎的资料，然后把资料归类，通过这些归类来分析每个类别的特性，然后把它归结起来，总结出问题和解决方法。这就是一个做研究的方法，费老使用这样的方法的目的，就是希望把不同类型的东西归结出它的特征。

分类完成后，很自然地就会去做比较。以商业为主的村落会是什么样的，以农业为主的村落和以手工业为主的村落会是怎么样的，便自然会开始进行比较。所以如果不进行分类，也就无法对不同的类型进行比较。因此费老认为不仅要做社区研究以及个案研究，他在晚年开始强调区域的研究，比如民族走廊研究，就是一个典型的区域研究类型。

当然最后费老要将所有的研究都上升到关于整体的研究，所以在 80 年代，费老提出的很多理念是非常有意思且有先见之明的，费老当时说中国就像一盘棋，东南沿海的开放是一个眼，西部民族的发展是另外一个眼，因为一盘棋至少要有两个眼，才能够做活。明白围棋规则的人都知道，每一片棋要活总要有两个眼，所以费老就将沿海的开放与西部的大开发视为中国这片围棋要做活的两个眼，当然费老在提出这个论断时，还没有西部大开发，后来中央提出西部大开发已经是 90 年代以后的事情了，所以费老很早就提出中国这样一个整体，不能只有沿海的开发，不能只有东南沿海的发展。后来笔者也狗尾续貂，提出一个中部发展——非东西的发展，笔者承担过这样的课题——非东西的发展。因为既不是东部也不是西部，就是中部地区，比如说湖南、安徽、江西、湖北、河南这些都是中部地区，既不属于东部，也不属于西部，所以叫非东西。

我们从这里可以看出费老的研究是顶天立地的，既有微观的接地气的研究，又能从国家宏观的大层面去思考整个国家的未来，笔者认为这是他的研究能够有影响和生命力的所在。

费老具体进行研究分类时，也将不同的分类方式带入了他的研究中。他在研究花篮瑶时，提出了一种叫作格式的分类法。在研究禄村时，他提出了形式作为分类方法。在强调不同的形式时，在云南三村的研究中，他提出了类型的概念。之后的小城镇调查，他使用类别这个关键概念。之后更进一步，提出了模式的概念。①

## 五　社会调查关键词

纵观费老的研究经历，他善于建立一些概念。赵旭东曾经概括了费老一生研究中的关键字——行、访、实、知、觉。笔者借用赵老师的这几个字，因为这几个字实际上讲述了费老认识中国社会的全过程。②

费老一生的社会调查，首先强调"行"，所以他曾经出版一本书叫作《行行重行行》。这本著作收录了费老在各地考察所写的报告，并将这些报告结集出版。这就包括费老的小城镇研究，包括他到甘肃等西部地区的调研报告，费老在少数民族地方的考察报告，等等；包括了全国各地的调查记录，费老每访一地，就把各个地方考察所写的调查报告，全部都记录下来，所以叫"行行"。③

费老认为一个社会科学学者，一生里还是应该要多出去看看，就是说多多看这个世界，所以他有《十访江村》《五访瑶山》，这说明很多地方费老不是只去一次而已，他会反复跟踪观察，这个"行"，其实是行万里路读万卷书。这是他所要强调的，其实每个人的直觉是与生俱来的，人的眼

---

① 杨青云：《费孝通关于"模式"概念的认识过程及对当下的启示》，《劳动保障世界》2020年第20期，第74~75页。

② 赵旭东：《费孝通思想的关键词》，《读书》2018年第7期，第34~37页。

③ 费孝通：《行行重行行》，群言出版社，2014。

睛的分辨力是极强的，所以只要走得多看得多，知识积累也自然会增加很多。"行"是费老的第一个关键词，他到任何地方去考察，并不太注重当地人做汇报，他就要求别人带他去看一看，而且他的眼睛很厉害，能看透事物的实质。

费老提过一次调研经历，有一次他带着江苏警官学院的学生一起入户做问卷调查，只做了两户就收队回程。回到休息地，费老考较跟随他一起调查的学生，问他们有没有发现什么问题？他们都答不出来。费老就说他们调研的第一户是没有做准备的，第二户是做好准备的，知道有人可能要来调查。费老解释为什么看出来第一户是没做准备，因为他们在访问第一户时桌上有小孩子踩着的脚印，说明这个主人没有准备。费老提出这个问题的原因是要提醒跟随他的学生，有准备的接受调查和没有准备的接受调查，是有区别的。这是很小的细节。然后费老又解释为什么他知道第二户做好了准备，费老从第二户家里整洁的程度，还有户主回答问题不慌不忙的态度，他就可以判断对方已有准备。这就是行的积累所获得的经验，所以同样在一个地方的考察，有丰富经验的人看到的东西多，得到的信息量大。

第二就是访，他除了行以外还要访，他不断地访问家庭、访问个人、访问工厂，费老不断地到不同的地方去做实地调查与访问。实际上费老到了晚年，这种感觉会变得越来越重要，因为费老晚年的地位越来越高，下去做调查的时候实际上大家都明白高层的领导来了，下面会做各种各样的准备，他要得到真实的材料其实还是有一定难度的，所以费老能够通过一系列实地调查写出调查报告，十分不容易。现在即使是学生们去实地调查都觉得获得信息具有难度，费老作为一个身居高位的领导人，更是有难度的。

第三个就是实。费老一生追求实践，志在富民。所以他的研究与调查的应用性是非常明确的，费老做的不是纯理论的研究，他一直做的是应用性的研究，所以他前往美国丹佛领受应用人类学协会颁发的马林诺夫斯基奖的时候，演讲的题目就是《迈向人民的人类学》①。费老丝毫不隐瞒他愿

① 费孝通：《迈向人民的人类学》，《社会科学战线》1980 年第 3 期，第 109~114 页。

意为中国政府、为中国人民做一点事的研究目的。这种坦率也是实的一种，毫不遮遮掩掩，并不避谈自己做的是应用性研究，也并不认为理论性研究就比应用性研究更为重要，两者其实同样是被社会所需要的。

第四个关键词是知，从认识的角度来讲，我们通过行动、访问、实地考察，最终的目的是去感知、认识这个世界。所以在我们整合完调查材料后，需要形成一种概念，并用理论性的话语将它解释出来，所以知就是要通过实际调查去发现问题并提出解决问题的设想与建议。从其他人说的话中，看到话语背后的东西，并通过自己的综合能力去分析它。费老之所以能够提出那么多概念，是因为他不断地行与访，进行感知而分析获得的。费老的很多概念到现在依然被广泛讨论与使用，是非常不容易的，要用好其实更加不易，比如中华民族多元一体格局，认真地想一想其实并不那么简单，要进一步做到做实，难上加难。

最后一个字就是觉，可以说这是另外一个境界了。传统知识分子的终极追求是三不朽——立德、立功、立言。如何立言？实际是知识分子要达到，自己的精神产品是自身对所处文化的自觉的结果。要达到这样一种境界是十分不易的，所以最后费老提出了一个文化自觉的概念。指生活在一定文化中的人对其文化有"自知之明"，明白它的来历、形成过程、所具的特色和它发展的趋向，不带任何"文化回归"的意思，不是要"复旧"，同时也不主张"全盘西化"或"全盘他化"。自知之明是为了加强对文化转型的自主能力，取得决定适应新环境、新时代的文化选择的自主地位。①如今很多学者在研究文化自觉，笔者也认为文化自觉这个概念很重要，因为自觉这个概念的产生与中华民族的产生具有极深的渊源。诚如费老所言，中华民族作为一个自觉的民族实体，是近百年来中国在和西方列强对抗中出现的，但作为一个自在的民族实体，则是在几千年的历史过程中形成的。②

①　费孝通：《反思·对话·文化自觉》，《北京大学学报》（哲学社会科学版）1997 年第 3 期，第 15~22、158 页。
②　费孝通：《中华民族的多元一体格局》，《北京大学学报》（哲学社会科学版）1989 年第 4 期，第 3~21 页。

一个人要成为一个自觉的人，通常给人的感觉便是这个人很不一般。我们往往是在形容过去的宗教人士与高僧的时候，认为其有大智慧才会形容他有觉悟。费老晚年，很多事情是他自觉出来的。所以费老说他一生比较简单，只是在做一件事——志在富民。这件事情费老一生都没有改变过，所以费老跟各个方面的人都可以搞好关系，这是费老一生与人交往的方式，也是他一生处理问题的方式，也可以上升到一个民族处理民族关系的方式。笔者不敢断言可以上升到处理国际关系的方式上，但是这应该也是很重要的一点。费老最后自觉出来的问题，我们还有很多可能至今都还领悟不到，但是笔者认为费老一生认识中国社会就是这样的一个过程。

## 结　语

回到我们的原点，我们做社会调查，是人类学这样一个学科的必需过程，也是我们从事人类学学科的每个人所必须要做的事情。很多同学担心自己不懂得怎么去做调查、不知道怎么进入调查点。笔者认为这一关一定要过，这既是个人无法推卸的核心责任，也是学科无法替代的核心方法。笔者一直强调人类学的调查，它可以被认为是定性研究的一种，但不完全等于定性研究，因为它强调个人的亲身体验，强调个人的感悟，这和一般的定性研究不太一样。田野调查结束后描述出来的东西，必须要有现场感。很多人说人类学就是做定性研究，笔者认为这个说法不太准确，至少我们需要强调的一点是，做法律文本可以做定性研究，做历史文本可以做定性研究，但它们都不要求到现场去。但是如果到现场去，有了现场感会很不一样。所以很多研究历史的学者，也要到现场去考察一下古战场是怎么样的，古代的交通是怎么样的，有些研究还是要有一种现场感。我们中国人所讲的百闻不如一见，这也是我们必须做社会调查的最重要的原因之一。

但是做社会调查还有一个很重要的需要注意的问题，便是你见到的东西并不一定是完全真实的，这也是社会调查非常需要注意的一点。就如之前费老经历的调查，有的人是已经做好准备了，你去做调查，他会想象你需要什么样的答案，你问的问题需要我提供什么样的答案。所以即使是实地问答，你获得的回答也不一定是真实的。这也是为什么需要专业学者进行研究的原因，我们不能完全盲目地相信我们的眼睛，做社会调查，除了亲眼见到的，我们应该还要用其他的方法去补充、去旁证，还得有逻辑推理，这是十分不容易的。

做社会调查，还有最重要的一步，我们得到了调查资料，田野调查做完了，怎么使用这些资料进行分析、怎么写出报告、怎么去组织资料？这一点我们所有人都需要好好地向费老学习，费老每次做完一个考察，马上就可以完成一个报告，即使我们做不到费老的这种效率，至少费老的例子可以给我们提一个醒，今日事今日毕，有事情马上做完，因为人的记忆是有限的，我们有很好的短暂记忆力，但事情经历的时间长了，尤其是你经历了很多不同的场面以后，就会忘掉很多事情，特别是我们现在流动性越来越强，流动频率越来越快，流动的地方越来越多，这样的问题就越发突出，越需要我们重视。

所有研究到最后当然要形成一个研究的概念，做研究概念的实质便是理论提升。比如费老把小城镇调查做完了，他提出了很多重要的概念。费老每一次研究都会提出问题与新的概念。比如江村调查，虽然是养病，但他也不是白住，他在江村研究中提出了农民的土地所有权问题、手工业的衰落问题，所以马林诺夫斯基在《江村经济》的序里面给了费老一个很高的评价，说这是里程碑式的研究。如果我们能够把一个民族志或者更小一点说，一个研究的论文写出这样的水平，那一生足矣。费老的一生就是在不断的社会调查与概念分析中度过的，他一生都在以这样的方式认识中国。

# 中华文化对于少数民族
# 海外华人的凝聚力研究*

丁　宏**

## 一　问题的提出

　　遍及世界各地的几千万海外华人，他们在文明的交流互鉴、中华文化的传承发展及中华民族的伟大复兴中发挥着独特的作用，海外华人研究也成为理解全球化以及人口流动、族际关系、文化多样性、身份认同等问题的重要课题。然而，当我们对海外华人研究资料进行梳理时，会看到现有的海外华人研究成果中，特别是 20 世纪 80 年代以前的成果，主要聚焦"汉人"研究，而对于"中华大家庭"中的其他民族，则关注不够。

　　由此引出有关"华人"的概念和讨论。今天的"华人"是中华各民族共同享有的称谓，其含义赋予了中华民族多元民族成分的内涵。由于中国历史上曾经历了以中原华夏文化为核心的族类观和"五方之民"的"华夷"基本分类框架，而其中"华夏文化"的主要代表者汉族通常以"华夏人"自居，所以"华人"也往往成为"汉人"的同义词。然而从中国历史发展的脉络看，所谓"华夏人"或"华夏族"本身就是民族交融的结果，而历朝历代不断有

---

*　本文为国家社会科学基金重大项目"少数民族海外华人研究"（项目编号：14ZDB114）阶段性成果。

**　丁宏，中国民族学学会副会长，中央民族大学中国少数民族研究中心主任、教授。

"夷"融入"华",而"华"的边界由于"夷"的加入不断扩展。在王朝兴衰嬗替的历史进程中,"华""夷"互动始终未绝,"形成了以炎黄华夏为凝聚核心、'五方之民'共天下的交融格局"①。"华夷一体""四海一家"的"大一统"思想则成为历代统治者维系多民族政权的基本观念和制定政策的理论依据。这里的"一体""一家""一统"所表达的就是中华各民族都是一个共同体的观念,是在长期历史发展进程中形成的各民族的共同追求。

费孝通先生在论述"中华民族的多元一体格局"时讲道:"我将把中华民族这个词用来指现在中国疆域里具有民族认同的十一亿人民。它所包括的五十多个民族单位是多元,中华民族是一体,它们虽则都称'民族',但层次不同。""中华民族作为一个自觉的民族实体,是近百年来中国和西方列强对抗中出现的,但作为一个自在的民族实体则是几千年的历史过程中形成的。"② 从"五方之民"到"中华民族",反映了各民族一脉相承的历史联系。作为一个整体,中华民族是中国各民族的总称,所以从中衍生的"华人"概念自然应该包含各民族的成分。著名海外华人研究学者王赓武讲过,"在外国人的文献里只要是从中国来的人都叫做 Chinese,那个地方就是 China","但是怎么翻译这个 China 和 Chinese,现在有许多困难。最后我们习惯地用'华'字","因为用这个'华'字表示的并不一定仅指汉人,也可能是满人。到海外去的那些所谓'华人'基本上是汉人,但也有少数民族,也有回族或满族,所以不能叫'汉人',就叫'华人'"。③

总之,"华人""中华民族"的多民族属性是历史形成的结果,各民族海外华人进一步将这样的"结果"在世界各地播撒,从中体现了中华民族多元一体、和而不同的丰富内涵和文化价值。但目前的"海外华人"研究并没有能够充分体现这种价值,所以本文提出"少数民族海外华人"概念,正是从中华文化对于提升少数民族海外华人凝聚力的重要意义出发,针对以往"海外华人"研究主要聚焦"汉人"而对少数民族关注不够的现

---

① 习近平:《在全国民族团结表彰大会上的讲话》,《人民日报》2019 年 9 月 27 日。
② 费孝通主编《中华民族多元一体格局》,中央民族大学出版社,2018,第 17 页。
③ 王赓武:《中国情结:华化、同化和异化》,《北京大学学报》(哲学社会科学版) 2011 年第 5 期。

状所进行的一种必要"修正"。希望通过"少数民族海外华人"研究,形成中华民族整体观视野下的"海外华人"研究话语体系。

## 二    "少数民族海外华人"的概念辨析

20世纪80年代以来,"少数民族海外华人"研究的成果有所增加。[①]与主要经过海路迁往东南亚等国且以汉族为主的海外华人相比,少数民族海外华人多居住在我国周边地区又多从陆路迁移国外,所以往往将他们归入"跨国(界、境)民族"研究领域,[②] 目前有关少数民族海外华人人数问题并没有一个相对确定的数字[③],其原因与少数民族海外华人的身份界定有很大关系。

---

① 其中比较有影响力的成果有向大有《试论少数民族华侨华人问题——现状与历史的分析》(《八桂侨史》1993年第3期)与《试论少数民族华侨华人问题——不容否认和忽视的领域》(《八桂侨史》1993年第4期)、李安山《少数民族华侨华人:迁移特点、辨识标准及人数统计》(《华侨华人历史研究》2003年第3期)等论文。赵和曼的《少数民族华侨华人研究》(中国华侨出版社,2004)一书,是第一部全面讨论少数民族华侨华人的著作。除综合性研究外,一些专题性讨论也较有代表性,如谭天星的《现代中国少数民族人口境外迁移初探——以新疆、云南为例》(《华侨华人历史研究》1995年第2期)、梁茂春的《具有中国血统者就是华人吗?——美国赫蒙人之案例分析》(《华侨华人历史研究》2012年第3期)等。此外,王国杰的《东干族形成发展史——中亚陕甘回族移民研究》(陕西人民出版社,1997)、丁宏的《东干文化研究》(中央民族大学出版社,1999)、李琪的《中亚维吾尔人》(新疆人民出版社,2003)等几部专著,是对某一民族海外华人的全面、系统的研究成果。相关讨论可参见丁宏、李如东《少数民族海外华人研究的资料梳理与分析》(《广西民族大学学报》2015年第6期)。

② 虽然"少数民族海外华人"与"跨国(境、界)民族"多有重合,但后者强调的界、境、国也与现代意义的国家划界有关,其中有自然、被动的因素;而前者更多强调"移动",虽然旧时也有因为天灾甘祸被迫迁移的原因,但主观、主动因素往往发挥重要作用,他们是"从中国迁移出去的少数民族"。由于边界划分形成的"跨国(境、界)民族"与迁移流动形成的"少数民族华人"往往在族别上、所在国的身份认定上有同一性,使得二者常常具有高度的重合性。此部分内容可参见黄文波《少数民族华侨华人与跨国民族区别刍议》(《广西民族研究》2011年第2期)。

③ 关于少数民族华侨华人的人数估计,目前在中国学界存在几个数字:"310万人"(向大有:《试论少数民族华侨华人问题——现状与历史的分析》,《八桂侨史》1993年第3期)、"570万人"(李安山:《少数民族华侨华人:迁移特点、辨识标准及人数统计》,《华侨华人历史研究》2003年第3期)、"340万人"(赵和曼:《试论海外少数民族华人的若干特点》,《南洋问题研究》2004年第1期)。据中国网2012年报道,"中国侨联在近年的侨情调研中了解到,少数民族海外侨胞总人数约有三四百万,占全部海外侨胞的10%左右"(http://roll.sohu.com/20120424/n341488495.shtml,2012年4月24日)。以上这些数字具有参考价值,但随着中国对外交流的不断增加,移居海外的中国人数也在不断变化等因素,所以很难精准确定少数民族海外华人的具体数量。

少数民族海外华人在身份界定上有一定特殊性。"在中国之外，'民族'并不一定等同于中国民族识别所确定的民族，即汉族与五十五个少数民族"①，所以有人说"少数民族华侨华人被遮蔽在海外华侨华人之中，中华民族的'多元一体'属性在中国国内得到了呈现，而在中国民族的海外移民中却被遮蔽"②。这种所谓"遮蔽"一方面彰显了"海外华人"研究作为一门"显学"的强大影响力和包容性；另一方面，少数民族海外华人也在融入"海外华人"研究的理念中，从中华文化"大视野"对少数民族海外华人的研究更显必要。

英国学者艾琳娜·巴拉班特斯瓦（Elena Barabantseval）在《谁是"少数民族海外华人"？——中国对跨国民族体的追寻》一文中就讨论了"少数民族海外华人"（Overseas Chinese Ethnic Minorities）这一术语在中国官方学术与政策讨论中出现的原因、方式及其含义，指出"少数民族身份范畴已被纳入海外华人的讨论视野下，并促使中国政府努力克服海外华人研究中存在的'汉族中心主义'和动员海外汉与非汉华人跨国性的'民族团结'这样的双重问题。这些跨国努力更强调中华民族的一体和凝聚力。如果中国的少数民族成为中国民族与文化多样性的象征，那么'海外华人'的概念则被长期建构为中华民族的延伸，象征着中华民族绵延、团结与薪火相传"③。这里的"中华民族绵延、团结与薪火相传"阐释的正是要通过各民族海外华人，向世界展现中华文化的丰富内涵及凝聚力、影响力。

上文提到的"非汉华人"也被用来涵盖少数民族海外华人群体。2014年4月，澳大利亚国立大学亚洲太平洋研究院和中国暨南大学国际关系学院/华侨华人研究院联合举办了"中国海外非汉族裔侨民群体"（Non-Han Chinese Diasporic Communities beyond China）国际学术研讨会。但此概念被

---

① 陈志明：《一带一路、中亚与海外华人研究》，《青海民族研究》2018 年第 1 期。
② 陈宇：《我国陆疆少数民族华侨华人研究的历史及其未受重视的原因》，《广西民族研究》2016 年第 3 期。
③ Elena Barabantseval，"Who Are 'Overseas Chinese Ethnic Minorities'? China's Search for Transnational Ethnic Unity"，*Modern China*，Vol. 38，No. 1，2012，pp. 78-109.

认为具有一定的排他性。① 目前学界比较普遍使用的是"少数民族华侨华人"的用法。这种用法非常符合我国从政治、法律意义上对"华侨""华人"的清晰界定，即前者强调其仍然保留着中国国籍，而后者则已经属于所在国的公民，这种区分包含着国家政治身份属性，强调其离开中国本土但源于本土的身份界定。本文所以从民族学学科视角使用"少数民族海外华人"，主要是鉴于"海外华人"已经是国际上影响比较大的"显学"，包括一些国际性机构，如"世界海外华人研究学会"（ISSCO）、"世界海外华人研究与文献收藏机构联合会"（WCILOCS）等②，都使用"海外华人"名称，希望能够将"少数民族"的视角纳入"海外华人"研究中并弥补其忽略"少数民族华人"的不足。

所以本文界定的"少数民族海外华人"，指移居到其他国家的中国少数民族及其后裔，其祖籍国是中国。

## 三　中华文化"多元一体"特点的形成及时空延续性

中华文化是中华各民族文化聚合的结果。中国历史上奉行的"多民族"和"大一统"的国家观，表现在认识和处理民族关系上大多数统治者强调"华夷一统"、中华整体，"和而不同""依俗而治"，这客观上创造和积淀了为各民族普遍认同并共享的"中华文化"。中国历史上，"无论哪个民族入主中原，都以统一天下为己任，都以中华文化的正统自居"③。中华文化被各民族广泛接受、认可，因为她本身就是由各民族丰富多彩的文化凝聚而成，具有多样性色彩。"华夏56个民族共同创造的中华文化，至今仍是全体中国人和海外华人的精神家园、情感纽带和身份认同。应当认识，中华文化五千年生生不息、绵延不断的重要原因，在于她是发生于上古时代多个区域、多个民族、多种形态的文化综合体。她不但有自强的力

---

①　参见张振江《为什么是"少数民族华侨华人"》，林晓峰、方勇主编《"一带一路"与海外华人研究》，中国社会科学出版社，2018，第180页。

②　李安山：《华侨华人学的学科定位与研究对象》，《华侨华人历史研究》2004年第1期。

③　习近平：《在全国民族团结进步表彰大会上的讲话》，《人民日报》2019年9月27日。

量，而且有兼容的气度、灵变的智慧。"①

中华文化"多元一体"的特点形成于各族人民相融共生、休戚相关的长期历史发展过程中，你中有我，我中有你，不可分割，但又丰富多彩。我们强调汉族在中华民族共同体形成发展过程中发挥了凝聚的核心作用，但"汉文化"也是在吸收、融入多民族文化元素的基础上形成，而且各民族之间（"元"与"元"之间），"多元"与"一体"之间都存在着内在关联性，不能割裂，如果将这种"多元""多样性""简化"，甚至"窄化"为"汉文化"，或者仅仅是儒家文化，②则不符合中华文化发展的历史过程。著名历史学家顾颉刚先生在 1939 年写了《中华民族是一个》一文，该文引发了一场关于"中华民族"定义的学术争论，其中费孝通先生发文提出不同观点，强调了中华民族的多样性现实。这场讨论有其当时特有的历史条件。抗日战争的艰难岁月，《中华民族是一个》的立论初衷，更多是为了凝聚力量共同对外，这一点费孝通先生后来也有论及。③顾先生所指的"中华民族"事实上也是一个多民族、多文化的"综合概念"。正如他在文中所阐释的："凡是中国人都是中华民族"，"中华民族也不建立在同文化上"。"现有的汉人的文化是和非汉的人共同使用的，这不能称为汉人的文化，而只能称为'中华民族的文化'。""大家是中华民国的人民，大家涵濡于中华民族的文化之中。""如果用文化的方式来分，我们可以说，中国境内有三个文化集团"，这就是"汉文化集团""回文化集团""藏文化集团"。"这三个集团都没有清楚的界限而且是互相牵连的。"④顾

---

① 《〈甲申文化宣言〉：文化主张》，《中国卫生产业》2005 年第 3 期。

② 复旦大学特聘资深教授葛兆光 2015 年在上海图书馆作了一场演讲，题目就是"究竟什么才是'中国的'文化"。他说："很多人在谈论'中国文化'的时候，首先会把它'窄化'。大家都知道，现在的中国是一个多民族国家，可是有人却把中国文化窄化为汉族文化，然后又窄化为汉族里面的儒家文化，然后再窄化为他认为是正统、经典的儒家文化，这样就使得我们对什么是中国文化产生误解。"凤凰网，http：//culture.ifeng.com/，2020 年 3 月 25 日。

③ 参见马戎主编《"中华民族是一个"——围绕 1939 年这一议题的大讨论》，社会科学文献出版社，2016。

④ 顾颉刚：《中华民族是一个》，马戎主编《"中华民族是一个"——围绕 1939 年这一议题的大讨论》，社会科学文献出版社，2016，第 34~43 页。

先生的观点其实也是在强调中华民族是"多元和合"的共同体,而中华文化的形成也是在多元文化情境中展开的,儒家文化、(藏传、汉传)佛教文化、(中国)伊斯兰文化以及少数民族的多种文化都是中华文化的重要组成部分。

从中华文化由各民族共创、共享的历史事实出发,当我们将视野转向"海外华人"时,这一概念应该宽泛地用来指涉属于中华文化体系的各民族海外华人群体。此外,如果我们从宏观历史视角来看中国的海外移民史,也不难发现,如今的各民族海外华人是在连续相关的历史过程中形成的。中国历代封建王朝在多元文化的基础上构建了多元、统一的政治格局,通过土司制度、羁縻府州制度、册封制度以及伯克、扎萨克制度等,将西南、东北、北方诸民族及西藏、新疆等纳入"多元一体"的政治文化框架中。中华人民共和国成立后,通过民族区域自治制度,形成了"多元一体"的多民族国家新格局。可以说,中国的海外移民不仅跨越了从王朝国家到现代民族国家的历史转变,也构成世界移民史的一部分。故此,我们在讨论海外华人的时候,要将其置于中国历史发展的视角及广泛的世界移民史语境中考察,特别要注意中国各民族海外华人在历史文化层面上所具有的延续性。这种延续性有助于我们突破"民族识别"的界定框架在讨论少数民族海外华人时的时空、概念局限。

国家认同(国籍认同)具有可变性和流动性,而民族、文化则具有先赋性和内生性。中华文化积累了各民族的智慧和创造,这种融入民族血脉、维系民族延续性的积淀,是中华各民族共享的记忆和资源。遍及世界各地的各民族华人,他们拥有共同的"华人"身份、"华人"文化。我们常常讨论全球化对于民族文化的影响,其实在这个过程中还有一个"文化的全球化",这个过程一方面源于全球化过程中的人口迁徙与流动,另一方面,文化之间的频繁碰撞、密切交融也带来了文化"扩散"过程中移民对于文化传统的守护和追求。一个民族的文化凝聚着该民族对于世界的历史、情感认知,积淀着其最深层的精神追求和价值观念,如果离开了文化母体、割裂了文化血脉,必然会迷失自我、丧失根本。各民族海外华人,他们在地缘上背井离乡,在政治上认同所移入的"主权国家",但他们在精神上则不可能完全脱离其固有文化的信念与影响。中华文化是各民族海外华人的文化血脉。各民族海外华人，他们恪守、承载着各自的华人文化，这些"多元"的华人文化是"一体"的中华文化的组成部分，其"多样性"所呈现的华美色彩及共属中华的"一体性"所具有的聚合力，凝聚了全世界各民族海外华人，使得中华文化以其强大的生命力，屹立在世界舞台，生生不息、绵延不绝。

## 四　少数民族海外华人对于中华文化的认同与实践

中华民族长期的交融发展过程是"多元"与"一体"的辩证运动过程，缔造了悠久的多民族统一国家的伟大历史。费孝通先生的"中华民族多元一体格局"理论即是对这个过程的恰当总结，其重要意义在于该理论摆脱了血缘与特定客观文化的羁绊，将中国境内各历史人群都纳入"多元一体"的框架中，为中华民族提供了一个涵盖最为广泛的历史凝聚人群基础。该理论将中华民族的一体性建立在中国各民族在最高的历史文化认同层面上趋于一体的客观历史发展趋势上，最终以中华民族历史文化共同体的多层动态网络模式成功解决了融多元于一体的理论难题。这一理论突破既为我国多民族统一国家制度奠定了坚实的理论基础，也为现代主权国家理论提供了新的范式，从而成功地实现了对传统民族主义的超越。①

费孝通先生"多元一体"理论的"一体"立足国家利益。如果从"华人"的角度探讨这个问题，"华人"既包含中国各个民族，也包括分布在世界各地的各民族海外华人，他们对于"中华文化"认同的表述也许不完全一样，但其共同的"华人"身份使其对"中华文化"的认同超越了现代国家的概念，在文化的角度形成了更广阔意义上的"多元一体"。关于这种认同的"超越性"及"多重""多层次"性，学者讨论颇多。麻国庆从"多层次记忆"的角度分析民族走廊与中华民族的共同记忆和南海通道

---

① 苏航：《"汉族中心"还是"汉族核心"：费孝通"中华民族多元一体格局"理论新探——兼评新清史的内亚王朝史观》，《西南民族大学学报》（人文社科版）2019 年第9 期。

超越民族国家的共同体记忆，指出前者是现代国家（中国）的、多民族的中华民族记忆，后者是超越民族国家的"中华文化认同"的中华民族集体记忆。① 张小军提出中华民族的"差序格局"包括三重结构：各族人民的中华民族；中国人民的中华民族；世界华人的中华民族。将三重结构的中华民族差序格局联系贯通起来的是"中华文化"。中华文化的原动力不断，形成了一重重向外延伸的文化涟源：铸成了各个民族的中华民族，联结成国族的中华民族，成为人类和世界的中华民族。三者具有并行不悖、互补共生的文化认同。②

具体到海外各民族华人，他们对中华文化认同的"超越性"源于同属于中华民族的原生情感、历史记忆，但又突破了时间、空间的维度。移民、人的流动改变了文化与特定地域的密切联系，形成更广阔的、差异相遇的文化场域。置身其中的人首先要思考如何保持"自身"又能适应并融入其中。这个过程必然会发生文化冲突，而文化冲突的结果也会强化文化认同。因为文化认同本身所具有的"同一性"和"差异性"，既能唤起对"同一文化"的集体归属感，又能将具有不同文化特质的人和社会联系起来，于是文化认同的"整合"意义就会发生作用。美籍华裔学者杜维明提出"文化中国"的概念。该观念的形成即是"与海外华裔的生存状态以及后现代视野下'主体身份认同'思潮的兴起密切相关"③。加拿大华裔学者梁燕城（《文化中国》杂志的总编辑）就是"文化中国"理念的积极倡导者，他说："中国是多族裔多文化的结合，同时也有千万计的海外华人，需要一个更为宽广的文化理念，可以用'文化中国'，以别于政治和经济上的中国。这'文化'一词包括中国所有少数族裔的文化，这文化上的中国，也不限在中国地域，也是全球华人所重的，代表人类文明中的一个精神资源……当代文化共同体的文化理念，就是'文化中国'，从精神上统

---

① 麻国庆：《记忆的多层性与中华民族共同体认同》，《民族研究》2017 年第 6 期。
② 张小军：《"中华民族共同体"的差序格局及其文化实践》，《广西民族大学学报》（哲学社会科学版）2020 年第 1 期。
③ 崔海亮：《"文化中国"与海外华裔的中华民族认同》，《中华文化论坛》2014 年第 1 期。

一多民族的中国，带来文化上的多元和谐，建造中国人的骨气和灵魂。"①
这里的"文化中国"就是一个具有超越性的中华文化认同的概念，它将全
世界的所有认同中华文化的各民族华人联结起来，使得中华民族的历史、
文化在远离故土的各民族海外华人那里没有断裂，他们仍然生活在自己的
历史和文化的连贯性中。通过这种内在的历史连续性，我们能看到中华民
族的文化与海外华人所属的生活世界之间的关联。

文化上的认同体现在社会实践中。少数民族海外华人对于中华文化的
认同践行在社会行为、生活方式等各个方面。如 2001 年在美国成立的
"美国中华少数民族联合会"、2017 年在意大利成立的"欧洲中华少数民
族联谊总会"以及成立于 2007 年的"巴基斯坦拉瓦尔品第华侨华人协会"
（中国维吾尔族移民组织）、成立于 2009 年的"哈萨克斯坦杰标华侨华人
联合会"（哈萨克斯坦中国哈萨克族移民组织）等，都强调其"中华"
"华侨华人"的属性，"美国中华少数民族联合会"将"弘扬中华民族数
千年来的历史文化，齐心协力，共同促进美国和家乡的发展繁荣，促进中
华民族和平统一"作为该组织的重要宗旨。②

具体到不同国家、地区、民族的少数民族海外华人，他们对"中华文
化"认同的表达可能各有不同，但其与"祖源国"的联系，以及对其自身
"文化符号"的保持、认同，则是非常鲜明的。如云南回族移民泰国后自
称也被当地人称为"华人穆斯林"。他们以汉语云南方言、居住区中国传
统的建筑及装饰、中国化的伊斯兰文化、独有的云南风味饮食等作为他们
在泰国表达社群文化的标志，以族群传统立足迁入地并在泰国多元文化环
境中保持其鲜明的特色。泰国华人穆斯林社群文化已经成为中华文化在泰
国社会存在的一种重要象征；③ 美国苗族是经东南亚二次移民移居美国，
被美国官方将其确定为与华裔、韩裔等少数族裔并列的独立族裔类别，所

---

① 梁燕城：《建设文化的共同体——参加政协会议后的反省》，《文化中国》2012 年第 1 期。
② 参见向大有《"少数民族华侨华人研究"三十而立的回顾（1986—2017）》，《八桂侨刊》
2017 年第 4 期。
③ 马巍：《差异弥合与交融共生——泰国华人穆斯林的人类学研究》，博士学位论文，中央
民族大学民族学与社会学学院，2020。

以有学者质疑美国苗族的"华人"身份，称他们"几乎不存在华人归属意识，也极少与中国发生社会联系"①。苗族学者刘芳在威斯康星州麦迪逊市周边的丹县的苗族家庭和社区做了为期一年的田野调查，认为以上观点与事实不符，并指出如同东南亚移民欧美的华人一样，美国苗族对中国原乡有着一种天然的情感，从民族心理认同上仍然认为他们是中国祖先的子孙，这种认同由族群记忆、历史迁徙和文化认同等要素组成和维系。苗族的主体在中国，据学者研究苗族从中国迁往中南半岛不会超过 200 年。美国和中国的苗族至今仍然有着共同的民族语言和文字系统（虽然不同支系有差异，但同一支系内部是没有差异的），他们彼此认同传统文化的表现方式，追溯共同的民族历史和认同共同的民族祖先英雄，有着内容和形式差别不大的民族节日和风俗习惯等。如苗族的风俗习惯中有一个非常重要的文化元素——"指路"祭祀，广泛流传在西部苗族支系中，在族人过世时几乎所有的家族都必须为死者吟唱《指路经》。最远的"指路"一直指向泰山。东南亚的苗族由于常年迁徙，大都遗忘了更加遥远的记忆，他们的"指路经"最终指向中国境内的云贵川地区。美国苗族认为他们的祖先来自中国的一个叫"都曹"（大朝的意思）的地方。如今美国苗族至少已有三代人，其生活方式、文化认同及价值观念等方面已经出现明显代际差异，许多出生、成长在美国社会的苗族青年甚至已经不能使用苗语与老一代交谈，但美国苗族也在努力保持传统文化，并通过在美国的第二次迁徙实现苗族同社区共居。②

移民中亚的回族（东干人）③、维吾尔族随身带来了中国农耕文化特长及中国农民吃苦耐劳的精神。他们是改变中亚农业面貌的重要力量，特别

---

① 梁茂春：《具有中国血统者就是华人吗？——美国赫蒙人之案例分析》，《华侨华人研究》2012 年第 3 期。

② 刘芳：《美国苗族——Hmong 人对中华文化的情感和认同》，调研报告，2019 年（此报告是作者作为国家社科重大项目"少数民族海外华人研究"子课题负责人赴美国调研基础上完成，特致谢）。

③ 20 世纪 20 年代苏联"民族识别"中，将从中国迁居过去的回族移民认定为一个独立的民族——"东干族"，虽然这些"东干族"往往自称"回民"、"中原人"或者"老回"，近些年与中国方面联系增多，也自称"回族"，但他们在公共领域的民族身份是"东干族"，当地其他人对其认知也是"东干族""东干人"。

是为发展中亚种植业做出了贡献。"七河省水稻栽培发展较晚，是 19 世纪的 70 年代末和 80 年代初由中国到这里的东干人和塔兰奇人（维吾尔族人）开始推广起来的。"① 在今天吉尔吉斯斯坦首都比什凯克附近有个乡庄"米粮川"，是由当地东干人在一片荒滩上开发出来的，最初种植水稻，并将该地命名为"米粮川"——一个非常"中国化"的名字。至今在中亚的吉尔吉斯斯坦、哈萨克斯坦等地区，还有蔬菜、食品保留着汉语的名字，如韭菜、粉条子，因为这是从中国移民到中亚的东干人最初种植、制造的食物。东干人具有深厚的中华情结。至今东干人还将中国称"老家"，将银川称为"我爷的城"。在中苏关系紧张的时代，东干人自办的报纸及东干语广播节目从来没有出现过攻击中国的内容。他们保持着使用汉语的传统，以旗袍为民族服装，周围其他民族也将东干文化作为了解中国文化的窗口。东干人不是中亚的过客，而是作为中国少数民族——回族文化的载体定居下来，实践着中华文化在这一地区的发展，让博大精深的中华文化在异域扎根、开花、结果，从而增进了中亚各民族对中华文化的了解，并进一步扩大了中华文化在中亚广袤土地上的影响力，为加强中华民族与中亚地区的友好关系发挥着他们特有的作用。

需要强调的是，少数民族海外华人对于中华文化的认同源于其对于历史故国的情感，也与中国的发展水平、在世界的地位密切相关。特别是近年来，中国经济快速发展，在国际社会的影响越来越大，越来越多的少数民族海外华人更加有意识地突出其"中国性"及与祖籍国的历史文化联系，这不仅可以加强少数民族海外华人的身份认同和自豪感，同时也可以带来实际的资源。由于少数民族海外华人许多生活在中国周边地区，且有许多人从事与中国的跨国贸易。在这个过程中，"华人"的身份使得他们比其他人更具优势，而且在频繁的互动中，也增强了其对于"华人性"的

---

① Масальский В. И. Россия. Полное географическое описание нашего отечества — настольная и дорожная книга для русских людей. Том XIX. СПб, изд. А. Ф. Девриена, 1913, с. 446. 文中"七河"以其境内的七条河流而得名：伊犁河、卡拉塔尔河、毕因河、阿克苏河、纳伦河、萨尔坎特河、楚河。1924 年，中亚行政区域改革，七河省被撤销，该地区的东干人、维吾尔族人分别划归吉尔吉斯斯坦和哈萨克斯坦。

坚守。如在老挝，由于中国与老挝的合作不断加深，老挝的苗、瑶群体中很多有条件的家庭将自己的孩子送到中国云南等民族聚居区的学校学习中国文化，了解各自族群的民族历史，同时获得中国的教育文凭。例如在云南红河州就有很多老挝苗、瑶族群的留学生在那里学习，在广西民族大学援建的老挝国立大学孔子学院中也有很多苗、瑶族群学生在努力学习汉语、汉字，他们期望能顺利毕业并通过结业考核之后顺利入职中资企业。这些事实都说明，老挝苗、瑶群体在实际行动中已经形成了较为符合实际的"中华文化认同"和对中国苗族、瑶族民族文化的认同，同时这种认同正随着中国在世界范围内影响力的扩大而有所增强，从而凸显出中华文化作为一种精神资源对于少数民族海外华人的吸引力，同时这种吸引力、凝聚力又反过来加强了少数民族海外华人对于中华文化的认同与坚守。

## 五　研究的意义

研究中华文化提升少数民族海外华人的凝聚力，建构中华民族整体观之下的"海外华人"研究体系，这既可以推广各民族共创中华的理念，也可以充分发挥少数民族海外华人在国际交流及文化传播、经济建设等方面的积极作用，并进一步树立中华文化包容、博大、丰富多彩、积极向上的国际形象，增强中华文化的影响力及在世界文明发展中的贡献。

### （一）对于中华文化建设的意义

当今世界，一方面文化的交往交流交融在加速，不同民族、国家的文化都被纳入世界文化发展的格局，世界也成为一个文化的"竞技场"，特别是会成为"强势文化"扩张甚至霸权的有利场域。另一方面，其他民族、国家也会在这个过程中思考如何在被"强势文化"所界定的"标准"下保持、发展自身文化的特质，以此加强文化承载者的归属感，实现文化的整合并彰显其在世界文化中的地位。正如英国社会学家迈克·费瑟斯通（Mike Featherstone）在《消解文化——全球化、后现代主义与认同》所说：全球化进程给文化提供了一个舞台，在这个舞台上不仅可以举办一届

"各种文化的万国博览会"，而且是各种不同文化抵牾冲突的场所；全球文化并不是一种趋同的文化，而是差异、权力争斗和文化声望的竞争将在其中进行到底的一个场所。"全球化进程的一个后果——日益增长的接触与世界的有限感，即世界即是一个地方的意识——使得从不同民族与文明传统的立场给世界的意义赋予的不同阐释之间发生了多样性的碰撞。在全球舞台上进行对话的频繁程度与方向的多元性，使得很多民族国家发现再也难以淹没别人的声音或者不顾别人的决定之后，不得不选择自己的立场。"[①] 面对全球化，置身其中者都会深刻地感受到文化的存在与文化的力量。所以当我们从全球化研究各民族海外华人时，既要从"全球化的文化"的视角看待华人文化如何经过文化的适应而落地生根的过程，同时也要从"文化的全球化"的视角，看待各民族海外华人作为"有根社会"——中华民族文化的有机组成部分——的密切联系，使得中华文化"遍地开花"的过程；而后一点尤为重要。几千年来，中华文化历经磨难而生生不息，表现出强大的生命力。然而，随着近现代世界政治经济文化格局的变迁，对传统文化认同造成了强烈冲击，中华民族要屹立于世界民族之林必须要考虑文化的传承、定位问题。少数民族海外华人之所以能够在融入异国他乡时保持自我，正是因为他们始终将中华文化作为其共同的传统和精神家园，而聚合着中华各民族文化精华的中华文化也客观上满足了各民族海外华人的文化认同和精神归依的需求。所以我们应该重视"中华文化"作为一种战略资源、文化"软实力"在全球化进程中的价值，以中华文化的凝聚力聚合各民族海外华人共赴中华发展大业，提升中华文化在世界文化之林中的地位及影响力。

（二）对于树立中华文化包容、博大、积极向上国际形象的意义

中国的崛起引发了所谓"中国威胁论"，这种"理论"一方面是为战略上遏制中国而做的舆论准备，另一方面也反映出西方国家对于中国文化

---

①　〔英〕迈克·费瑟斯通：《消解文化——全球化、后现代主义与认同》，杨渝东译，北京大学出版社，2009，第158页。

的误解。世界著名历史学家汤因比曾说："就中国人来说，几千年来，比世界上任何民族都成功地把几亿民众，从政治文化上团结起来。他们显示出这种在政治、文化上统一的本领，具有无与伦比的成功经验。"① 中华文化"和而不同"的气质、"有容乃大"的胸怀及"求同存异"的理念是中国提出"人类命运共同体"理论自信的出发点。遍及世界各地的少数民族海外华人，他们以对于中华文化的守护、传承，将"多元一体""和合共生"的中华文化播撒到海外，而世界也因为少数民族海外华人，更多地认识了中华文化的博大精深与丰富多彩。中华文化的多元色彩，各民族共创中华的事实，是中国历史上"和而不同"思想带给世界的贡献。它彰显了文化的开放性对于人类和谐、和平发展的重要价值。

（三）对于中华民族文化"多元一体"理论建设的意义

当今世界，"跨文化"是一种生成性现实。各民族海外华人以其对于中华文化的认同与实践，实现了中华文化的延伸、跨越，并在更广阔的意义上形成了中华文化"多元性"与"一体性"的辩证统一。这一方面说明中华文化所具有的跨越国家、民族的特性，并成为全世界华人的共有"标识"，另一方面也说明中华文化的稳定、持久及由"多元一体"形成发展模式而生成的共融、同构气质，这为世界文明的发展提供了一种理念和文化资源。所以当我们跨越国家的框架讨论中华民族"多元一体"理论时，不能只是将其作为一种空间扩展，而是应该将其放在中华民族共同体历史生成、发展的背景下，放在中华文化对于凝聚少数民族海外华人的重要意义上。中华文化是中华各民族共创、共享的文化，这种文化是由各民族"多元"文化组成的，少数民族海外华人虽身在异域、他国，但他们对于本民族文化的认同从更高层次上讲也是对于中华文化的认同，这正是"多元一体"理论跨越了国家的边界仍然能够得以阐释的原因所在，即各民族海外华人是中华民族文化"多元一体"观念的传播者，并以其文化实践保

---

① 〔英〕汤因比、〔日〕池田大作：《展望二十一世纪：汤因比与池田大作对话录》，荀春生等译，国际文化出版公司，1997，第283~284页。

证了"多元一体"中华民族文化之存在、发展。对其进行研究，不仅可以从理论上、在更广阔视域下讨论文化交往、交流、交融对于"多元一体"理论建设的意义，而且可以更深入地了解、展现中华文化的特质、内涵及对于中华民族共同体建设的重要价值。

# 结　语

全球化下文化作为"战略资源"地位凸显。以中华文化的凝聚力推动中华民族的伟大复兴、用中华文化的积累与智慧贡献人类文明发展，这应该成为中华民族面对时代挑战的"文化自觉"。当我们从海外华人视角关注中华文化建设对于中华民族发展的意义时，只有正视少数民族因素，才能全面展现中华文化"多元和合"的强大力量及各民族共筑中华的历史和现实，也不会给国内外民族分离主义及分裂势力造成可乘之机。所以研究中华文化对于提升少数民族海外华人凝聚力的意义，就是要彰显中华文化"多元一体""和而不同""尊重差异"的丰富内涵及对于世界文明发展的意义，并通过阐释各民族传承、弘扬和传播中华文化的伟大贡献，增强各少数民族的民族自豪感及对中华文化的认同，使海内外各民族中华儿女同心协力，共同为中华民族的繁荣发展贡献力量。

# 中国民族研究的重大转变：
# 从借用国外理论到建构中国学派

张继焦　吴　玥*

## 一　问题的提出

当前中国正处于巨大的经济社会结构转型中，出现了一系列有别于西方社会的现象与问题。在此背景下，借用国外的传统人类学民族学理论与方法难以真正有效解决城市化、现代化、工业化所带来的一系列挑战，因此中国民族研究必然要随着时代变迁进行全方位的转变，以适应改革开放与多民族国家的发展需要。自中国开始进行民族研究以来，实现学科本土化、创建中国学派一直是学者的孜孜追求，并在理论构建等多方面取得了显著成果。但如何在一个没有大师引领的时代真正实现本土化的理论创新，构建具有全球意义的中国民族研究学派仍是社会各界需考虑的问题。

---

* 张继焦，中国民族学学会副会长、法人代表，中国社会科学院民族学与人类学研究所研究员；吴玥，中国社会科学院研究生院博士研究生。

## 二　相关研究与本文分析框架

### （一）中国民族研究相关综述

目前，已有学者对我国民族研究的历史演变与理论探索进行了综述性与专题性研究。王建民等按时间段对中国民族学发展史进行了全景式回顾与描述①；宋蜀华、杨圣敏等分别对新中国成立以来民族学研究 50 年②、60 年③的发展历程进行了综述。杨圣敏进一步将改革开放后的中国民族学研究划分为三个阶段④；何星亮则指出改革开放 30 年来，中国民族学研究理论与方法虽有所创新，但仍需进一步完善⑤；何明认为需推动民族研究的认识论转向，方可实现中国民族学的知识体系重构⑥。此外，还有学者系统引介了国外民族理论，并指出中国民族研究应有的理论与方法。⑦

### （二）分析框架

自 1898 年严复《天演论》译书出版，开启时代新学风；后蔡元培在《说民族学》等文章中，第一次明确了"民族学"学科定义。中国学者开始独立自主地进行民族研究，按计划、分批次、划区域地开展田野调查，大批西方人类学民族学理论被翻译到中国。1937 年抗日战争全面爆发后，中国民族研究主要集中于边疆少数民族问题（即当时的"边政研究"）。

---

① 王建民等：《中国民族学史》，云南教育出版社，1997。
② 宋蜀华、满都尔图：《中国民族学五十年：1949-1999》，人民出版社，2004。
③ 杨圣敏、胡鸿保：《中国民族学六十年》，中央民族大学出版社，2013。
④ 杨圣敏：《中国民族学的百年回顾与新时代的总结》，《西北民族研究》2009 年第 2 期，第 14~38、192 页。
⑤ 何星亮：《中国民族学与人类学 30 年的回顾与展望》，《民族研究》2008 年第 6 期，第 11~21、108 页。
⑥ 何明：《民族研究认识论转向与民族学知识体系重构》，《思想战线》2019 年第 6 期，第 1~8 页。
⑦ 宋蜀华、白振声：《民族学理论与方法》，中央民族大学出版社，1998。

单就这一时期的中国民族研究而言，初生萌芽的中国民族学主要以西方理论为指导，用国外理论研究从事微观、中观的中国民族研究，且以少数民族的民族志为主，同时也受到马克思主义民族理论的影响。但无论是当时形成的"南"派还是"北"派①，都开始探索中国民族研究的本土化，力求建立具有本土特色的中国民族研究学派。②

中国民族学研究自 20 世纪 20 年代从西方传入至 21 世纪 20 年代，经历了百年发展，其理论已发生重大转变。如图 1 所示，本文从影响中国民族研究的四个因素：古典马克思主义民族学、苏维埃民族学派、西方人类学民族学理论、中国本土经验（政府政策与学者探索）出发，主要考察自改革开放以来不断扩张的民族研究领域与日益多元的研究内容，特别关注每个阶段的国外理论引介与本土理论创新，表现出我国逐渐探索适合本国民族发展实情的理论研究历程。此外，本文主要从国外理论与国内发展两个角度，并按照不同时期的研究特点和理论探索进行划分，分时期综述我国民族研究的本土理论转变趋向，探索民族学学科理论的变化与发展。

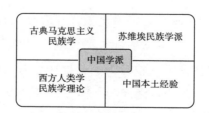

**图 1　形成中国民族研究学派的四因素**

---

① 按照当时民族学理论流派与研究方法的不同，可以将中国的民族学研究大致分为南、北两派。比如当时的北派代表人吴文藻早在 20 世纪 30 年代就提出了要建立人类学的"中国学派"，开始通过引进西方理论、倡导具有中国经验的田野调查等进行本土化的探索。

② 英美国家的"民族学"被称为"文化人类学"；而在中国，民族学与人类学比较相近。本文所指的"民族研究"，是指作为二级学科的民族学研究，意指以民族学为主题学科的民族研究，特别探讨学科理论的演变与中国化历程。

## 三　改革开放前的中国民族研究

中华人民共和国成立之后，我国民族研究在学科划分、理论应用、研究内容等方面以"苏维埃民族学派"为准，这一时期的民族理论研究主要是"原始社会史""经济文化类型""民族概念、定义""民族识别"等。20 世纪 60 年代，"民族研究"逐渐取代"民族学"，中国民族研究成为"苏联模式"的一支，与当时的"西方资产阶级民族学"划分了界限。鉴于多民族国家实情，我国还开展了两次全国大规模性的民族调查——"民族识别"① 和"少数民族社会历史调查"②，运用马克思主义与苏联民族理论对我国的少数民族进行了本土考察，其中苏联民族理论导向突出。

自 1949 年后，中国民族研究受西方影响减弱，苏联民族研究对我国的影响增强，"苏联模式"成为我国民族研究的标准。同时，民族学中国化与建立民族研究的中国学派的呼声一直存在，我国民族研究者也为此做出了巨大努力，提倡马克思主义民族学、苏联民族研究与中国具体国情相结合，并提出了与当时实践相契合的问题③；由于受到当时社会环境等各种主客观因素的制约，这些理论需要随着历史的发展进行反思与完善。但早期学者所提出的这些问题与讨论，以及所收集的民族调查资料，都在不同程度上表现出对民族学中国化的新认识。

## 四　改革开放以来的中国民族研究

改革开放 40 余年来，中国民族研究一方面受到国外理论的影响，另一

① 1950 年起，由中央及地方民族事务机关组织科研队伍，对全国提出的 400 多个民族名称进行识别，最后确认了 55 个少数民族成分。
② 1956 年起，为调查清楚我国各少数民族的基本情况以进行中国民族问题研究，中央人民政府先后派出由学者和专业人员参加的若干民族访问团和民族工作视察组，开始了第一次少数民族社会历史大调查。
③ 比如考虑到中国国情和中国各少数民族的社会经济发展极不平衡，故而在民族识别的具体工作中，中国民族学家并没有简单照搬斯大林的民族定义，而是密切结合我国各民族的实际情况，灵活运用，坚持民族特征、民族意愿、历史依据与就近认同相结合的原则。

方面也在反思西方与苏联民族理论，力求在国际民族学界大力构建中国民族研究学派。按照不同时期的国外影响与本土构建，中国民族研究的重大转变可以分为以下三个阶段：1978~1990 年为国外理论引介与本土恢复重建阶段；1991~2000 年为本土问题导向与国外理论验证阶段；2001 年至今为创建中国学派与国际影响增强阶段。

### 1. 国外理论引介与本土恢复重建时期 （1978~1990）

1978 年，时任国务院总理华国锋在《政府工作报告》中指出，要积极开展民族学等方面的研究①，这标志着我国民族学和民族研究在经历了十年停滞之后，终于在国家层面获得了正当承认。1979 年召开"全国民族研究工作规划会议"后成立中国民族研究学会②，其他相关科研机构与高校学系也相应恢复重建。本土民族研究在积极恢复重建之时，与西方人类学民族学界断联多年的中国也开始翻译引介一些民族学经典著作，更加整体而系统地介绍国外民族研究理论。这一时期中国民族的理论研究，仍受苏联模式影响较大，多借用苏联民族研究理论，主要体现在以下两个方面。

第一，对社会形态的研究。这一时期，我国学者对恩格斯、摩尔根（L. H. Morgan）的著作进行大讨论，社会形态成为我国民族研究的热点问题。（1）关于原始社会分期的问题，摩尔根和恩格斯分别提出了"文化上的诸时代""史前各文化阶段"③，苏联学者提出了两段分期法，我国学者则提出了各类分期不同的"三段分期法"④；此外，还有学者分别提出了四段分期法⑤、五段分期法⑥等；有些学者则对原始社会开端、父系制、母系

---

① 《1978 年国务院政府工作报告》，中华人民共和国中央人民政府网站，http：//www. gov. cn/test/2006-02/16/content_200704. htm，2006 年 2 月 16 日。

② 《中国民族研究学会正式成立》，《民族研究》1979 年第 1 期，第 49 页。

③ 《马克思恩格斯选集》第 4 卷，人民出版社，2012，第 17 页。

④ 林耀华：《试论原始社会史的分期问题》，《文史哲》1978 年第 4 期，第 56~63 页；杨邦兴：《原始社会史分期的几个问题》，《安徽师范大学学报》（哲学社会科学版）1980 年第 1 期，第 43~50 页；陈启新：《原始社会史分期新探》，《中山大学学报》（哲学社会科学版）1983 年第 2 期，第 61~72 页。

⑤ 时佑平：《应该重新探讨摩尔根的原始社会分期法》，《历史研究》1981 年第 1 期，第 3~20 页。

⑥ 秋浦、李清和：《关于原始社会的分期问题》，《思想战线》1984 年第 4 期，第 18~28、55 页。

制进行了探讨。（2）关于家长奴隶制的探讨，罗之基等人以西盟佤族为例，指出家长奴隶制是奴隶社会形成前的奴隶制形态①，宋兆麟也认为家长奴隶制是阶级社会形成的前夜②；满都尔图则认为家长奴隶制的发展趋向有奴隶制和农奴制两种③。（3）关于奴隶制的研究则主要集中在四川凉山的彝族，学界有奴隶制④、封建制、奴隶制到封建制的过渡论三种理论；还有学者将凉山彝族奴隶社会的等级结构分成三十余级，其根本目的是保护少数奴隶主的利益⑤。（4）关于封建农奴制的研究，以藏族、傣族等研究较多，有学者认为西藏领主制庄园可分为四种类型，是一个典型的农奴制和神权制统治形式的封建社会⑥；马曜从命名法的角度指出，民主改革前的傣族是封建领主制社会⑦；但有学者认为在唐宋时期，西双版纳傣族就已进入封建农奴制⑧；还有人认为傣族并无奴隶制这一发展阶段，而是直接过渡到封建社会⑨。宋兆麟等人则对原始社会的形成、发展、过渡到阶级社会等进程进行了系统概述。⑩

　　第二，对婚姻家庭史与亲属制度的研究。（1）摩尔根和恩格斯认为血缘家庭是人类婚姻家庭史上的第一种关系。对此问题，有学者持认可态度，并以少数民族的相关田野调查和历史资料证明血缘家庭关系的存在；

---

① 罗之基、田继周：《西盟佤族解放前的家长奴隶制》，《思想战线》1980年第2期，第57~63页。

② 宋兆麟：《关于我国奴隶制的起源问题——纪念恩格斯〈起源〉发表一百周年》，《史学月刊》1984年第5期，第9~16页。

③ 满都尔图：《家长奴隶制探析》，《思想战线》1983年第5期，第22~30页。

④ 《凉山彝族奴隶社会》编写组：《凉山彝族奴隶社会》，人民出版社，1982。

⑤ 杜玉亭：《试论凉山彝族奴隶社会的等级结构》，《中央民族学院学报》1978年第4期，第7~13页。

⑥ 刘忠：《试析西藏奴隶制庄园的残存形态》，《民族学研究》（第五辑），1983，第69~88页。

⑦ 马曜：《从命名法看西双版纳和周代封建领主社会等级制度》，《思想战线》1988年第4期，第65~71、81页。

⑧ 胡绍华：《西双版纳傣族究竟何时进入封建社会?》，《中央民族学院学报》1983年第2期，第43~48、77页。

⑨ 曹成章：《德宏傣族的农奴制及其向地主经济过渡》，《民族学研究》（第八辑）1986，第207~223页。

⑩ 宋兆麟等：《中国原始社会史》，文物出版社，1983。

而有学者对此表示异议，指出血缘家庭在历史上并不存在，两合氏族群婚才是人类婚姻家庭史上的第一种组织①；还有学者认为血缘婚的确存在，但血缘家庭并不存在②；更有学者认为摩尔根模式的若干结论偏离了事实③。（2）摩尔根将亲属制度分为类别式与说明式两类。我国有学者认为摩尔根的亲属划分原则是基本正确的④；但也有学者提出亲属制度的最初形式并非类别式，而是单系⑤；何星亮认为最古老的亲属制是按老、中、幼划分的三等亲属制⑥。在对婚姻家庭和亲属制度这一基本理论进行探讨的同时，中国民族学家还对我国部分少数民族的婚姻家庭关系进行了研究，进一步丰富了民族研究的婚姻家庭理论。比如永宁纳西族的阿注婚既保留着较多的群婚残余，又逐渐开始向一夫一妻婚过渡⑦；还有学者以纳西族亲属制为例，认为母系亲族是普遍的组织形式，其比对偶婚更为古老⑧。

中国民族研究将上述经典理论应用于少数民族研究，并对这些理论进行了批判反思，提出了修正性意见。同时，也进一步根据我国少数民族的田野调查与资料分析提出了本土理论，迈向了创建中国民族研究学派的第一步，主要表现为以下两个方面。

其一，第一次民族大调查及后续调研形成的各种学术成果。1979 年编

---

① 蔡俊生：《论群婚》，《中国社会科学》1983 年第 1 期，第 143~162 页。

② 杨堃：《家族、婚姻发展史略说》，《北京师范大学学报》1982 年第 1 期，第 33~44、53 页。

③ 童恩正：《摩尔根模式与中国的原始社会史研究》，《中国社会科学》1988 年第 3 期，第 177~196 页。

④ 黄淑娉：《略论亲属制度研究——纪念摩尔根逝世一百周年》，《中央民族学院学报》1981 年第 4 期，第 84~93 页。

⑤ 严汝娴、宋兆林：《纳西母系亲属制与易洛魁亲属制的比较研究——兼论亲属制度的起源问题》，《民族研究》1980 年第 2 期，第 58~70 页。

⑥ 何星亮：《从哈、柯、汉亲属称谓看最古老的亲属制》，《民族研究》1982 年第 5 期，第 67~76、80 页。

⑦ 詹承绪等：《云南永宁纳西族的阿注婚姻》，《社会科学战线》1979 年第 2 期，第 210~223 页。

⑧ 宋兆麟、严汝娴：《纳西族的母系家庭辨析》，《民族研究》1982 年第 4 期，第 54~62、70 页。

纂的《民族问题五种丛书》是第一次民族大调查的成果。① 之后又进行了一些填补空白的田野调查与研究，比如 1976 年起中国社会科学院民族研究所对西藏珞巴族、夏尔巴人等的调查，以及 1982 年中国西南民族研究会组织的多学科综合考察。② 这些田野调查及之后出版的民族志一方面为我国民族研究提供了基本资料，另一方面也为建构中国学派提供了本土支持，许多学者在此基础上抽丝剥茧，提出中国民族研究的理论概括。

其二，中国学者提出的本土民族研究理论与方法。费孝通提出了"藏彝走廊"③，与"西北走廊""南岭走廊"一并对我国历史上多民族关系产生了重大影响，这些民族走廊意指区域宏观综合研究的重要性；此类民族理论还包括文化区系类型学说④、边地半月形文化传播带⑤等。格勒驳斥了"藏族外来说"，提出藏族源于三大原始民族系统的交融。⑥ 这些民族研究理论的提出都在不同程度上还原我国多民族发展的历史情况，凸显中华民族大一统理念。之后费孝通提出"中华民族多元一体"⑦，标志着一个新的民族研究理论体系的形成，之后被引申为"民族认同意识的多层次论"。民族区域概念与中华民族多元一体理论的提出，兼顾多元与一体，以及各区域之间的动态相连，从一个宏观、全面、整体的角度勾勒出中国民族的关系与脉络。此外，费孝通还提出了"类型比较法"，既可运用于具体社区，也可应用到各类抽象社会。⑧ 同时，民族考古学兴起，有学者认为这

---

① 国家民族事务委员会《民族问题五种丛书》，是《中国少数民族》《中国少数民族简史丛书》《中国少数民族语言简志丛书》《中国少数民族自治地方概况丛书》《中国少数民族社会历史调查资料丛刊》的总称。

② 孟宪范：《中国民族学十年发展述评》，《中国社会科学》1989 年第 2 期，第 149~158 页。

③ 费孝通：《关于我国民族识别问题》，《中国社会科学》1980 年第 1 期。

④ 苏秉琦、殷玮璋：《关于考古学文化的区系类型问题》，《文物》1981 年第 5 期，第 10~17 页。

⑤ 童恩正：《试论我国从东北至西南的边地半月形文化传播带》，《考古与文物论集》，文物出版社，1986。

⑥ 格勒：《论藏族文化的起源、形成与周围民族的关系》，中山大学出版社，1988。

⑦ 费孝通：《中华民族的多元一体格局》，《北京大学学报》（哲学社会科学版）1989 年第 4 期，第 3~21 页。

⑧ 费孝通、张之毅：《云南三村》，天津人民出版社，1990，第 7~8 页。

门新学科为原始文化的研究开辟了一条新路径①；但也有学者认为这不过是一种研究方法②。

改革开放之后的十余年中，趁着 20 世纪 80 年代的"文化热"，中国民族研究翻译引介了大量国外经典理论③，以苏联学派和马克思主义民族学为指导，借用国外理论进行本土恢复重建的同时，也对其理论概念进行了反思和批判，并对中国少数民族的发展情况进行了实地调查。以上都对中国民族学与民族研究体系的建立起到了重要推动作用。这个阶段也迈出了建构中国学派的第一步，部分民族学家针对我国多民族发展的历史状况提出了本土化的理论，在民族研究中运用历史方法受到重视，民族研究的"补课"得以完成并逐步开始理论创新。

### 2. 本土问题导向与国外理论验证时期 (1991~2000)

1991 年，苏联解体，苏联民族学遭遇危机，这一时期我国民族研究受苏联影响明显减弱，欧美人类学民族学理论对中国影响加深。现代化进程的日益加快带来了一系列的社会发展，因此这一时期的中国民族研究更注重各民族的现代化发展，以解决纷繁复杂的社会问题和矛盾，故而本土问题导向更加突出，并在不同程度上挑战了西方人类学民族学理论。

第一，西方人类学民族学理论的浪潮掀起，影响了中国民族研究。20世纪 90 年代以来，大量欧美人类学民族学研究著作被系统翻译到中国，西方学界的民族研究动态与成果使我国民族研究更加接近国际研究前沿。对于多民族国家来说，民族与族群的冲突和认同是一重要问题；西方族群（ethnic group）与族群认同理论在 20 世纪 50 年代出现，并成为 20 世纪 90年代中国学者探讨的理论对象，国内外学界先后涌现出文化说、原生论、工具论、情景选择论、构建论等理论范式。④ 挪威人类学家巴斯

---

① 梁钊韬、张寿祺：《论"民族考古学"》，《社会科学战线》1983 年第 4 期，第 206~213 页。

② 丁乙：《徐明关于民族考古学的对话》，《中国文物报》1989 年 7 月 7 日，第 7 版。

③ 一则限于本文篇幅所限，二则并非本文研究重点，因而在此不再一一列举这些翻译作品。

④ 刘超：《族群、民族与"Minzu"辨析——兼评〈田野中的族群关系与民族认同：中国西南彝族社区考察研究〉》，《西昌学院学报》（社会科学版）2019 年第 4 期，第 1~6、12 页。

（F. Barth）提出"族群边界理论"（Ethnic Boundaries），认为族群是自我认同与归属，文化的异同则是划分族群边界的依据。① 美国人类学家郝瑞（S. Harrell）通过对彝族的调查，对"族群"与"民族"概念的异同进行思考，认为前者具有不同文化差异，后者则是按照斯大林的民族定义划分的政治性人群；而族群边界更多的是依靠其外部与其他族群的关系进行界定。② 同样是在 20 世纪末，美国学者安德森（Benedict Anderson）提出了一个解释并探讨民族与民族主义起源和发展的新理论范式——"想象的共同体"。③ 这些西方人类学民族观念和各种民族构建学说为中国民族研究提供了新的理论体系，同时也为中国分析各民族、族群关系提供了对比参照体系，中国学者对这些理论提出了本土化的考证。李安民④、马季方⑤等对美国人类学家赫斯科维茨（M. J. Herskovits）提出的文化"涵化"理论进行了系统介绍，阮西湖⑥将其用于海外华人研究。美国人类学家雷德菲尔德（R. Redfield）提出的大传统与小传统也给了学者新的启示。⑦ 同时，我国学者提出"文化自觉"，在了解本文化基础上展开与其他民族的文化比较⑧；将西方理论纳入中国民族研究范围。

　　第二，针对当代城市化、现代化进程，中国民族研究的本土问题导向突出。改革开放以来，为使中国民族研究紧跟时代形势，民族地区的文化变迁与现代化成为中国民族研究的重要课题。庄孔韶以福建两个乡村家族为线索，提供了两种地方社会结构，并指出随着当今民族研究对象由传统

① Fredrik Barth, Introduction, in Fredrik Barth（ed.），*Ethnic Groups and Boundaries*, p. 15.

② 〔美〕斯蒂文·郝瑞：《田野中的族群关系与民族认同——中国西南彝族社区考察研究》，巴莫阿依等译，广西人民出版社，2000，第 22 页。

③ 〔美〕本尼迪克特·安德森：《想象的共同体》，吴叡人译，上海人民出版社，2011。

④ 李安民：《关于文化涵化的若干问题》，《中山大学学报》（哲学社会科学版）1988 年第 4 期，第 45~52 页。

⑤ 马季方：《文化人类学与涵化研究（上）》，《国外社会科学》1994 年第 12 期，第 11~17 页。

⑥ 阮西湖：《新的社会文化环境与海外华人涵化问题》，《华侨华人历史研究》1990 年第 4 期，第 53~55 页。

⑦ 王元化：《大传统与小传统及其他》，《民族艺术》1998 年第 4 期，第 201~203 页。

⑧ 费孝通：《反思·对话·文化自觉》，《北京大学学报》（哲学社会科学版）1997 年第 3 期，第 15~22、158 页。

到现代的转型，民族研究理论也要随之转变。① 1986 年，中国民族学会以
"民族学面临的迫切课题"为主题进行讨论，确认实现民族地区的现代化、
解决文化变迁等新问题是当今的主要研究方向②；并围绕这一议题，先后
举行了若干次学术讨论会，认为民族研究在注重传统课题的同时，也应该
加强理论研究与应用研究，创建中国民族研究学派，注重解决现实问题。
因而 1998 年又一次展开了民族大调查，为解决新形势下的民族问题与民族
工作提供了实践基础。③ 有学者从经济的角度研究少数民族的现代化④，探
讨西北、西南等少数民族地区如何实现经济社会的可持续、现代化发展；
还有学者从文化与文化变迁的角度研究现代化，探讨各民族的生活方式在
当今时代变迁中所面临的问题⑤；研究传统文化与当代发展之间的矛盾也
是一个重要理论点，进而促使传统文化适应当地社会发展⑥。此外，这一
时期也展开了对我国山地民族的研究，分别从经济学、民族学、人类学、
地理学、生物学以及山地民族的脱贫致富等多方面进行研究。⑦ 民族考古
学与民族志类比分析法成为研究热点，比如容观夐等人系统介绍了民族考
古学理论与实践的相关问题。⑧ 影视人类学也逐步介绍至中国，并对学科
理论进行思考，在抢救即将逝去的世界的同时还要抓住正在变化的世界，
进而深化影视人类学的相关理论。⑨

　　第三，在关注少数民族现代化的同时，学者也指出加强历史研究的重
要性，并提出"历史民族学"这一分支学科概念。宋蜀华认为，历史民族

① 庄孔韶：《银翅——中国的地方社会与文化变迁（1920—1990）》，生活·读书·新知三
联书店，2000。
② 秋浦：《如何看民族学面临的迫切课题》，《民族学研究》（第九辑），1990，第 1~7 页。
③ 《国家民委展开第二次全国民族工作大调查》，《民族团结》1998 年第 10 期，第 26 页。
④ 郭大烈：《惊险的跳跃——云南民族地区商品经济》，云南大学出版社，1991。
⑤ 瞿明安：《中国民族的生活方式》，中国社会科学出版社，1995。
⑥ 龚帆、祁庆富：《试论中国少数民族文化变迁》，载宋蜀华《民族学与现代化》，中央
民族大学出版社，1994。
⑦ 李绍明、杨健吾：《我国山地民族学的现状及其前景》，《思想战线》1992 年第 2 期，第
78~83、93 页。
⑧ 容观夐、乔晓勤：《民族考古学初论》，广西民族出版社，1992。
⑨ 刘达成：《一门新兴的学科——中国影视人类学简述》，《云南学术探索》1996 年第 5 期，
第 62~65 页。

学往往与考古学相联系，主要以历史民族志为依据研究历史上不同时期的族群及其文化。[①]

第四，汉族研究取得较大进展。1987 年，第一届汉民族学术研讨会举行，主要就汉民族的研究意义、范围与任务等进行讨论，掀开了我国汉民族研究新的一页[②]；之后又围绕汉民族研究举行了若干次会议。有学者从民族学的角度论证汉民族的形成时间，认为早在秦汉之际，汉民族就已形成一个稳定的人们共同体[③]；还有学者认为民族是资本主义上升时期的产物，故而汉民族产生应在 1840 年之后；还有一种看法是在资本主义萌芽时期就逐渐形成汉民族了[④]。至于汉民族的起源与发展，有多元说[⑤]、多民族交融说[⑥]等理论；徐杰舜提出了"雪球"理论，认为汉族的形成是一个如雪球般越滚越大的产物[⑦]。汉民族的移民迁徙以及与其他各民族的关系也是学者的研究热点，有学者认为云南汉族并非土著民，而是分三个时期由内地移民到云南的[⑧]；海南岛汉族移民也是自西汉时期就已开始[⑨]；自秦汉时期迁入贵州的汉族主要分为五次大规模的集中迁移[⑩]；福建的汉族也是自中原迁入，之后向中国台湾和海外迁徙[⑪]。此外，还有关于汉民族与少

① 宋蜀华：《中国民族学理论探索与实践》，中央民族大学出版社，1999。

② 徐杰舜：《揭开了汉民族研究新的一页——汉民族研究学术讨论会综述》，《广西民族学院学报》（哲学社会科学版）1987 年第 3 期，第 157~159 页。

③ 王雷：《民族定义与汉民族的形成》，《中国社会科学》1982 年第 5 期，第 143~158 页。

④ 陈连开：《论华夏/汉民族的形成》，《烟台大学学报》（哲学社会科学版）1991 年第 2 期，第 1~13 页。

⑤ 徐杰舜：《汉民族发展史》，四川民族出版社，1992。

⑥ 李民、张国硕：《夏商周三族源流探索》，河南人民出版社，1998。

⑦ 徐杰舜：《雪球——汉民族的人类学分析》，上海人民出版社，1999。

⑧ 苍铭：《云南汉族的来源》，《民族工作》1997 年第 10 期，第 44~47 页。

⑨ 胡林玉：《海南岛汉族移民述略》，《广西民族学院学报》（哲学社会科学版）1999 年第 2 期，第 51~55、69 页。

⑩ 古治康：《论汉族移民在贵州开发中的作用》，《贵州民族研究》1994 年第 1 期，第 30~36 页。

⑪ 辛土成：《略论汉族入闽及向台湾和海外的迁徙》，《广西民族学院学报》（哲学社会科学版）1994 年第 4 期，第 47~50 页。

数民族关系的研究①、风俗习惯研究②、"家庭结构式"社会研究③，以及客家人、闽南人等汉族族群研究④。透过汉民族研究的各个方面，可以进一步看出中华民族是如何从多元走向一体的，以及中国各民族之间的团结与合作关系。

第五，中国民族研究的城市学派兴起。"初民社会"是早期人类学民族学的最早研究对象，故而农村社会、少数民族成为中国民族研究的主要对象，但在20世纪90年代，大量农民工进城，我国城市化率逐渐攀升，同时也受到西方都市研究的影响，民族研究中的"城市学派"崛起。1989年底召开了第一届都市人类学国际会议，这是我国都市人类学研究产生的契机。⑤周大鸣认为，文化适应、城市社区、文化多元、跨文化、人口移动等可以作为中国都市研究的关注点，实现都市人类学在中国的应用研究。⑥但我们也需要引入西方都市研究概念，比如英国学者提出的情景分析法、网络分析法，并结合中国的快速城市化这一国情分析研究城乡关系、国家与地方关系等。⑦这一时期的都市人类学处于初步阶段，多是从国外借用相关理论进行研究，同时也将视野转至我国城市化进程中的社会问题，加强应用研究，走上国际化与本土化相结合的发展道路。

这一时期，城市化与现代化步伐加快，随之出现了一系列的社会与民族问题，如何解决这些问题成为中国民族研究的主要方向。这一时期，苏联民族学派对中国影响减弱，西方人类学民族学理论成为中国民族研究的主要借鉴对象，但较前期相比，一方面对西方人类学民族学理论的介绍更

---

①　覃东平：《试述汉民族与兄弟民族的关系》，《贵州民族研究》1998年第3期，第113~117页。

②　谢本书等：《历史文化资源研究》，云南教育出版社，1994。

③　麻国庆：《汉族传统社会结构与家族》，《社会科学战线》1993年第4期，第135~141、84页。

④　宋蜀华、满都尔图：《中国民族学五十年》，人民出版社，2004，第357~360页。

⑤　谭深：《启动我国都市人类学创建的契机——第一届都市人类学国际会议综述》，《社会学研究》1990年第3期，第53~56页。

⑥　周大鸣：《都市人类学三题》，《中山大学学报》（社会科学版）1991年第4期，第80~87页。

⑦　阮西湖、张继焦：《都市人类学》，《国外社会科学》1994年第2期，第13~18页。

为系统，对马克思主义民族学理论也具备了相当的中国化水平；另一方面在批判反思西方理论之时，也更多地转向中国民族问题与社会问题研究，本土问题导向更加突出，中国民族研究逐渐从传统向当代转型。

### 3. 创建中国学派与国际影响增强时期（2001 年至今）

进入 21 世纪，中国民族研究加快了理论创新与学科发展的步伐，学科地位得到提高。2004 年，胡锦涛提出要学习民族学、人类学、社会学等有关民族问题的知识，不断开创民族研究工作新局面。[①] 2016 年，习近平总书记提出要加快构建新时代中国特色民族学。[②] 这一阶段的中国民族研究在国内受到重视，在国外的影响力也在增强。

第一，后现代主义（Postmodernism）民族学所提倡的反思与文化批评在国际范围内引起讨论。20 世纪六七十年代，西方人类学民族学界开始批判传统民族志方法论与认识论，形成一股后现代主义思潮。这一时期涌现出大量学术理论，比如萨义德（Edward W. Said）反思殖民统治，认为所谓东方是被西方想象出来的东方[③]；格尔茨（Clifford Geertz）提出"深描"，也就是要深入表层之下发掘出深层的象征含义框架[④]；马尔库斯（George E. Marcus）提出的实验民族志则通过反思对异文化的表述方式，提出要用"人观"去书写民族志，因此要改变传统的书写方式[⑤]。但国内外学者对这一理论思潮反应各异[⑥]，有学者大加赞扬，也有学者加以批判；比如张继焦指出并不能盲目套用后现代主义民族学，因其并不一定契合我国实情，我们必须建立具有中国特色的民族研究。[⑦]

---

① 《胡锦涛在中共中央政治局第十六次集体学习时强调：做好新形势下的民族工作促进各民族共同繁荣进步》，《人民日报》2004 年 10 月 23 日，第 1 版。
② 《习近平在哲学社会科学工作座谈会上的讲话》，《人民日报》2016 年 5 月 19 日，第 2 版。
③ 〔美〕爱德华·W. 萨义德：《东方学》，王宇根译，生活·读书·新知三联书店，1999，第 6～12、192～214 页。
④ 〔美〕克利福德·格尔茨：《文化的解释》，韩莉译，译林出版社，2008，第 5 页。
⑤ 〔美〕乔治·马尔库斯、米开尔·费彻尔：《作为文化批评的人类学——一个人文学科的试验时代》，王铭铭、蓝达居译，生活·读书·新知三联书店，1998。
⑥ 瞿明安：《西方后现代主义人类学评述》，《民族研究》2009 年第 1 期，第 31～40、109 页。
⑦ 张继焦：《当代人类学社会学理论的比较分析：后现代主义，还是新制度主义》，《中南民族大学学报》（人文社会科学版）2015 年第 5 期，第 31～36 页。

第二，就国内研究而言，关于某一地区的特定问题研究热度依旧不减，但基于社会发展中出现的一些新问题逐渐受到重视，其中与民族学紧密相关的、最具代表性的就是中国社会科学院组织的"21 世纪初中国少数民族经济社会综合调查"①，这也是当代对我国民族发展过程中出现的各种新现象的一项总结性调查研究。截至 2018 年项目结项，最终研究成果涵盖了调研专著、专题报告、研究论文等各个方面。② 而在民族大调查与其他田野调查中，影视人类学进一步得到发展，学者奔赴各地进行拍摄，并以问卷调查为基础建设问卷数据库，对我国扭转长期以来"重定性轻定量"的研究方法起到了一定的推动作用。

第三，中国民族研究理论日益创新，中国学派日益形成。这一时期，我国民族研究的理论创新主要表现在四个方面，其一是对改革开放前 20 年传播来的西方人类学民族理论继续进行反思和本土化研究，比如少数族群问题的"去政治化"研究③、民族构成六要素④、象征中国民族研究话语体系的民族与族群之争⑤；藏彝走廊被概括为"民族走廊"⑥；乡村版"差序格局"被发展为城市版⑦；文化自觉升级为文化自信⑧；乔健进一步将费孝通的相关研究概括为"历史功能论"，这是经历过本土化转换后的融入历史因素的功能论⑨。其二是提出各类新兴分支学科与领域的理论和方法，比如影视人类

---

① 扎洛、孙懿：《〈21 世纪初中国少数民族地区经济社会发展综合调查〉项目启动》，《民族研究》2013 年第 2 期，第 122 页。

② 国家社科基金特别委托项目和中国社会科学院创新工程重大专项"21 世纪初中国少数民族地区经济社会发展综合调查"结项报告会。

③ 马戎：《理解民族关系的新思路——少数族群问题的"去政治化"》，《北京大学学报》（哲学社会科学版）2004 年第 6 期，第 122~133 页。

④ 本书编写组：《中央民族工作会议精神学习辅导读本》，民族出版社，2005，第 10~11 页。

⑤ 徐杰舜：《论族群与民族》，《民族研究》2002 年第 1 期，第 12~18、106 页。

⑥ 李绍明：《"藏彝走廊"研究与民族走廊学说》，《藏学学刊》2005 年第 0 期，第 2~7 页。

⑦ 张继焦：《差序格局：从"乡村版"到"城市版"——以迁移者的城市就业为例》，《民族研究》2004 年第 6 期，第 50~59、108~109 页。

⑧ 云杉：《文化自觉 文化自信 文化自强——对繁荣发展中国特色社会主义文化的思考（上）》，《红旗文稿》2010 年第 15 期，第 4~8 页。

⑨ 乔健：《试说费孝通的历史功能论》，《中央民族大学学报》（哲学社会科学版）2007 年第 1 期，第 5~11 页。

学研究理论①；民族生态学对当今环境问题的研究②；社会文化视角下的医学
人类学研究③；宗教民族学中的"三色市场论"④、宗教文化类型理论⑤。周
大鸣在都市研究中提出"城市新移民"概念⑥；民族心理学方面，李静提出
了"田野实验法"⑦；蒋柯等人初步建构了"实验民族心理"理论⑧；施
琳⑨、陈庆德等⑩分别出版专著，对经济人类学的基本理论体系、学科范畴与
学科定位进行了系统研究；田阡提出了中国区域研究的新方向——"流域人
类学理论"⑪；滕星概述了教育人类学研究的西方理论范式，并提出了"多元
文化整合教育"理论⑫；马戎总结出带有普遍性的族群理论⑬；张继焦提出
了企业人类学的"四层次分析法"⑭等。其三是和国家发展战略相结合的问
题导向研究。西部大开发提出后，学者根据政策制定的环境因素分析理
论，对在西部大开发背景下如何进行民族教育政策制定做了研究⑮；还有

---

① 王海飞：《近三十年来中国影视人类学的发展与研究》，《民族研究》2008 年第 1 期，第
　95~104、110 页。
② 任国英：《生态人类学的主要理论及其发展》，《黑龙江民族丛刊》2004 年第 5 期，第 85~
　91 页。
③ 张有春：《医学人类学的社会文化视角》，《民族研究》2009 年第 2 期，第 57~66、109 页。
④ 杨凤岗：《中国宗教的三色市场》，《中国人民大学学报》2006 年第 6 期，第 41~47 页。
⑤ 王建新：《人类学视野中的民族宗教研究方法论探析》，《民族研究》2009 年第 3 期，第
　23~31、108 页。
⑥ 周大鸣、杨小柳：《从农民工到城市新移民：一个概念、一种思路》，《中山大学学报》（社
　会科学版）2014 年第 5 期，第 144~154 页。
⑦ 李静：《当代民族心理学的研究范式》，《西南民族大学学报》（人文社会科学版）2018 年第
　11 期，第 215~222 页。
⑧ 蒋柯、张凌雁：《实验民族心理学的理论建构论纲（一）》，《西南民族大学学报》（人文社
　会科学版）2015 年第 3 期，第 94~100 页。
⑨ 施琳：《经济人类学》，中央民族大学出版社，2002。
⑩ 陈庆德、潘春梅、郑宇：《经济人类学》，人民出版社，2012。
⑪ 田阡：《流域人类学导论》，人民出版社，2018。
⑫ 滕星：《教育人类学的理论与实践》，民族出版社，2009。
⑬ 马戎：《民族社会学——社会学的族群关系研究》，北京大学出版社，2004。
⑭ 张继焦：《走出研究范式的困境：企业人类学的"四层次分析法"》，《广西民族大学学报》
　（哲学社会科学版）2016 年第 6 期，第 92~100 页。
⑮ 王鉴：《西部大开发背景下的民族教育政策问题》，《西北师大学报》（社会科学版）2003
　年第 5 期，第 27~30 页。

学者提出了西部地区民族的"特色经济"发展①；以及通过构建民族生态博物馆促进西部少数民族发展②。有学者分辨了跨界民族与跨境民族、跨国民族，认为其区别主要在于主动、被动③；还有学者对"一带一路"沿线的跨境民族进行了研究；麻国庆提出跨区域社会体系来解读"一带一路"等国家政策。④ 海外民族志研究也逐渐深入，学者认为海外民族志的研究有助于在中国产生一种知识建构⑤；特别是在全球化的世界，全球范围内流动的人、事、资源等应以一种流动的视角去考察⑥，从而构建具有本土特色的民族研究理论，加强与国际学界深层次的学术对话。其四是中国学者总结出来的理论探索。杨圣敏呼吁借鉴多学科理论与方法、加强问题导向是实现民族学理论创新与进步的重要途径⑦；王铭铭提出了"三圈说"，即乡民社会、少数民族社会、海外社会⑧；乔健提出"底边社会"来描述一般的底层民众⑨；赵旭东分析了微信民族志对于人类学文化转型的突破⑩；张继焦在对城市转型与文化遗产的研究中提出了新古典"结构-功

① 李澜、张丽君：《论西部地区民族经济发展中的特色经济开发》，《中央民族大学学报》2001 年第 6 期，第 116~120 页。

② 杜倩萍：《略论西部大开发中民族生态博物馆的建设》，《中央民族大学学报》2001 年第 4 期，第 73~76 页。

③ 曹兴：《论跨界民族问题与跨境民族问题的区别》，《中南民族大学学报》（人文社会科学版）2004 年第 2 期，第 39~42 页。

④ 麻国庆：《跨区域社会体系：以环南中国海区域为中心的丝绸之路研究》，《民族研究》2016 年第 3 期，第 41~54、124 页。

⑤ 高丙中：《海外民族志：发展中国社会科学的一个路途》，《西北民族研究》2010 年第 1 期，第 20~33 页。

⑥ 周大鸣、龚霓：《海外研究：中国人类学发展新趋势》，《广西民族大学学报》（哲学社会科学版）2018 年第 1 期，第 116~123 页。

⑦ 杨圣敏：《民族学如何进步——对学科发展道路的几点看法》，《中央民族大学学报》（哲学社会科学版）2016 年第 6 期，第 5~23 页。

⑧ 王铭铭：《中间圈："藏彝走廊"与人类学的再构思》，社会科学文献出版社，2008。

⑨ 乔健：《底边社会——一个对中国社会研究的新概念》，《西北民族研究》2002 年第 1 期，第 27~33 页。

⑩ 赵旭东：《微信民族志时代即将来临——人类学家对于文化转型的觉悟》，《探索与争鸣》2017 年第 5 期，第 4~14 页。

能论"①，此外还提出了"伞式社会"②　与"蜂窝式社会"③　这一对概念来描述中国经济社会结构转型。

第四，随着一大批国际会议的召开，中国民族研究的国际影响力增强，海外民族志研究得以顺利开展。2000 年 7 月，在北京举行了"国际人类学与民族学联合会 2000 年中期会议"，费孝通在大会主旨发言中提出了"和而不同"的思想，得到学者的普遍认可。④ 2009 年 7 月，"国际人类学与民族学联合会第 16 届世界大会"在昆明举行⑤，闭幕式上，由中国人类学民族学研究会根据峰会期间的学术讨论共识整理起草了《昆明宣言》，并顺利通过，标志着国内外学者就一些热点问题已经达成学科共识。

21 世纪的头 20 年，是中国民族研究追求理论创新与构建中国学派的日益强化时期，但在第三次少数民族大调查中，同时凸显了问题导向与理论导向两种倾向，并且和一系列国家政策的结合越发紧密。随着国际化水平的提高，我国民族研究也大步迈向国际，通过参加国内外会议、召开国际讨论会等方式走进世界民族研究的舞台，从中国的本土经验研究中总结出相关概念，丰富世界民族研究的理论。

## 五　讨论与总结：从借用国外理论到建构
## 中国学派的民族研究

在经济社会结构转型中，我国民族学者也在不断探索西方研究理论本土化与中国民族理论创新化，在不同的时代背景下面临不同的社会问题，

---

① 张继焦、张小敏：《苗族的文化转型：一种关于民族文化变迁的新古典"结构–功能论"——访中国民族研究团体联合会副会长张继焦研究员》，《贵州民族大学学报》（哲学社会科学版）2018 年第 1 期，第 56~71 页。

② 张继焦：《"伞式社会"——观察中国经济社会结构转型的一个新概念》，《思想战线》2014 年第 4 期，第 54~61 页。

③ 张继焦：《"蜂窝式社会"——观察中国经济社会转型的另一个新概念》，《思想战线》2015 年第 3 期，第 77~86 页。

④ 郝时远：《IUAES2000 年中期会议总结》，《中国都市人类学通讯》，2001，第 23~26 页。

⑤ 张继焦：《当今国际人类学民族学的热点议题和发展动态》，《中央民族大学学报》（哲学社会科学版）2016 年第 2 期，第 32~39 页。

提出了新的概念与理论。① 1949 年新中国成立之前，中国民族研究主要依托于西方诸学派，学习西方人类学民族学理论用于本土研究；1949 年新中国成立后的 30 年，中国民族研究又追逐苏联民族学，以马克思主义民族理论为引导。1978 年改革开放以来的第一个十年，我国民族研究主要借鉴苏联，其研究理论以婚姻家族史分期法、社会形态、婚姻家庭史等为主，同时也提出了本土化的理论创新，如中华民族多元一体格局、藏彝走廊等；第二个十年主要受西方影响，族群、涵化等概念成为学者讨论的热点，民族地区的文化变迁与现代化是理论创新点；21 世纪的前 20 年则见证了对西方后现代主义等理论思潮的批判反思，中国本土经验研究与理论探索深化，各类新兴分支学科理论和方法兴起，中国民族学逐渐在学术研究上形成本土特色，一个民族研究的中国学派正在形成。

杨圣敏指出，中国民族学已经初步形成了本土化特点，即理论联系实际、多学科综合研究；但真正意义上的中国民族研究学派仍需在实践中、社会问题解决中总结出新理论、新方法。② 民族研究的中国学派虽然尚未完全成熟，但已初现端倪；尤其是在如今西方后现代思潮的批判声中，中国民族学研究者越能看到西方人类学民族学的局限，那么在对国外理论进行反思之时，恰是我们创建中国学派的时机所在。

中国民族研究一方面受到国外影响，另一方面也在冲击传统理论，逐渐形成本土学派，形成了中国民族研究的本土化特点。第一，在民族学研究中对马克思主义理论的坚持与运用。第二，历史学与民族学相结合。从早期民族研究的南、北学派，一直到改革开放后的若干发展阶段，运用史学方法、历史文献进行民族学研究一直是一个重要特点。第三，对国际民族学界传统理论造成一定冲击，反思西方人类学民族研究理论。民族学引入中国不过百余年，因此在理论探索等各方面相较于西方有一定差距，但改革开放以来，随着中国民族研究的深入与扩展，中国民族学界也提出了各方面的创新理论，对西方传统人类学民族学理论形成冲击。第四，民族

① 周大鸣：《中国人类学研究的概念创新与实践经验》，《广西民族大学学报》（哲学社会科学版）2019 年第 5 期，第 12~17 页。
② 杨圣敏：《中国学派的道路》，中央民族大学出版社，2012。

研究的城市学派与农村学派齐头并进，各学科分支体系相继建立；民族研究的"初民社会"在转向"城市社会"，研究领域进一步扩展，而随着学科的发展，越来越多的分支学科也在涌现，跨学科研究也成为我国民族研究的重要特点，并提出了不同的学科研究理论。

# 中国民族教育研究百年回顾与前瞻

祁进玉　　侯馨茹<sup>*</sup>

## 一　前言

中国是一个统一的多民族国家，56 个民族共同创造了中华文化。近百年来我国学界对民族教育进行了广泛且细致的理论研究和实践探索，取得了非凡成就。梳理近百年来我国民族教育研究的发展历程和特征，展望未来我国民族教育研究的方向，具有重要的理论价值和实践意义。其中，梳理民族教育的概念及其发展是研究近百年来民族教育历程的前提。

民族教育概念随着我国不同时期的现实情况而发展变化。20 世纪初期，基于民族识别不足的现状和"蒙回藏民族，各有特种语言文字，与内地绝不相通"的事实，"蒙藏教育"概念被提出，主要对蒙、藏族开展教育，未涵盖其他民族的教育。20 世纪 30 年代，边患四起，有学者用"边疆教育"指称少数民族教育[①]，边疆教育主要针对边疆特殊地区开展。1939 年，"民族教育"的概念被提了出来，但依然没有脱离"边疆教育"的基本模式。新中国成立后，中国共产党根据马列主义的民族观，认真考

---

\* 祁进玉，中国民族学学会秘书长，中央民族大学民族学与社会学学院教授；侯馨茹，中央民族大学民族学与社会学学院研究生。

① 丁虎生：《论民族教育概念的形成及其范畴》，《贵州民族研究》1991 年第 4 期，第 91～97 页。

察我国少数民族教育发展的漫长过程和各民族文化特点，提出"少数民族教育"这一概念。① 20 世纪六七十年代，民族教育事业遭受挫折，对其概念的研究处于停滞状态。改革开放以来，民族教育研究获得较快发展，"民族教育"的概念呈现出以下几种有代表性的观点。第一种观点将民族教育视为少数民族教育。② 第二种观点将民族教育界定为民族地区的教育。③ 如王鉴认为民族教育是民族地区的教育，它是民族传统教育与跨文化教育双向交融的活动。④ 第三种观点从多重角度进行探讨，如李红杰提出单一民族教育，不仅指各个少数民族教育，也指汉族的民族教育。复合民族教育指的是中华民族整体的民族教育。2000 年以后，基于"中华民族多元一体格局"理念与西方"多元文化主义"思想，哈经雄、滕星提出民族教育是对作为有着共同文化的民族或共同文化群体的民族集团进行的文化传承和培养民族或民族集团的成员的教育活动。⑤ 回顾民族教育概念形成和发展的过程，我们可以看出，民族教育的概念随着不同时期我国社会发展现状以及民族教育政策而发生变化，其内涵不断丰富和完善，体现了历史的进步。

## 二 中国民族教育研究的百年发展历程

近百年来，在我国经济、政治、社会发展的大背景下，特别是随着新中国重大方针政策的出台、民族教育事业的不断发展以及民族教育研究学者的不断探索，我国民族教育研究可以划分为以下五个阶段。

### （一） 强调国家统一的边疆民族教育研究阶段

20 世纪初期，民国政府为维护国家统一，依《教育部边疆教育报告》

---

① 丁虎生：《论民族教育概念的形成及其范畴》，《贵州民族研究》1991 年第 4 期，第 91～97 页。

② 谢启晃：《中国民族教育史纲》，广西教育出版社，1989，第 8 页。

③ 胡德海：《关于我国民族教育的几个问题》，《西北师大学报》（社会科学版）1990 年第 4 期，第 85 页。

④ 王鉴：《民族教育学》，甘肃教育出版社，2002，第 24 页。

⑤ 哈经雄、滕星主编《民族教育学通论》，教育科学出版社，2001，第 8 页。

和《边疆教育概况》等民族教育政策及情况，对少数民族进行安抚和同化。中央教育部及专家学者对边疆少数民族教育开展的社会调查与研究工作，推进了民族教育研究的发展。此阶段研究对象聚焦在蒙回藏和边疆地区的民族，以探讨边疆民族教育问题为主，民族语言文字研究初露头角，但未对每个民族展开研究，也未体现民族教育本质，缺乏科学和成熟的研究方法，整体来看偏向书斋式研究。高凤谦依据"蒙回藏民族，各有特种语言文字，与内地绝不相通"，提出"以本土语文为主，以内地之语文为辅"的民族教育方针，并建议成立蒙回藏教育研究会及蒙回藏各种语言传习所，认识到不同民族语言文字对教育的影响。[①] 相关成果还有拜少天的《从边政谈边教》和《再从边政谈边教》，古楄的《民族教育的讲授》，郑鹤声的《我国边疆教育之计划与设施》。不可忽视的是，当时民族类院校的成立、民族类杂志的出版、民族教育学术学会的成立为民族教育研究的开展提供了重要平台。1937 年中共中央成立的少数民族工作委员会和 1941 年成立的延安民族学院，以及 1944 年延安民族学院与三边师范等四家单位合并成立三边公学，标志着少数民族的系统教育开始制度化发展，在一定程度上为民族教育的初步研究提供了研究机构。《蒙藏月刊》《中华教育界》《回教青年》和"中国边疆学会""回族教育促进会""蒙藏教育研究会"等杂志的创办和学会的建立为民族教育研究者提供了交流研究成果的平台。

（二）维护国家稳定的民族语言文字和民族团结教育研究阶段

新中国成立初期，为了团结各民族和稳定国家发展，改善民族地区落后现状，1952～1958 年中央及地方民族事务机关组织科研队伍，开展大规模的少数民族社会历史调查、民族语言文字和民族识别工作，编写了《中国少数民族》《中国少数民族简史丛书》《中国少数民族语言简志丛书》《中国少数民族自治地方概况丛书》《中国少数民族社会历史调查资料丛

---

① 丁虎生：《论民族教育概念的形成及其范畴》，《贵州民族研究》1991 年第 4 期，第 91～97 页。

书》五套丛书。此阶段民族教育研究范式逐渐呈现实践转向，更加重视经验性质的民族教育研究，其目的是解决民族地区所出现的实际问题。从研究机构和队伍来看，中央政府设立民族教育司，成立7所民族院校，培养科研人才，为民族教育研究的推动奠定基础。研究主题聚焦于民族语文和民族团结教育，双语教育研究也开始萌芽。学者们编译并出版大量的少数民族文字教材，"民加汉"双语教学模式初露头角，为日后双语教育的实施和发展奠定基础，同时也出版一些民族语文教材、读物等。[①]《西南少数民族的文教工作》指出，在各地政府的大力协助下，云南、贵州等地区培养了少数民族师资力量，并准备在成都、贵阳、昆明三市分别成立民族学院。[②] 由于新中国刚成立，为了保证国家稳定和各民族和谐生活，学者们主要对毛泽东同志的民族团结思想进行研究，尤其强调汉族要主动和少数民族搞好团结。如方与严提出新中国成立后少数民族人民生活有了初步的改善，并且逐步化民族隔阂为民族团结，因而少数民族地区出现了新的面貌。[③] 这一时期民族教育研究虽然有初步发展，但从数量上来看，理论和实践研究成果仍然相对较少。

（三）关注民族师资培养和民族语言文字建设的民族教育研究阶段

1958~1977年属于我国历史发展中的特殊时期，受到"左"倾错误和"以阶级斗争为纲"思想的影响，民族教育研究在艰难中前进。此阶段研究特征，就理论基础而言，主要在马列主义民族观下开展；从研究范式来看，以关注民族教育现状的经验性研究为主；研究主题加强了对民族师资培养、民族语文和文字教材、民族学校开办等方面的研究。

1961年，党和国家批转《全国人大民族委员会和中央民族事务委员会关于民族工作会议的报告》，纠正民族教育方面的"左"倾错误，民族教育研究继续向前发展。研究成果表现在以下几个方面。一是对民族师资培养培训的研究，林砺儒在《新中国民族教育十五年》中指出既要培养民族

---

① 汤源：《发展中的少数民族教育》，《人民教育》1954年第3期，第40~42页。
② 宗华：《西南少数民族的文教工作》，《人民教育》1951年第3期，第38页。
③ 方与严：《民族教育繁荣的新气象》，《人民教育》1957年第10期，第18~20页。

干部，也要积极培养少数民族师资。① 二是对民族语文教育和文字教材的研究，殷德厚的《党的民族语文政策与语言的溶合》强调民族语文的重要作用及其与语言融合的紧密联系，指出"党的民族语文政策与语言溶合是有紧密联系的，这两个部分之间的关系是一种辩证的关系"。② 各民族中小学和师范学校在翻译或采用全国通用教科书的基础上，自编本民族语言教材和民族学校汉语教材及民族补充教材。三是少数民族学校办学情况的研究也逐渐增多，马守清的《跃进中的兰州回民中学》③ 和泰振武的《谈谈龙胜各族自治县的民族教育》④ 都对民族教育改善情况进行了分析，提出民族教师、学生数量逐步增多改变了民族教育落后的面貌。1966～1976 年处于"文化大革命"时期，"以阶级斗争为纲"的思想严重干扰了我国民族教育研究的开展，表现为各级民族教育行政机构和部门被撤销或合并，民族教育研究的重要性被忽视，民族教育研究陷入停滞状态。

（四）聚焦学科建设和理论建构的民族教育研究阶段

1978 年党的十一届三中全会做出改革开放的重大决策，国内外在政治、经济、文化、教育方面的交流日益增多，民族教育学者的视野得以拓宽，教育人类学和双语教育理论逐渐被引入国内，成为我国民族教育研究的重要资源。同时，学术研究机构、学术期刊、学术团体的不断创办与发展，民族教育学学科初步建立，使得具有中国特色的民族教育研究体系初步形成。民族团结教育、民族地区普及义务教育等民族教育实践问题成为热点研究主题。此阶段民族教育研究趋于专业化和实践化，民族教育理论与实践研究进一步扩展与深化。

第一，民族教育研究的学术机构、学术期刊和学科体系的创办与发展。民族教育研究得以快速发展，既源于党和国家重大民族教育政策《关

---

① 林砺儒：《新中国民族教育十五年》，《中国民族》1964 年第 10 期，第 5~8 页。
② 殷德厚：《党的民族语文政策与语言的溶合》，《内蒙古大学学报》（社会科学）1962 年第 1 期，第 69~86 页。
③ 马守清：《跃进中的兰州回民中学》，《中国穆斯林》1958 年第 11 期，第 27 页。
④ 泰振武：《谈谈龙胜各族自治县的民族教育》，《中国民族》1962 年第 8 期，第 12~13 页。

于加强民族教育工作的意见》的出台，也与我国民族教育学科建设取得重大进展密切相关。1983 年中国少数民族教育研究会正式成立；1989 年中央民族学院成立民族教育研究所，中南民族学院和西北师范大学也相继成立了民族教育研究所；1990 年，中央和地方的民族教育研究机构均已形成，民族教育学术团队开始专业化。1986 年由国家教育委员会民族教育司主办的《民族教育》（后改名为《中国民族教育》）问世，1989 年《民族教育研究》学术期刊创刊。上述成立的机构、团体和创办的期刊为民族教育学学科的建立奠定了扎实基础。20 世纪 80 年代，叶志贞和崔斌子提出了创建民族教育学学科的建议。20 世纪 90 年代，孙若穷在《中国少数民族教育学概论》中确立"民族教育学"研究的对象、任务、特点、范围和方法，对民族教育的特殊性从理论上进行深入探讨。[①] 该著作被公认为民族教育学成为独立学科的标志。哈经雄和滕星进一步阐述了民族教育学学科体系的构成，我国民族教育学逐步建立和完善。[②]

第二，国外民族教育理论的引进和理论建构。国外民族教育理论的引进包含三个主题，一是教育人类学理论的引进和介绍。1986 年，冯增俊发表的《教育人类学刍议》代表着教育人类学概念在我国初露头角。随后，庄孔韶、李复新等人积极翻译和介绍西方教育人类学学科相关理论与思想，为教育人类学学科发展和理论研究奠定了基础。[③] 尤其是庄孔韶的《教育人类学》提出了包括民族志在内的 13 种教育人类学研究方法，并重点介绍了民族志方法，研究过程以"参与观察、深度访谈、聊天提问"的方式呈现，研究结果通过对资料分析、解读和阐释，以文章和书籍的方式呈现，并运用这些方法对中国教育的现实进行初步探讨。[④] 20 世纪 90 年代以后，受到国际学术交流和国内社会科学研究的影响，教育人类学得到越

---

① 孙若穷主编《中国少数民族教育学概论》，中国劳动出版社，1990，第 3~5 页。

② 哈经雄、滕星：《民族教育学学科体系构成及现状》，《民族教育研究》1996 年第 4 期，第 12~18 页；哈经雄、滕星主编《民族教育学通论》，教育科学出版社，2001，第 8、15~24 页。

③ 祁进玉：《教育人类学研究：中国经验 30 年》，《民族教育研究》2009 年第 5 期，第 11~17 页。

④ 庄孔韶：《教育人类学》，黑龙江教育出版社，1989，第 114 页。

来越多学者的关注和重视，李复新的《西方教育人类学研究的历史透视》①、高宝立的《教育人类学》②、李复新和瞿葆奎的《教育人类学：理论与问题》③ 在对西方教育人类学理论研究进行介绍、比较与评析的基础上，以原理性研究为中心，重视对教育人类学理论的阐释。西方教育人类学思想和方法的引进，引发了中国本土教育人类学的创生。二是多元文化理论的引进。基于"我国是一个多民族、多文化国家"的事实，20 世纪90 年代我国开始引进以美国华盛顿大学詹姆斯·A. 班克斯为代表的多元文化理论。王鉴对多元文化教育的背景、发展历程、理论范型和实践模式进行了介绍和研究④，构建了"多元文化教育论纲"⑤。滕星、苏红在总结多元文化教育理论的基础上提出了"多元一体化教育理论"，结合中国是一个多民族国家的现实，强调各个民族相互交流文化，形成多元一体格局。⑥ 此阶段多元文化教育研究以理论介绍和阐释为主。三是国外双语教育理论的引进和本土理论建构。M. F. 麦凯和 M. 西格思合著的《双语教育概论》界定了双语教育的概念，讨论了双语教育所涉及的心理和教育问题，并就双语教育系统的建立和管理提出若干原则和建议⑦，拓宽了我国学者研究视野。我国学者也对双语教育的概念、特点和类型开展理论研究，尤其是戴庆厦的《中国少数民族双语教育概论》从我国民族类型划分和语言文字基本情况着手，确定了我国少数民族双语教育的双文化、学科

---

① 李复新：《西方教育人类学研究的历史透视》，《华东师范大学学报》（教育科学版）1990 年第 4 期，第 71~84 页。

② 高宝立：《教育人类学》，《中国电大教育》1991 年第 5 期，第 2~49 页。

③ 李复新、瞿葆奎：《教育人类学：理论与问题》，《教育研究》2003 年第 10 期，第 3~13 页。

④ 王鉴：《当代西方国家对多元文化教育的几种认识》，《外国教育研究》1994 年第 2 期，第 6~9 页。

⑤ 王鉴：《多元文化教育论纲》，《西北师大学报》（社会科学版）1998 年第 3 期，第 75~81 页。

⑥ 滕星、苏红：《多元文化社会与多元一体化教育》，《民族教育研究》1997 年第 1 期，第 18~31 页。

⑦ M. F. 麦凯、M. 西格思：《双语教育概论》，严正、柳秀峰译，光明日报出版社，1989，第 5 页。

综合性、交叉性、民族性、区域性和政策性特点①，并且详细介绍、总结和分析了我国少数民族双语教育的历史和现状，对双语教育体系、双语教材、师资、双语教育教学法以及实验评介进行分析。

第三，民族教育实践问题受到学者们的关注。一是爱国主义导向的民族团结教育研究。1982 年党的十二大报告提出"民族团结、民族平等和各民族的共同繁荣"是关系到国家命运的重大问题②，随着改革开放的深化，民族团结教育研究逐渐增多。乌尔希叶夫指出在爱国主义教育的社会大氛围里要形成加强民族团结教育的社会氛围。③ 少数民族地区高校要把深入持久地开展民族团结教育、维护稳定大局作为爱国主义教育的重要内容。④二是民族地区普及义务教育问题的研究。1990 年国家设立了"民族教育专项补助经费"和"国家贫困地区义务教育助学金"，旨在改善民族地区办学情况和教育情况。在此背景下，学者们展开对民族地区普及义务教育的调查研究。王嘉毅等学者以甘肃省积石山保安族东乡族撒拉族自治县藏乡甘藏沟小学为实验对象，认为提高基础教育教学质量是加快少数民族贫困地区普及义务教育步伐的有效途径。⑤ 总的来说，此阶段民族地区学校教育研究的主题较为单一，未能深层次地研究和探讨民族地区学校教育的发展状况。

### （五）致力于本土化的民族教育研究阶段

21 世纪以来，本土化研究成为我国民族教育研究的主流。此阶段我国民族教育理论研究和实践研究不仅趋于规范化、多元化，而且更加注重本

---

① 娜迪拉·阿不拉江、王珏：《改革开放 40 年来我国民族团结教育研究回顾与反思》，《现代教育论丛》2020 年第 1 期，第 10～19 页。

② 乌尔希叶夫：《加强爱国主义教育促进民族团结》，《内蒙古社会科学》（文史哲版）1995 年第 2 期，第 34～36 页。

③ 党办文：《少数民族地区高校必须把民族团结教育列为爱国主义教育的重要内容》，《乌鲁木齐成人教育学院学报》1995 年第 3 期，第 23～25 页。

④ 王嘉毅、吕国光、白芸：《加快少数民族贫困地区普及义务教育步伐的研究与实验》，《西北师大学报》（社会科学版）2001 年第 3 期，第 69～74 页。

⑤ 冯增俊主编《教育人类学教程》，人民教育出版社，2005，第 1 页。

土化，问题意识更加凸显，注重挖掘民族教育的深层源头，逐渐转向文化变迁、文化传承的研究。另外，此阶段研究方法发生转变，田野研究和民族志受到学者们的青睐。

一是朝向"本土化"的教育人类学研究。21世纪以来，滕星教授主编的《教育人类学研究》（2001～2002）丛书第一辑和《教育人类学研究》（2008～2009）丛书第二辑，推动了中国教育人类学学科的发展。冯增俊教授主编的《教育人类学教程》是我国第一本被教育部列入国家规划的高校教育人类学教材。① 陈学金的《中国教育人类学简史》对中国教育人类学的研究主题、代表人物及其思想进行了比较详细的梳理，且对不同时期教育人类学的发展特点、学科发展的内在逻辑以及与社会文化之间的关系进行分析。② 这些著作标志着中国教育人类学学科基本形成。此阶段研究特征表现为开创民族教育本土化研究领域，学者们将田野工作看作人类学的看家本领、学科标志和最有特色的研究方法③，教育民族志成为重要的研究方法之一。巴战龙以民族志为研究方法，对甘肃省肃南裕固族自治县明花社区百年现代性历程中的地方知识和学校教育及其关系进行了探究。④ 袁同凯从宏观民族志角度出发，将学校放在更广阔的社会文化背景下分析土瑶儿童学业成就及其原因⑤，从地方政治权力、传统习俗等社会文化因素与学校教育关系的角度出发，研究少数民族学生成绩。⑥ 另外，西北师范大学西北少数民族教育发展研究中心编写了《多元文化与西北民族教育

① 冯增俊：《教育人类学教程》，人民教育出版社，2005。
② 陈学金：《中国教育人类学简史》，人民教育出版社，2018，第65～249页。
③ 巴战龙、滕星：《人类学·田野工作·教育研究——一个教育人类学家的关怀、经验和信念》，《中南民族大学学报》（人文社会科学版）2004年第2期，第5～12页。
④ 巴战龙主编《学校教育·地方知识·现代性——一项家乡人类学研究》，民族出版社，2010，第307页。
⑤ 袁同凯：《走进竹篱教室：土瑶学校教育的民族志研究》，天津人民出版社，2004，第344页。
⑥ 袁同凯：《土瑶学校教育的过去与现状：民族志的视角》，《广西民族学院学报》（哲学社会科学版）2004年第3期，第61～67页；袁同凯：《地方政治权力与少数民族学校教育——以广西土瑶为例》，《广西民族研究》2004年第4期，第30～34页；袁同凯：《传统文化习俗与学校教育——教育人类学的视角》，《西北民族研究》2009年第1期，第183～191页。

研究》丛书，多元文化教育理论在我国开始呈现本土化发展趋势。

　　二是强调中华民族共同体意识的民族团结教育研究。2008 年教育部办公厅和国家民族事务委员会办公厅印发《学校民族团结教育指导纲要（试行）》，大中小学民族团结教育成为研究热点。如常永才认为文化认同的涵化是探讨民族团结教育的一个视角，民族互动与团结主要是基于和谐的涵化。① 王姗萍、李资源指出，中国少数民族优秀传统文化在加强民族团结教育中具有重要的价值。② 2017 年党的十九大胜利召开，习近平总书记发出 "深化民族团结进步教育，铸牢中华民族共同体意识" 的倡议，标志着民族团结教育研究进入新阶段。青觉、吴鹏基于中华民族共同体意识视域探讨了中小学民族团结进步教育的使命、困境与超越。③ 万明钢基于 "铸牢中华民族共同体意识"，系统分析和讨论了中华民族多元一体格局理论、学校民族团结进步教育的路径、加快普及国家通用语言文字对学校民族团结进步教育的意义、面向全体学生的学校民族团结进步教育体系建构等重大问题。④ 总的来说，21 世纪以来，我国民族团结教育研究视角从宏观走向中观、微观，针对性和指向性增强，但大部分研究仍以调查研究和事实描述为主，理论研究的广度和深度不够。

　　三是民族文化变迁与优秀文化传承的研究。伴随文化解释之风的兴起，民族文化研究成为民族教育研究的重要趋势，研究主题包括文化变迁和优秀民族文化传承，研究方法为田野调查的实践探索模式，理论阐释的研究相对较少。关于文化变迁研究，巴战龙深入剖析了甘肃明花裕固族社区文化变迁与社会发展的关系。⑤ 张霜对贵州石门坎苗族的文化适应与教

---

①　常永才、John W. Berry：《从文化认同与涵化视角看民族团结教育研究的深化——基于文化互动心理研究的初步分析》，《民族教育研究》2010 年第 6 期，第 18～22 页。

②　王姗萍、李资源：《论中国少数民族优秀传统文化在民族团结教育中的当代价值》，《贵州民族研究》2012 年第 6 期，第 164～167 页。

③　青觉、吴鹏：《使命、困境与超越：中小学民族团结进步教育研究——基于中华民族共同体意识视域的理论分析》，《黑龙江民族丛刊》2019 年第 5 期，第 1～7 页。

④　万明钢：《铸牢中华民族共同体意识与新时代学校民族团结进步教育的使命》，《西北师大学报》（社会科学版）2020 年第 5 期，第 5～12 页。

⑤　巴战龙主编《学校教育·地方知识·现代性——一项家乡人类学研究》，民族出版社，2010，第 307 页。

育选择进行考察，描绘出石门坎社区百年苗族教育的发展历程。① 关于民族优秀文化传承，学者们更加关注民族优秀文化传承的路径，如吴晓蓉等的《贵州省民族文化进校园的教育人类学考察》指出应该将学校教育作为各民族优秀文化传承的载体。② 孙杰远等认为民族文化传承应该重视家庭教育和社区教育。③ 孙峰等探讨了民族地区学校教育与文化传承的系统耦合机制。④

四是民族教育重点问题和焦点问题的研究。第一，民族地区双语教育的研究。21 世纪双语教育研究以维护各民族长远发展为基本目标，此阶段双语教育模式和师资培养研究占比较大。学者们将双语教育模式划分为强势和弱势两种类型，王洪玉认为强势双语教育模式可根据教学及课程设置的不同分为民族语文主导型、汉语主导型、民汉语文兼用型。⑤ 滕星将弱势双语教育模式按照民、汉两种语言的比重变化分成宝塔式、两段式、三段式三种类型。⑥ 随着双语教育工作的推进，王鉴认为民族地区的双语教育应逐渐加强国家通用语言文字的教学与使用。⑦ 苏德等系统探讨了新时代背景下的少数民族双语教育机遇、挑战和策略。⑧ 第二，民族地区教育均衡和教育公平的研究。党的十七大明确了"教育公平是社会公平的重要基础"，民族地区义务教育均衡发展和教育公平问题得到重视。王嘉毅等

---

① 张霜：《民族学校教育中的文化适应研究：贵州石门坎苗族百年学校教育人类学个案考察》，中央民族大学，2008，第 184 页。

② 吴晓蓉、张诗亚：《贵州省民族文化进校园的教育人类学考察》，《民族教育研究》2011 年第 3 期，第 10~14 页。

③ 孙杰远、刘远杰：《融合与认同：少数民族文化传承及其路径》，《中国民族教育》2012 年第 1 期，第 7~9 页。

④ 孙峰、周桂、柏大鹏：《民族地区学校教育与文化传承的系统耦合机制探究》，《民族教育研究》2020 年第 3 期，第 112~119 页。

⑤ 王洪玉：《少数民族双语教育发展模式及其特征》，《甘肃高师学报》2006 年第 4 期，第 91~93 页。

⑥ 滕星主编《教育人类学通论》，商务印书馆，2017，第 344~345 页。

⑦ 王鉴：《中国双语教育模式的发展与建构》，《中国民族教育》2015 年第 10 期，第 15~17 页。

⑧ 苏德、张良、江涛：《新时代背景下的少数民族双语教育：机遇·挑战·策略》，《民族教育研究》2019 年第 4 期，第 69~74 页。

在《西北师大学报》（社会科学版）2009 年第 1 期主持的"教育公平与少数民族教育发展"专栏刊载了《加快少数民族教育发展，切实促进教育公平》等系列论文，从不同角度探讨了少数民族教育公平问题。[①] 第三，内地班办学问题的研究。21 世纪以来，党和国家颁布的相关政策为内地班办学提供了良好的环境，内地班办学成为研究热点，主要关注内高班学生的文化和学习适应问题。袁同凯等对内地新疆高中班学生文化适应进行了研究，指出学生文化适应障碍归因可从族群文化互动不良和就读寄宿高中不适两方面开展，应从学校、自我和政策制定者三个主体层面调整学生文化适应。[②] 第四，民族理科教育问题的研究。郑新蓉等从语言—教学模式、课程标准、教师招聘与配置以及与语言和文化适宜的教育资源等方面探讨了民族理科教育的困境，建议开设"语言与文化适宜的教学法"等课程，提高民族地区教师的教学和语言转化能力，加强基于教育与心理的实证研究及理科教学实践探索，从而提高民族理科教育质量。[③] 总的来说，此阶段民族地区学校教育研究关注焦点问题，关注现实问题及其解决策略，体现出研究的问题导向和时代价值。

## 三　近百年中国民族教育研究的特征与前瞻

我国民族教育研究主要兴起于党和国家的发展需要以及对民族教育学理问题的探讨，研究成果丰硕。从纵向发展来看，民族教育研究始终跟随着党和国家政策发展，符合时代需求。从横向互动来看，学者们在引进国外理论的同时，反思能力也逐渐增强，不断构建有中国特色的民族教育研究学科体系、学术体系和话语体系。但随着当代中国社会转型加快，民族教育研究也出现了新变化，需要对以往研究进行整体性反思，并在此基础

---

① 王嘉毅：《教育公平与少数民族教育发展》，《西北师大学报》（社会科学版）2009 年第 1 期，第 71 页。

② 袁同凯、朱筱煦：《内地新疆高中班学生的文化适应问题辨析》，《中南民族大学学报》（人文社会科学版）2016 年第 3 期，第 51~56 页。

③ 郑新蓉、王学男：《少数民族理科学习困境的因素分析》，《教育学报》2015 年第 1 期，第 63~70 页。

上，展望民族教育研究的未来发展。

（一）我国民族教育研究的发展特征

随着党和国家政策的变化、国内和国际形势的发展，我国民族教育研究逐渐呈现出成熟和完善的趋势。具体来说，近百年来我国民族教育研究呈现出以下特征。

从价值立场来看，基于中国共产党对我国社会发展变化的准确判断和提出的符合时代发展需要的民族政策和指导方针，我国民族教育研究从探讨每个民族教育的现状、问题发展到在"中华民族多元一体"和"铸牢中华民族共同体意识"理论框架与实践格局下开展研究。

从研究范式上看，从理论阐释走向深描解释，借鉴多学科的理论和方法进行研究，呈现出明显的本土化、多元化趋势。20 世纪 80 年代改革开放后，学者们在学习借鉴国外的民族教育研究理论与经验的基础上，立足中国国情与民族教育实践，构建中国民族教育理论，努力实现民族教育研究的学科化，近年来开始在中华民族多元一体理论框架下探讨民族教育。

从研究主题来看，呈现出从理论探索转向理论和实践并进的特征。一方面，民族教育研究者根据马克思主义和民族教育问题的基本原理，结合我国实际发展情况，在长期实践中不断总结和探索具有中国特色的民族教育研究理论；另一方面，我国学者由最初倾向于民族教育的"问题"和"对策"研究，转向"文化变迁""优秀民族文化传承"的文化性问题研究，双语教育、民族团结教育、民族地区学校教育是近百年来民族教育研究的三大重点。1978 年以来，我国民族教育研究主题具有一定的延续性，同时，越来越关注民族教育的重难点问题，展现出民族教育研究的现实性和时代性。

从研究方法来看，民族教育研究经历了从书斋向田野研究的转变，主要采用人类学研究方法，深入田野对民族教育现象和问题进行深描，田野调查和民族志已经成为民族教育研究的标志性方法，具体表现为两个方面的特点：一是跨学科趋势，研究者结合和运用民族学、人类学、心理学等相关学科的研究方法进行研究；二是多元化特点，混合研究方法作为一种重要的研究范式被提出来，民族教育研究开始积极探索多元方法混合应用的新模式。

（二）民族教育研究的未来展望

面向未来，民族教育研究应思考如何更适合中国话语模式。具体来说，在学科建设方面，要凸显本土化、体系化意识，积极探索具有中国特色的民族教育理论体系。在研究主题方面，要聚焦重点、难点问题，维护中华民族多元一体格局；以铸牢中华民族共同体意识为主线，促进各民族之间的交往交流交融。在学术视野上，要与时代命题紧密相连，深入思考如何使民族教育研究能够适应全球化和社会转型带来的压力和挑战。

**1. 增强本土化、体系化意识，探索具有中国特色的民族教育理论体系**

党的十九大报告提出习近平新时代中国特色社会主义思想，增强本土化、体系化意识以构建中国特色民族教育理论体系，成为新时代民族教育研究的当务之急。本文从基本精神、研究范式和方法等层面尝试讨论中国特色民族教育理论体系的构建策略。第一，中国特色民族教育研究必须在坚持党的政治领导、思想领导和组织领导，坚持中国特色社会主义道路，坚持国家统一，坚持中华民族多元一体、各民族平等和团结的原则下进行理论构建，逐渐将其贯彻到民族教育研究的各个方面。民族教育研究的理论构建应当反映各民族美美与共、共同创造未来的实践逻辑。第二，针对以往研究成果分散、碎片化的问题，未来应将民族教育重大理论与实践问题的专题研究作为研究重点，形成民族教育研究理论和实践的系统性、体系性成果。具体来说，民族教育理论研究成果要高屋建瓴，整体把握民族教育研究的发展方向，积极运用田野调查、民族志等研究方法，深入探究我国民族教育中出现的现实性、本土性问题，构建中国特色的民族教育理论体系，从而为民族教育研究贡献中国经验、中国理论、中国智慧。

**2. 聚焦重点难点问题，积极维护中华民族多元一体格局**

当前，推广国家通用语言文字、维护各民族团结是民族教育研究的重点、难点问题，是维护中华民族多元一体格局的基础。国家通用语言文字对于各民族成员参与社会生活是必要的，也是新时代各民族谋求发展的主要趋势。首先，民族教育研究者应该树立语言文字是国家统一、和谐、发展的文化基础的意识，从中华民族多元一体格局出发，在研究过程中应尊重差异，全面推进国家通用语言文字和少数民族语言文字的教育及使用，增进国家通用语言文字认同与少数民族语言文字认同的有机统一，在政策制定和具体的研究过程中，在充分保证各民族学生学习本民族语言文字的前提下，继续加强国家通用语言文字的推广和使用，在铸牢中华民族共同体意识过程中加强语言认同教育。其次，使用国家通用语言文字不仅是学习语言文字的过程，也是传承中华优秀传统文化的过程，更与民族团结教育和中华民族共同体认同有紧密的联系。因此，在民族地区推广国家通用语言文字的研究应该注重展现民族团结的意义，维护中华民族多元一体格局。最后，推广国家通用语言文字涉及课程、教学、师资、环境等多方面的问题，因此要积极对国家通用语言文字的课程、教学、师资、环境开展研究，让国家通用语言文字教育落到实处，让各民族有置身中华民族大家庭的感受，增强中华民族凝聚力。

### 3. 以铸牢中华民族共同体意识为主线，加强各民族交往交流交融的研究

以往的民族教育研究多以某一民族成员身份为研究对象，相对忽略了每个民族同胞也兼具"中华民族"身份的存在。因此，民族教育研究者理应通过加强每个民族同胞中华民族身份的建构研究，使得各民族同胞形成中华民族共同体意识，以此更好地促进民族教育向更全面、更深入的方向发展。民族地区学生不仅具有本民族的文化背景和特征，还具有符合中华民族多元一体特征的文化身份，这种双重身份是在各民族长期交往交流交融的基础上形成的。民族团结一直是我国民族工作的主旋律，也是近百年来不同阶段研究的主要内容，民族间的交往交流交融必然会促进民族团结，因此在民族教育研究领域中理应得到观照。具体到学校，以实现各民族师生之间的互动来生成中华民族共同体意识的交往空间，各民族学校可以在教育层次和办学形式上为各民族师生搭建丰富多样的交流平台，构建多元互动的民族教育场域，为各民族师生铸牢中华民族共同体意识创设互动空间，在互动中各民族文化得到交流和发展，成为民族关系良好的黏合剂，正是这样的纽带使得各民族同胞得到了情感上的归属。因此，为铸牢

中华民族共同体意识，可以从共同的语言文字、交往空间、主体意识、民族情感等方面出发，开展民族间交往交流交融的研究。

**4. 兼容并蓄，加强全球化时代的跨文化研究和多元文化研究**

面对全球化、社会转型以及人工智能的时代挑战，民族教育研究应保持清醒和理性，在"本土"文化和"异域"文化的关系中理性开展民族教育研究。只有当不同民族及其文化彼此对应存在、美美与共时，民族教育活动才能得以实质性地开展，多元文化教育与民族文化传承也才能得以落实。跨文化研究是一个通过感知、评价不同文化系统，以达到理解、交流、适应促进本民族发展的过程。基于此，民族教育研究者应该加强民族教育的跨文化研究。首先，民族教育研究者应该理解跨文化研究的理念就是反对文化霸权，倡导文化自觉和文化认同。研究过程中，在对本民族文化领域拓展和创新的同时，也要吸收和借鉴其他文化的优秀成果，在扩展本民族文化领域的同时，与所有文化进行平等交流。其次，民族教育作为一个跨学科和跨文化的领域，要求民族教育研究者秉持开放和包容的心态。全球化时代文化呈现出多元化的趋势，文化交流和文化传播日益扩大，参与不同的民族文化、接受文化多样性成为全球化时代发展的趋势之一。民族教育研究要在理解本民族文化独特性的基础上，积极接受多元的文化样态、了解丰富的文化模式、开阔文化视野、内化文化精神，在新的时代背景下重新审视民族教育。同时，民族教育研究者对于技术变革所带来的影响应加以重视，在"技术—人—文化—民族—国家"视野中审视民族教育研究。

# 构建一体多元的中华民族共同体意识

赵旭东<sup>*</sup>

在今天，面对 21 世纪以来日益明显的世界性的文化转型，我们似乎更应该有必要从一种文明史以及文明比较的意义上去重新理解中华民族共同体意识的构建这个重大问题的现实意义和理想价值。这里实际上涉及了作为人类学最为基本的问题一和多或一体和多元之间的辩证关系，即文明乃至文化的一体性与多样性存在的关系，由此而了解到这背后，在人生活的不同层面的不同表达以及共同性意识构造的机理究竟为何。由这一认识为出发点，当下"铸牢中华民族共同体意识"中共同性意识追求的"铸牢"才会变成一种真正的有的放矢，并会因此而有所作为，即为此可以找出一个切实可行的抓手，对现实存在予以清晰地把握，并使得一种"合而分之"的现实存在与"分而合之"的理想观念之间有一个相互容纳与构造的宽阔空间，不至于因为相互的抗衡、挤压以及对抗而失去社会文化发展的统合性活动力。如此去看，真正能够构建起多元一体抑或一体多元的所谓一体两面或一体多面的真正有伸缩度以及有正反两方面去看问题的辩证性的民族关系才有可能，或者由此去理解中华民族共同体意识的发生、背景和机理之所在，才会使民族精神的提升变得可能、可以与切实可行。

* 赵旭东，中国人民大学社会与人口学院教授、人类学研究所所长。

# 一　共同性意识获得的基础

在全方位地思考中华民族共同体意识这个问题之前，我们应该先去面对所谓人类的或人群的共同性意识产生的基础这一关键性的问题。或者说，我们显然是真正有必要去深入探究这些问题的真实存在，即我们人类作为社会性或群体性的存在，其形成了彼此间有着共同体意识的心理、社会以及文化的那个基础性的构成究竟是怎样的；而在差异分殊的个体与群体之间形成了"心往一处想，劲往一处使"的合力的基础又是怎样的，或者彼此间的共识究竟是如何发生的；同时还应当了解到在其背后的自我生成与转化的逻辑过程根本又会是怎样的，它会基于怎样的文化模式而有自我的构造与提升。

很显然，若是丝毫没有此一先期性的问题探究，以此来作为更大范围的中华民族共同体意识乃至人类命运共同体问题探求的铺垫，那作为在思想观念上以及民众生活之中具有引领性意义的"铸牢中华民族共同体意识"中的所谓"铸牢"两个字便不可能是有一种真正的根基可以去依靠的，这就宛若一幢宏大的建筑物，如果建筑师对它的基础性结构与构造，包括地基或地层学的地质构成不先有清晰的了解或掌握，那么在未来将如何构筑这一基础之上的那些绚烂多姿、富丽堂皇的建筑物，当然也便无法真正确定或规划，甚至还可以悲观地说，如果是那样盲目地去想、去做，在很大程度上会有踏雪过冰河的冒险性存在，甚至可能会使得宏伟的建筑物有一种如"泰坦尼克号"悲剧一般的坍塌或不可牢固构建的风险性以及危险性的真实存在和可能。

当然，对于我们所关心的这个核心问题，若要论及共同体意识的铸牢或铸造，它必然是要以人的一种共同性意识的存在之可能为前提和依据，并需要在此基础上不断予以自我构筑和完善，才可能真正得以发展和壮大。换言之，也只有真正能够细致而有条理地去弄清楚人的共同性意识的产生与构造的根本机理之后，才算最终弄清楚，对于一个宏大理论意义上，并且是最新应对于全球新秩序的发生以及本土资源的新动员机制而发展出来的中华民族共同体意识这一点而言①，其所能得以构建的真实可能性以及全部的合法性基础及来源究竟又会是怎样的？或者说它作为多民族之上超越性存在的那种民族共同体意识的生产，其究竟又会是存在于哪里？或者说可以在哪个方向上予以努力的追求和自我营造？

显而易见，如此清晰明确的问题意识，迫使我们别无他途，又一下子转回到了人本身这一曾经被很多研究者一直忽视的问题上来，也就是在今日中国乃至世界性的民族关系的思考之中，应该是要从一种曾经的民族之别的单一认识维度真正转向民族之合与团结的新维度思考上来，因此看到或者注意到人的共在及其诸多可能性的形式，而非单单是追求各自独立的，喜欢去划定某一个可以用来作为留守边界的民族存在，这毋庸置疑是有关人的社会与人群构成关系的基于差异性现实的统合观的新发展。它将人群之合的问题看成现实事物中真实可见的一面，而将其他所谓人群不合的问题，包括文明冲突的问题，同样也是放置在如何借助一种思想智慧而去造就由不合而合的理想价值的文化观。②

而但凡触及人的问题，它必然又是多维度、复杂性而非单一维度、简单化的发生。与此同时，人自身生活的复杂性和不确定性，也决定着人的存在样态的多维性及多样性。这一点显然也是为最为基础性的人类学知识所予以承认或认可的，并且还会成为人类学家要特别坚持的一项最为基本的人类学认知原则。这方面，如果专就人自身的发展与存在而言，我们便需要从下面这样具有核心意义的三个维度去探究并挖掘出构成人的共同性意识存在的原则或机理之所在。而这三个维度，无疑便是个人、社会与文化，这恐怕也是很多人类学家面对现实的问题予以应对解答时的最为基础性的概念界定。③

单就个体存在之人其本身的意识发展而言，它首先是一个个体心理学

---

① 安东尼·D. 史密斯：《全球化时代的民族与民族主义》，龚维斌、良警宇译，中央编译出版社，2002，第 77 页。

② 赵旭东、朱鸿辉：《费孝通多元一体文化观与人类命运共同体》，徐平《北仑经验与铸牢中华民族共同体意识的理论和实践》，中国大百科全书出版社，2021，第 234~249 页。

③ 赵旭东：《记住人类学：基于一种文化、个人与社会维度的新综合》，《广西民族大学学报》（哲学社会科学版）2021 年第 1 期，第 23~35 页。

的问题，这是基于个体心理发生的知、情、意诸心理量度的发展过程而有的必然结果。概括而言，它显然又是一个个体认同所可能发生的基础的心理学问题，也就是一个人该如何将自己在认同选择的过程中去等同于某一事物、某一人，乃至某一符号象征的那种自我同一性的心理选择过程。而就个体自身的发展而言，这一细微的过程，在个体意识之中究竟又是如何发生的，这恐怕才是最值得我们去予以认真关注的一个问题。因为对于这一问题的解答，实际上将会涉及共同体意识产生的最为基础性的动力来源，即落实到了个体行为的发生学上去。为此，我们自然可以花些精力去回溯一下心理学中的有关自我认同研究的那些概念和理论，而这方面的文献无疑又是浩如烟海，但很显然，这些文献又都不可避免地以美国精神分析派的人格心理学家埃里克森（Erik Homburger Erikson）的有关人在儿童期的那个阶段里的自我认同分析为根基，而他所真正关注的恰又是有关一个人认同产生的那个最为原初性根源的这一问题，并以此为所有个体认同发生问题分析的最为原初的出发点。埃里克森的此一理论，很显然是以安全感的获得为其全部问题讨论的基础的。①

很显然，在个体的层面上，依据埃里克森的理论，人是先有了在认同上的危机感和自我焦虑的出现，才会有如何去克服此种焦虑以获得安全感认同的诉求，并以一己之孤立无援将自己从内心中无意识地等同于某种外在的真实可获得的稳定性依赖的存在或归属。在这些外在存在或归属之中，包括人、事、物的发生均可容括在内，并以个体之存在的安全感或同一性，为自我认同获得机制的最根本所在。对于人类个体的存在而言，能够去获得自我认同或同一性的共同性意识基础发生的机理或过程，大略如此，而这显然属于心理学门槛之内的常识之见，并无特别的新异之处，但恰恰是从这样的旧有理论分析中可以看到，有关个体的共同性意识的发生如何能获得的这一道理，显然已经基本上隐含于这个对于个体性的自我认同的理解和过程之中了。换言之，若能理解个体层面的共同意识的获得，

---

① E. H. Erikson, *Childhood and Society: 2nd ed*, New York: W. W. Norton & Company, 1963, pp. 38-47.

这种自我认同诉求的过程分析显然是不能忽视或忽略的，它是全部问题存在的基础。

预备要去理解人的共同意识产生的第二个方面，便可谓社会这一维度了。此一维度，却正像社会学家经常会忘记了心理学一样，同样也是易于为心理学家所忽视、不在意，甚至是完全遗忘掉的。但要铭记于心的一点便是，人终究还是要生活在社会之中的，而一个人若脱离了某种社会关系的制约或羁绊，也便是无法真正可以有其个体独立或孤立存在的可能了。在此意义上，社会显然又并非像社会心理学家所想象的那样具有一种社会影响人或人影响社会的单一向度的存在，实际上它更应该是双向度的，换言之，既要清楚社会在一直影响着人，同时，反过来，人也在同样影响着社会。这种个人与社会之间交互性影响的二重性关系，从英国吉登斯的社会理论中得到了一种最为清晰的表达①，而这一点，对任何一位圈内的社会学家而言，自然也都应该属于是一种常识性的认识了，无须赘述。

但在社会这一方面，我们可以清楚地知道，社会若真的是要有一种良好秩序的出现，那是非要有一些最为基本的或基础的共同性来作为其秩序生成和运行保障的。它，言外之意的社会总体，显然是通过对于造就出秩序的那些规则的人人遵守而强制附加上来的社会共同性或传统社会所谓风俗习惯的遵守，由此，或基于此，一种社会的秩序，不论是传统的还是现代的，才真正能够得以构建，而一旦违反了此一规则，便可能会遭受到由社会所认可或承认的法律施予的制裁和惩罚。因此，任何的社会规则，它都必然是先入为主地存在着，是人一生下来便已然存在着并发挥其作用的各种社会制度和生活安排，它们体现在人的时空坐落之中。很明显，或者至少对今天的人而言是很明显的，那便是自有人类社会开始，这些规则性的制约或者束缚便是先于人降生到或进入这个社会之中而预先就已经存在

---

① A. Giddens, *Central Problems in Social Theory*: *Action*, *Structure and Contradiction in Social Analysis*, Berkeley and Los Angeles: University of California Press, 1979.

着的，正如法国思想家卢梭所慨叹的那样，人"无处不在枷锁之中"①，它们也必然会成为一个社会维持其存在的最具核心性的特征或关键性原则。所谓社会规则，其所存在的一个最为重要的作用或目的，恰又是在无形之中造就了某种共同性意识和行为。因此可以说，对个体而言的那些行为控制的法则，在产生或造就在规则遵守上的认同或者共同性意识之余，则必然是属于社会中的一个附带性的结果而出现的，它并不是最初的社会意愿之所在，或其追求的最为根本性的目标。换言之，社会结合的初衷不在于个体控制，不在于立法本身，更不在于堂而皇之的井然有序本身，而最为根本首要的是在于促进人群合作的共同性意识的产生及共同或公共目标的真正实现。

很显然，社会本身所真正要求的便是在规则遵守前提下形成秩序上的共同性意识的存在。尽管每个群体，其在各自角色上或次群体位置中所遵守的规则内容形式上会有所不同，但显然在能够或必须去遵守规则这一点上，大家则是彼此间可以相通的，或者说会有某种共同性或共通性意识的存在，这也便可以无形之中造就出为大家所持守的共同性意识。而社会在此意义上，恰恰正是基于对于规则所塑造甚至规训出来的共同性意识的追求这一点，去实现社会意义上的规则驱动下的秩序发生。

作为共同性意识构造第三个方面的所谓文化维度的共同性意识的制造，其机制也同样是显而易见的。在这一点上，文化尽管可以为个体和社会所拥有或共享，但它的存在便一定会是超越个体和社会之上的。一言以蔽之，文化从结构形态的意义上而言是超越性的上位存在，但它又不失其对于身处下位的社会与个人这另外两个维度有着一种粘连性的黏合作用的发挥。很明显，文化自身所具有的此种黏合剂的作用，使得这种人群中的共同性或共同体的目标或价值极易达成与实现。在这方面，文化的存在，

①　卢梭在《社会契约论》开篇就言：Man is born free; and everywhere he is in chains。可注意英语翻译中的时态表达，前一个是过去分词，表示完成时态，后一个是现在时态，表示当下，即所谓"人生而自由，但是无处不在枷锁之中"。引自 Jean Jacques Rousseau, *The Social Contract & Discourses*, Translated by G. D. H. Cole, Lodnon & Toronto: J. M. Dent & Sons Ltd, 1923, p. 5。

不论它是物质性的还是非物质性的形式，都必然天生地具有在人群之中的价值引导属性。而若反过来看，道理也是一样的，凡是可以或者能够去做真正的人群或大众社会之中的价值引导的，其本身就会有一种在人群价值上的共同性意识或认同与认可的存在，否则，所谓这种价值引导，也就成为不可能，或者滑落成为极度空洞的存在而无法真正落地生根。

而且，恰是因为具有超越性的文化价值的存在，它自身便能够具有一种黏合或粘连性的功能，使那些日益离散的、具足自我中心的个体或诸群体间真正能够实现彼此的共同性意识或价值认同，如此，文化的边界便不会只是划定在某一个拥有文化或浸润其中的个体性存在的范围之内，换言之，它便不会是纯粹的个体自由意义上的随心所欲，不会是目中无人的孤寂性自我存在，当然也不会是单纯以社会为边界意义的规则的强制性。在这一点上，文化必然是要出乎社会之上的，但同时又会与每个人的生活息息相关。因此，理解以及运用文化的社会整合之功的人们，他们也只可能是借用一种见诸个人内心之中的如心领神会一般的文化觉悟或文化自觉。而恰恰是因为此种文化觉悟或文化自觉的存在，才会真正在人们的意识之中有所谓思想上或者观念上的价值认同的发生和存在。

## 二　一体多元的文化模式

我们可以借助如上分析构想出一个以个人、社会与文化为三角形的模式结构，它们在构造出人的共同性意识上的各自属性如上文所述，但对于它们之间的关系，特别是由此而体现在人类学的最为基本的一和多之间的辩证存在的可能模式，还需要进一步说明。显然，在个人、社会与文化这一相对稳固且持久的三角形关系的结构中，它必然是以人为核心的文化表达（参见图 1）。因此，它也往往会体现出其在一体性或者统合性价值上发挥的引导作用。在共同性的获得上，一切以文化为枢纽的共同性意识的构建，它也便是易于真正实现的。所谓差异性或多元表达，也更多地存在于文化之间而不会是文化内部，而所谓群体内部的亚文化或次文化，也不过就是这种总体文化的某种属性的特殊性表达而已，所谓万变不离其宗，文化自身在此意义上而言是有着天然的一体性倾向存在的。

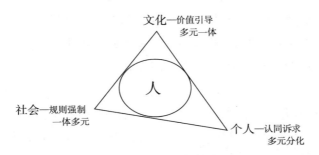

**图1　一体多元的中华民族共同体意识**

　　因此，完全可以去做如下的设想，整体性存在的而非分裂开存在的社会，它必然是要由文化予以相互粘连在一起的，而人也无一例外的恰又是生存在某种文化之中。显然，在种种文化的背后，似乎还存在着天然的对于彼此间共同性意识生产上的自我欲求，即有天然的倾向于去寻找共同性的要求，而正是因为有这种共同性追求的要求存在，才使得文化的一体性得以真正发展与表现出来，并也因此而容纳了个人与社会之中的多元存在于其中，这可谓最为典型的一体多元的一和多间的辩证形态的存在了。

　　在社会的维度上，它因为是根基于某种社会内部规则的强制性遵守与秩序的规则驱动，因此而更多地会体现出社会之中不同的人，因为担负着社会中不同的角色而要去遵守不同的要求他们各自需遵守的规则，借此而形成了差异性或者差序性的社会等级或社会区分，这很明显便是社会之中或社会内部的差异性存在或分化，而社会，就其完整性而言，则是在一体前提下的内在多元分化，即于一个整体社会之中的多元分化存在意义上的差异性群体表达，或简而言之的一体多元的一和多间的辩证存在。

　　因此，社会之中的共同性意识的存在，它必然是要受制于制度性存在的或由此所要求的共同性，但又内含着无可避开的或者说是自然倾向的内在的自我分化上的差异性。显然，若是能够相比于文化维度上的那种共同性的实现，社会层面的彼此间的共同性，或者一致性的获得，一般而言是难以真正实现和达成的，因为它根本上体现着基于社会中的成员各自分工协作基础上的各种分化，这根本上要求的是相互依赖性，就如一架运转良好的机器，各零部件的结构功能差异性不同也必然是先在的要求或条件。这就如我们的有机体，眼耳鼻舌身，各个部位都会是不同的，各个部位也都有其各自的结构和功能上的差异性存在，如此才能真正使身体各部分协调有序地运转起来，否则便不会有所谓真正意义上的身体本身作为一个整体的存在。

而与文化和社会这两个维度的共同性意识的获得相比较，所谓个人层面的那种彼此间共同性意识的实现，往往也是最难以达到和实现的，因为它是根基于所谓天然的独立性的个体差异性前提下的个体的自我认同上的诉求，这最为明显地表现为纯粹的个体差异性的多样存在，而它的自然属性便是多元分化。实际上，这很明显的便是基于类似于个人之口味上的众口难调的不同或差异之上的，而随之才会有体现于一切个体之间的那种类似于今天世界更多会去看重个人价值观表达的所谓"私人订制"一般纷繁复杂的别样差异的不同性的发生，而这又可谓纯粹的个体自我在多元分化趋势下的个体性存在的生存逻辑，但恰恰是因为纯粹的个体孤寂生存的不可能，或者所谓孤寂的生活从来都是一些有闲阶层人士的自我理想生活的存在而已，如此，若要去面对真实生活之中的那些个体化的存在，他们作为个体的人，必然是会有着基于多元分化的自然属性而去行为的。不能否认的一点便是，他们又同时会有人所特有的那种社会与文化的非自然的而是社会决定的归属感属性的存在，即个体的人会有趋向于或在理想之中渴求于一己之个体性之上的那种群体性地归属于某一项社会规则或某一种文化价值的认同取向。

因此可知，在个体生活层面上，超出某一个个体层面的那种共同性的获得，它必然是要仰赖于个体之外社会的存在，特别是在社会之上的那个富有一体统摄性的近乎灵魂或宗教意义的文化存在。言外之意，在所有的人的构成向度中，文化的唯一性、统合性才是化多元为一体，同时又能够容纳或容括多元存在问题的一个最为根本性的关键或枢纽之所在（参见表1）。而正是因为有一种文化维度上的觉悟和提升，才会是全部人的问题回归的核心所在，它能够真正使得共同体意义上的共同性意识变得易于获得和实现，也顺理成章使多元分化的存在相互融会而成为一体，在此向度之上，文化价值便是独一无二的了。正因如此，相比于社会与个人而言，文化总是处在人们心目中的上位，换言之是高高在上的，或者总是有着独特而优越的自我地位的存在，并为大众所认可，大众也因此而受到其引领或引导。

　　言外之意，在人群的世界中，文化的存在体现于居于上位的一种统合性的作用，在不同层级的共同性观念之促动与构成上，其所起到的富有凝聚力的核心与价值引导的作用也注定是无可辩驳的，人在这一点上，正像列维-斯特劳斯所坚称的，显然和纯粹自然属性的动物世界俨然两分的结构性别离开来。① 总体而言，若明白了此一点，对于文化效应在人群社会中的适时启动，便可以转而使得个人与社会层面的那些种种样式或形态的存在实现了分而合之、离而聚之、散而拢之的那种理想价值中的"在一起"的存在。正是基于上述这样的文化统领性意义上的独特功用的发生，我们也必须要真正注意到文化的统合性，并含有聚合力或凝聚力的社会作用的发挥以及在人的心灵之中所激发起来的那种无穷无尽且无可阻挡的力量。

**表 1　人存在的一多辩证与共同性意识的获得**

| 主题 | 维度 | 差异性 | 共同性 | 动力机制 | 一多辩证 | 共同性意识 |
|---|---|---|---|---|---|---|
| 人 | 文化 | 较弱 | 天然的共同性 | 价值引导 | 多元构造出一体 | 易于获得 |
| | 社会 | 较强 | 受制于制度性 | 规则强制 | 一体之下有多元 | 难于获得 |
| | 个人 | 极强 | 纯粹的差异性 | 认同诉求 | 多元分化趋一体 | 极难获得 |

---

① 法国的结构主义人类学家列维-斯特劳斯在其极具人类学色彩的《亲属制度的基本结构》一书中，开宗明义就是在讨论"自然与文化"（Nature and Culture）的问题，如下的一段话已经道出了其思想根本的全部："在由社会学的先驱者所发展出来的所有原则中，可能没有什么像自然与社会之间的区分那样让人心安理得地受到拒斥的了。实际上，涉及人类演化的任何一个阶段都不可能没有自相矛盾之处，在那里，不管怎么说，都不存在有任何形式的社会组织，尽管如此，活动的形式得到了发展，其成为文化的一个组成部分。但是可以认为，所假定的此种区分其解释力会更为有效。"转引自 Lévi-Strauss, Claude, *The Elementary Structures of Kinship*, Translated by James Harle Bell and John Richard von Sturmer, Edited by Rodney Needham, London: Eyre & Spottiswoode, 1969, p. 3。

而若真正要去追究文化的这种聚合力之根源，它如果能够真正地回到人本身，即回到由人所构成的某个具体的社会，回到其文化的真实表达之中，那么，这种力量的存在和壮大便会更为在乎个人、社会以及文化层级上的那些可以为人所共同享有的彼此所谓共同性价值认同的养成、涌现与维护。而一旦不论是个人、社会还是文化之中，若是没有了此种共同性认同的存在和保持，并以此作为秩序的保证，那么总体宏观而言的共同性价值的认同便真正难以实现。此种认同，其本身的存在也并非固定不变的，反而时时刻刻都是要去应对基础性存在的个人之自我认同以及社会维度的群体性认同的那种分离、分化的趋势，并基于此而会有随时随地予以新的整合重组，形成相互间的新的结合之力，这自然而然地体现了文化自身所具有的转型力量的存在。

显然，在这里最为清楚的一点便是，一种文化其全部的存在形式，包括风俗习惯之中留存并发挥作用的音乐、舞蹈以及文学、美术之类，它们之所以能够持久地存在下来最为重要的目的之一便是促进个人和社会层面之间的各自本有的分离、分化之势转向于相互的融通或融合，由此而达至相互联结在一起的奇特的社会聚合效应。通俗而言，生活在社会之中的人们，他们相互间能够毫无芥蒂之心，能够在一起唱歌跳舞、吟诗作画，其中一个最为重要的前提便是，大家因为有着共同性意识之中的认同或喜好而可以有着彼此间的共同性意识的共享，因此也就能相互融洽、不分彼此地聚拢在一起，形成社会现实场景中的所谓载歌载舞、其乐融融的欢快场景，它意味着社会团结之力的发生。

但若是没有了这一文化上的认同作为基础，结果也就必然会是朝向于自然属性或倾向的分化、分离，而最终成为纷乱、分散且各自为伍的局面，这种局面在一个真实的社会与真实的个人生活之中，是司空见惯自然发生的。显然，除了文化本身之外，并无任何可以去予以阻挡的力量，能够使此种倾向真正停止或停滞下来。但也正是因为有这种分化、分离的自然属性的趋势存在，真实存在或现实存在的社会，因为其有基于社会共同性规范的驱动，便可以成为在本无须规则可言的个人与基于规则而自我隐藏起来的文化之间的一个调解人或协调人的角色。这是因为，有前述的所谓社会规则驱动的存在，进而使得一种文化对于差异性分离和多元分化的统合一致予以社会性的制度化安排，以此而形成了个人、社会与文化之间在日常社会行为节奏上的相互对应，如此也便形成了诸如在时间上的社会性安排下的节日、假日以及大家如何可以在生活的节奏上相互协调融会在一起的节庆或者仪式表演的空间场景，同时，还会配之以可以在此时此刻激发出彼此间共同性意识存在的那些所谓手势、体态、眼神和声音，甚至还会有体育、音乐、舞蹈以及各种文学艺术形式的呈现，由此而使得基于刚性的社会制度性安排的那种带有人为武断性的痕迹，可以因此而转化成为文化意义上的模糊不清和可解释性的存在，甚至于这似乎是在让人感受到顺其自然的彼此出现的共同性认同或者共同体意识的社会性事件的发生。

由此，或借助于这些因人而创造出来的千差万别的文化的表达形式，而在人的文化、社会与个人这三者之间实现了无缝对接一般的一体性或共同性意识的维护，这也便因此而去除掉了个体之间、社会各个团体之间以及个体跟社会之间因刀劈斧凿的人造性而产生的那种极度不和谐以及非自然之感。显然，在此意义上，文化对人而言的一个最为重要的作用，便是要在倾向于分化自主的多样性的个人与社会所制造出来的那些花样繁多的缝隙或裂缝之中尽其所能予以弥合或者勾缝的作用或作为，从而不至于使得这些人造物过于粗鄙、裸露和突兀，也不至于因此而形成断裂开的沟壑，以致无法真正有所跨越或超越。在此意义上，文化显而易见是有连接个人与社会的桥梁作用，同时，所谓"文化之桥"的隐喻或象征也是不缺乏的[1]，在民间社会里的对于生死分离的弥合性文化观念的生产中，从来也都是不可或缺的，比如民间信仰中的那种以图像表达中从十八层地狱到天堂路程中所必要经过的那些桥，所谓渡了银桥再渡金桥，这是文化意义上的对于人的生死转换的隐喻性或者象征性的表达。

---

[1]　周星：《境界与象征：桥和民俗》，上海文艺出版社，1998。

### 三 精神世界的提升

共同体意识的世界必然是精神所能达至的世界，同时，对于现代的实际而言，它又是一个无法跟物质世界脱离真正干系的世界。换言之，现代性之下的共同体意识，它必然是跟随现代的物质世界的成长而一起成长的。而如果能够回望中国近世的现代性意识的成长，尽管它在走向世界之时并非一帆风顺，甚至可谓遭遇阻挠不断的"挫折的时代"，但大的方向无疑是前仆后继地迈向现代世界性之中的。① 而在其中，也就不可避免地会涉及现代民族国家意义上的中华民族共同体意识那种从无到有的构建与逐渐成长、扩大以及日益凸显的历程，而这背后所真正触动的恰是文明观念的转变，这种转变所带来的又必然是世界性的，而不单单是中国社会在物质与精神方面的共同或同步的整体性提升。

在这方面，随着现代性意识的膨胀，一个最为粗浅的道理已经在暗自激发着世界性的文化转型，或以所谓后现代生活的姿态所予以的直接应对。这种转型或者应对实际体现出来的认识便是世界之中有更多人日益开始觉悟到了纯粹的在物质生活上的提升，只会使人们更多地去思考纯粹属于一己之私生活上的独自享乐，它使得个人层面的自然分化倾向得到了的加强与固化，由此而导致极端私人化的生活对于公共性构建了彻底性摧毁。而反过来，人们也同样认识到纯粹精神世界的丰富，即大众群体意识中的自觉于文化存在的自我觉悟感和存在感，则真正可以使彼此在社会之中所存在的相互性的依赖能够借此而不断地提升或增长。

很显然，谁也无法否认现实生活情形的真实存在，当人们手舞足蹈尽情欢歌之时，尽管大家的这种"在一起"不会是同一种的样貌、同一种的形式，但可以是让人由衷感受到生活的欢乐，而这气氛显然是和谐通畅的。在这里，共同性的含义，或由人所构成的社会生活意义的共同体意识

---

① 汪荣祖：《走向世界的挫折：郭嵩焘与道咸同光时代》，岳麓书社，2000，第 327 页。

的存在，其所真正隐含的便是差异性多元的"在一起"①，或彼此能够共在，而非各自分离的社会组织性或总体性的崩解。而一旦离开了此一点，不论是民族的还是人类命运共同体意识的营造，便必然会走向唯一性的单调、乏味以及无趣了，这也必然会带来各自因惶恐而自保却又无任何安全感可言的分解与分离，甚至还会激发出各自自以为是的情愫，使得个体化的孤芳自赏、刚愎自用转化成为被根本上是瓦解社会的力量所认可的所谓正向或积极的价值，致使人群大众不能够真正相互自然、和谐以及融洽地生活在一起，不能保持相互间的有情有义，不能真正互助友爱，显然，也就更不可能真正实现费孝通所说的民族或者文化上的"各美其美"而至"美美与共"②了。

而在这里，或许一个真正可以期待的人类未来就是，在物质世界高度发达的同时，必然也将会是精神思想层面的高度发达，即物质和精神的发展是相互对应与匹配的。而一旦世界的发展离开了此一点，那也便是离开了人类文明史背后所欲求的那种个人、社会与文化之间本可以彼此协作地去共同完善这一实质性目标。换言之，共同体意识，它所要求的必然是共同体自身在物质发展的同时，也要在精神以及思想的发展上有同步性的发生，并可以因为有高度物质性的发展，而使得思想以及精神的内涵能够同样丰富起来。很显然，就文明自身的发展而言，它不单是物质极大丰富意义上的进步与强盛，而更应该有与之共同发生的人的精神以及思想层面的先进性的引领，或者与物质财富的积累之间应该是相互匹配性与协调性的发展。

---

① 赵旭东：《在一起：一种文化转型人类学的新视野》，《云南民族大学学报》（哲学社会科学版）2013年第3期，第24~54页。

② 费孝通在2004年8月，也就是他过世的前八个月之时，在当时的"北京论坛"上曾经有一份长篇的书面发言，题目为《"美美与共"和人类文明》，在文章的最后一段，费孝通近乎是为未来21世纪的人类学指出了一个可能的方向，他为此而写道："作为人类学社会学工作者，我们应该以严肃、认真的态度，不带任何偏见地深入研究本民族的历史文化，同时也应该下功夫研究其他国家、民族的历史文化，以扩展我们的视野，增强我们的想象力和创新能力，为当今世界经济迅速'全球化'的同时，建设一个'和而不同'的美好社会贡献力量。"此文最初分上、下两篇发表于《群言》杂志2005年第1、2期。此处转引自张荣华编《社会如何更美好》，2004，第17页。

　　毋庸置疑，曾经的人类文明史的发展，特别是西方现代文明演进史，它是有过一个很长时间或阶段的对人而言的那种外在的物质世界与内在精神世界相互隔离或彼此分离的历史，由此，也使得现代人会有这样一种共同性的错觉或者认同，似乎物质世界与精神世界之间天然便是相互分离开的，并且，基于现实的粗浅认知，那也是真正地可以分离开的，心和身、主和客、精神和物质都被看成可以分属于两个世界的，各自有各自的存在。换言之，在很长一段的近世世界中，我们是在深度地为笛卡尔这样一个近代欧洲最伟大的哲学家之一所开启的那种主客二分的哲学所左右的[1]，或者也可以说，更多人是因此而活在了这样一种假想的主客分离的世界中。而显然在社会中，特别是对于当下的现代世界而言，会有太多的分离技术及其相关的社会物质性的应用，真正会使得物质和精神之间的此种分离成为可能以及现实的存在，并且，这种分离趋势也日益侵入我们的日常生活之中，不经意之间在刚性地扭转以及改造着我们现代人的生活方式。显然，它的这种转型力量是极为巨大的，甚至对绝大部分人而言，这将会成为无法真正抗拒的力量存在，再甚或者，这还会有一些不仅无法抗拒，甚至还会有为其重压所压垮的可能和危险，比如因为无法适应暴风骤雨般的环境改变而选择自杀，而持续攀升的世界性范围的自杀率，也多少可以说明或者帮助印证这一社会风险性的真实存在。

　　对于由人类自身所创造出来的现代世界而言，人们显然可能在一种物质的追求上已经跃进到了一种很高或超速发展的层级上，尤其是对于生活在现代世界之中的人们而言，人们会明显地感受到一种周围物质世界的日新月异的改变，但是就一种精神或者思想的层面而言，人们则反倒可能会因为物质极度的丰裕而变得在精神、思想上极度空虚以及极度自我颓废，即在人的精神和思想领域中，相对于物质领域而言，真正会出现人们所不愿意见到的那种可能会大踏步落后于物质演进步伐的局面出现。对于现代世界而言，所有那些抗拒现代物欲横流的主张和见解的努力，都反映出了这样一种思想状况的真实存在，而并非一种虚无或虚妄之说。

---

①　Hal. Fisher, *A History of Europe*, London: Edward Arnold & Co., 1936, p. 668.

　　但在这一点上，也不能够去否认，反过来的情形也同样是存在着的，或者说，对一部人类文明史而言在这一点上并非空白，甚至越向早期的人类文明史去追溯，这种空白越会被占满。而那实际就是在精神上的自我追求以及在思想上的先民的那种超越性追求上的先期早熟，他们于纯粹的精神需求要远远超过其物质层面的现实发展本身，或者，一方面体现出来的是纯粹思想和精神上的极大丰富，而另一方面体现出来的则是与之相反的即一种人在物质生活上的极大匮乏，或者更准确地说应该是一种简朴而无为。人们会尽力去避开物质的匮乏而可以极度专注地活在一种精神的或者所谓文化价值与意义的创造之中，而这在人类文明的发展史上也同样是不乏先例的，甚至还可以说是屡见不鲜的。在诸多早期的人类文明史中，很显然并非物质性的发展在先，而往往可能恰恰是因为观念先行的精神世界的高度发展，而随之带动着人们去物质世界中做一系列开拓性行动，进而得以改造并创造出一个全新的物质世界的可能。颜回就曾被孔子称为"贤哉，回也"。但要清楚地知道，那显然是在"一箪食，一瓢饮，在陋巷，回也不改其乐"（《论语·雍也》）的所谓物质极为简陋的环境中发生的，在孔子时代，其所赞赏的那种在困厄难挨的物质生活中的精神生活的高洁与悠远，而后来在东晋时陶渊明那里发挥到了极致，并一直影响到了在他之后时代的中国文人阶层在精神世界方面的不懈追求。而同样在西方世界中，特别是在一神教所支配的西方中世纪，这样的境况则表现得更为突出。[1]

　　而于近现代西方世界而言，所谓转型，恰在于是物质和精神、现实和理想之间的关系转变或扭转上，即因此而回归到了物质、回归到了现实的经验或自然中来。这种转型带来了其对世界之中的人类思想、观念以及价值的总体引领，它是要在精神层面切实降到物质现实或事实层面上而得以实现。与此同时，物质世界自身，也因此相应地在向上积累的维度上有了自我的在高度与强度上的提升，特别是在科学与技术的层面上，达至堪比

---

[1]　J. Huizinga, *The Warning of the Middle Ages: A Study of the Forms of Life, Thought and Art in France and the Netherlands in the XIVth and XVth Centuries*, New York: St. Martin's Press, 1924.

思想精神世界的高度了。很显然，思想和现实之间已并非传统意义上的两个方面，即一方面，一个社会中由少数群体所控制的所谓高深的思想或理论，另一方面，则是面向于普罗大众的极度贫乏质朴的物质现实本身，二者相互之间实际上原本是贴不到一起去的，属于贵族和平民之间的区别，是各自独立地在发展着各自的生活方式，或者说各自都在走各自的路，而我们所熟悉的美国人类学家雷德菲尔德（Robert Redfield）的那个有关上下之间大传统与小传统之别的论述，无形之中也暗示出道路取向上的差别或分歧。[①]

　　而今被强势的浪漫派所赋予的浪漫想象的自然，对于传统时代的人们而言，那不可能是别的东西，只可能是无法从中挣脱出去的物质上的枷锁以及困厄难挨的生活现实，那时的人们乃至大众，显然是在思想层面上无力去改变现实，他们只能或必须接受以及顺应此种现实。但纯粹现代性的对于物质世界的追求以及在物质世界中消费主义的文化，让人们时时刻刻都可能驻足并徜徉其间的自我意识变得日益清晰起来。显然，同样是靠了一种笛卡尔意义上的自我中心的理性抽离和反思，不论是曾经的人类思想，还是数千年都不曾改变的现实，在这个主体化的自我意识开始变得清晰起来之时，世界及其在其中的人们的生活，也在极为快速地发生着根本性的转变。换言之，人们在此并非漫长但也并非短暂的时间段之中，似乎是为了"追寻富强"[②]，而毅然决然去改变自己的生活方式、社会制度的安排以及文化上的媒介表达。

　　而在这中间，根本性的又是一种对于现代实证精神的精细阐扬，由此而能够让世界之中的物质以及精神这一对曾经相互分离开来的事物之间真正能够相互再行统合起来，形成一种交互性的影响，并因此而有了各得其利的相互提升。人们显然在享受着世界之中基于各种新材料发明而有的物质生活上的丰富，也同样是在极大程度上使思想以及精神层面的活动得以

---

① R. Redield, *The Folk Culture of Yucatan*, Chicago, Illinois: The University of Chicago Press, 1950.

② 斯蒂芬·哈尔西：《追寻富强：中国现代国家的建构，1850—1949》，赵莹译，中信出版社，2018。

自我丰富起来，并为此种丰富而有一种自我意识上满足感和认同感的发生。而这与现实物质层面的丰富和完善相对应的发生，则显然是一种在思想以及精神层面上日益开始的极大丰富或充裕，不论是科学的理论，还是文学、艺术的作品创造，都在现代世界兴起的实用主义以及实证主义的原则之下，一比一对应性地且能够完全迅速地充塞进人们现实生活的世界中去，而这个现实的世界，恰恰是这些理论以及作品背后的那种思想所浸润于其中的最为真实，且可以触摸、选择并可以去真正拥有乃至占有的世界，而如此的世界作为其生活的目的本身，作为对现代性意识的回响，它也仅存在于受到时间限定的消费生活的本身之中，恰如现代超市模式之中那般琳琅满目，可以自由随意地去供人们进行一种自我、自愿以及自觉的选择，而这样一种选择显然又是以消费为目的的，并且还会在行为上终止于消费的本身。因此，所谓现代乃至后现代的世界，必然是一种试图在物质和精神之间予以拉平或予以同质化，乃至全球化的努力，而曾经的所谓精致文化的创造和维护，已经变成不再是某一少数精英群体的作为，而是越来越普遍且广泛地成为一种大众生活的日常，成为最为平常不过的文化消费或消费文化了。

　　而同样的，在面对当下中国对中华民族共同体意识在精神上的追求的同时，也要真切地注意到与之相应的物质性环境究竟是已经发展到怎样的程度了，而这个物质的环境，却又显然不可避免地跟现代性意识在中国的成长紧密地联系在一起的。这是物质生产的积累使生活品质得到提升之后所必然会有的一种文化或一般精神世界的自我提升，它需要人的生活之中的整体而全面的有所作为。简要而言，这根本仍是隐含着在属于人本身的个人、社会与文化这三个维度或层面上的自我提升以及三者相互间的协同发展。与此同时，还有另外一种基于中华民族共同体意识的内外关系影响上的对于自身以外世界的多样性的总体把握。而就这三个维度的发展和提升而言，它仍是离不开所谓人的问题上去加以思考。如此而言，在个人的思想层面、在社会的层面以及在文化的层面，三者之间构成了一种在精神世界意义上未来可以有自我提升的三角形结构模式空间的出现。

　　单单就个人维度这一层面的提升而言，这首先是一个独立的个体，同时也是一个有着要向更高一层的思想意识去不断发展的在认同上的自我诉求，也就是因此诉求而知道世界之中还自然会有他人或异文化的存在，并且，也就因此而知道该如何或以怎样的一种姿态和方式真正去欣赏他人或异文化的存在价值。显然，在这个认识高度上的自我提升，它是跟人的智力或思考活动的开展之间紧密相关的，因此它完全可以是早熟的，是在物质条件还不具备之时而有一种先知先觉的，是带有预言或理想性质的，如隐含在中国传统观念之中的"推己及人"，便可谓一种早熟并能够持久保持下来的人己关系、人群关系以及群际关系的模态化表达，也正是凭借此一文化智慧的养成，这个后来被誉为"中华"的文化，才真正能够做到一体多元意义上的由一种差序性包容而尽可能广泛地去吸纳各种异己性的存在，即费孝通晚年所强调的"美美与共"，并使之成为一个完全可以在世界范围内去蔓延开来的并基于人的情感关系网络而扩大的人群社会关系的总构建。这显然便是属于一种人的在其精神层面或心态层次所要予以建设或者构建的根本，也属于在个人层面的思想意识塑造以及价值引领的问题。当然，这对共同体意识的构建本身而言，显然也是最为根本的，因为一切事物的发展，实际上都必然离不开人这一构成要素而存在的，人显然成为共同体可以存在的前提和储备，当然也无法否认，在这些人的要素之间变得无以协调之时，也会成为其趋向解体的诱因，换言之，它的存在仍是一体两面的。

而其次便是我们所说的社会这一向度的成长，即社会总体上是不断向着与人的思想认识高度相一致的那个方向上去做着社会现实维度上的自我提升。也就是通过社会秩序原则的落实而在相互的共同性意识而非分离性意识上的一种打通，即在做着前述所论的那种人际关系的勾连和联通的工作，而不是层层设立起围墙一般的壁垒，使人群相互之间人为地被相互隔离开来，由此而真正去掉地方保护主义的纠缠和羁绊，实现不分阶层、性别以及民族差异的共同性生活的总体构建。而恰是基于此，凡是旧有的地方性认同，都会依此总体性的框架而重新去予以一种自我的建构，赋予其新的意义。多元一体进程中的一体多元的差异性社会生活的存在，在中华民族共同体意识之下得到了相互结合、协作，而逐渐成为最为广泛的人民大众而非少数精英群体的生活联合，而这种生活，显然就不会是单一性的或同质化的，而是具足了其丰富的多样性，就像一间房屋的木结构，四梁八柱都有其各自的受力面，并由此而支撑起整体性结构所发挥的实际功能与作用。

最后要提升的维度便是文化意义上的，也就是与个人和社会这样的两个维度一起可以构造成相互支撑起来相对稳定的三角形结构（参见图 1）。很显然，在这里，没有哪一种共同体意识的存在能够不真正仰赖于文化的存在而发生的。文化在此意义上是有着黏合剂一般的黏性作用，凡是分散开来的个人，以至于各个不同的社会存在，都会因为有了文化上的某种共同性的认同而彼此相互黏合在一起，相互构建起共同体意识的存在。与此同时，凡是具有黏性作用的事物，它都可能具有或可能发展成为文化的属性，使多元分化能够转而成为一体性的观念表达及力量呈现。在此意义上，文化对个人而言便是在社会中起着引导性或引领性作用，它使得人真正有机性地或者行动自如地活在了一个社会构造之中，而社会本身也因此而借由文化的纽带作用而满足了人的不同层次的种种需求。对于人及其所生活的社会而言，文化便属于最高意义的存在，它本身也自然难避其责地要具有一种统合、统摄以及统一性意义的存在，并为此而进行不断的自我构建。

而在如上的这些向度之外，尚且还要特别注意到共同体存在意义上的所谓内与外之间关系的这一向度的自我提升，这对于理解共同体意识的合法性以及危机性的存在而言是至关重要的。这种所谓共同体的内与外的关系中，核心的意义就是在这种关系中基于共同体内部的组织方式与共同体受到了外部作用力影响之间的作为调节作用的相互性关系的存在。它在使得共同体意识的方向变得更为明确，每个共同体成员的资格变得更具有清晰化的自我意识，并因此而成为一个共识性发挥作用的群体。他们会共同性地为自己的成员资格而骄傲，当然也会去为维持此种共同性意识而努力。所有这些又都显然是建立在基于共同体中心意识的对于内外关系的一种自我认识之上。

显然，对于一个实际的研究者而言，那种来自共同体以外的所谓外部的影响，恐怕是最为直观地可以观察到或者感受到的。凭借着人的独特的感受力，凭借着其自身对于身外之物的观察，谁也无法否认由外而内的外部性作用力的存在发生。这种思考明显地是以"中华"观念为中心去思考世界的存在，以中华民族共同体意识的观念去统摄人民大众以及总体性的社会生活，并使之成为真正有所保障的构筑基础。这种外部的影响显而易见是冲突性的打击，当然更多的表现也可以是彼此间的和谐共生与共存。在这方面，中国文化的大小传统里所真正追求的恰恰是后者而非前者。但我们也不能否认所谓文明冲突论的外在影响的日益凸显。显而易见，文明如果存在高低上下的分别，那在西方世界的价值观看来，就必然含有对立、冲突且不可相容的要素在其中，亨廷顿的文明冲突论之所以盛行于西方世界，根本上是延续了这样一种西方单线文明史观的认识。① 但在这方面，中国的智慧是值得借鉴的，这是以强调一种正向融合而非冲突对立为价值选择的生存智慧。中古时期，唐代的多文明的融合过程似乎可以提供一个在此方面并非对立冲突地去看待世界诸多文明之间关系的极好例证。曾经，经唐玄宗之手，在象征意义上使得儒释道各自所代表的文明之间有了相互的融合、互助与共在。开元十年（722），唐玄宗首次颁布了由他所主导的《孝经注》，隔了差不多十年的光景，开元二十年（732）到二十一年（733）又完成了《道德经御注》，而恰是在这一道家经典之中又引入了西土而来的佛理予以解释。又隔了一年，即到了开元二十二年（734），唐玄宗又亲自颁布了由他所注释的《金刚经》，甚至还将"三经"并称，并赞誉此为"不坏之法，真常之性，实在此经"②。

　　作为一种共同体内在维度的作用力，它自然会是属于一个共同体内部的相互关联在一起的方式形态，它的特征便是对于种种差异性的个人或人群的包容和吸纳。这可以说是民族共同体内部组织中的差异性共存，显然也是所谓现实问题及其解决的基础。在这方面，人们所要根本去予以追求

---

① 塞缪尔·亨廷顿：《文明的冲突与世界秩序的重建》，周琪、刘绯、张立平等译，新华出版社，1998。

② 葛兆光：《屈服史及其他：六朝隋唐道教的思想史研究》，生活·读书·新知三联书店，2003，第113~114页。

的目标便是所谓"大格局"与"小不同"之间的相互结合、相互包容与相互容纳，这一点或这种内部倾向于整体性或总体性知觉的格式塔意象，显然是形成了内部的共同体意识固化以及自我提升的关键所在，不可在二者之间有所真正的偏离。在这里需要清楚的一点便是，任何一个民族的成长，不论是单一性的民族意识，如近代西方民族国家的发展模式，还是多民族的总体性民族意识，如中华民族观念的国家模式的发展，都不会是一朝形成便永固不变，或者完全是上下内外同质化而没有从外部吸收资源和能量予以内部重组、重构与重建的，即便是像汉族这样一个自我认同极强的民族，它也不过是像"滚雪球"一般地通过多民族之间的"你中有我、我中有你"的关系发展史过程中的扩充与转化而逐渐成长壮大起来的，况且，这个过程还未真正停止。①

## 结　语

依据如上的一些人类共同性意识以及价值生产的这一逻辑过程的分析，如此反过来，若再去反观一种当下民族关系之中"铸牢"主题的真意所在，也就可以思路清晰地去思考我们该如何应对的问题了，因此而不再像从前的那种将诸多食而不化的概念和理论堆积在一起，所引述的事例也冗长乏味，且随处可见一种堆砌的痕迹，读罢之后总会让人如入云里雾里一般，思路实在是没有那么清晰，由此反倒会因误读而迷失了前行方向，不知在世界的丛林岔道之中究竟该走向何处。

很显然，在这里需要予以进一步明确的便是，今天时代的此一"铸牢"下的中华民族共同体意识的文化塑造，实际上便是要把中华文化之内各民族的存在看成是一种由原本各自分离开的差异性群体的差异性文化所组成，即它们是有着其自身独立性存在的个体或群体所构建起来的不同社会形态，它们在根本上而言有着一种彼此间的差异分殊的独立性存在，或自我封闭性的独特性文化的存在，很显然，又是自古以来各族群存在的历

---

① 徐杰舜：《从多元走向一体：中华民族论》，广西师范大学出版社，2008，第 23~30 页。

史现实之所在，并非可以轻而易举地就去予以否认或忽视的。

同时，不可否认的一点便是，在此多元、多样的共同体意识中，它显然并必然是要基于一种近代世界的民族国家的成长对于中国而言的中华民族文化的多样性文化构建而有的统合性以及凝聚性的社会努力和文化建设，它也必然是要求有着对于诸多差异性的弥合性作用的真实可靠的发挥，并还要依靠着社会的有序运行而使之能真正地予以固化以及持续下来。

很显然，在当下中国的新时代中，在这个东方大国已经在世界的发展中变得日益举足轻重之时，其所竭力要提倡的"铸牢中华民族共同体意识"中的"铸牢"二字，根本乃是一种迈向人民大众的共同性意识的铸牢或使之予以坚固化。而很明确的，对于一个初心选择了"人民共和国"这样一个现代政体的国家而言，中华民族共同体意识本身便是属于这个国家全体民族整体性的认同与认可的，这可算作所有问题的前提、关键与出发点。也就是基于这样一种认知和认可，朝向于一种中华民族共同体意识构建的整体性文化自觉因而才会得以涌现乃至喷涌，这种文化自觉显然是从1978年改革开放以来，中国文化自身是在面向中国以外西方世界的经济、政治、社会与文化的发展转型中提出来的，当时自我界定的作为"第三世界"一员的意识，在经济或者说物质性的发展上是显得极为具有现实性和迫切性的。而这显然也是作为一种整体性的屹立于东方世界的中华民族共同体意识，其在面向全人类的世界性共同体意识存在的一种自我觉悟，由此而真正清楚地知道了自己作为以总体性命名的中华民族的真实存在以及对个体和社会而言真实意味究竟又是怎样的，还有一点就是，中华民族作为一体性的存在，其究竟因此又会需要拥有什么或由哪些基本的品质构成。而且，在未来世界发展中，这个立足一种差异性以及多样性的民族特性之上的总括性的中华民族共同体意识，其在未来世界性的人类命运共同体发展之中，究竟又会最终走向哪里。所有这些问题，很显然是与人民大众的中华民族共同体意识的自我觉知以及高度提升紧密联系在一起的，它因此而属于一种最为广泛的文化自觉或文化构建。

因此，对于这个日益开始有着一种文化自觉之觉悟的中华民族而言，它也是会有最为基本的文化自信可言的，即相信它的民族意识中的一切是真实发生过的，而且是一切都真实存在着的。并且，这种真实的发生和存在，最终将会有益于一种最为广泛的并在这个中华民族范畴之下的大众利益和诉求，它因此便必然是要试图超越于各种阶层、团体以及分散的个体之上，而这背后所要求的便是如何可能造就出一种跨越中华民族内部各民族既有边界之上的共同性意识，或一种彼此间可以共享的共同体意识的构建以及精神世界的提升。

在这方面，归根结底，一个总体性的中华民族共同体意识的存在与构建，它必然是要基于多种力量、多种要素以及多种表达形态的一种现实发生、存在以及相互间的力量平衡机制而出现的。在这方面，一种共同体意识的存在，或以这种存在为前提，它绝对不会是一种所有在其中的事物的那种单一性、同质性以及孤立性的存在，而是一种真正具有社会性、人民性以及互利互惠性的有着一种自觉自信的共同性和共享性价值的存在。在这一点上，一个真正可以被称为共同体的，并且这种共同体还真正有着一种共同性意识的，进而通过一种顽强的努力，使之构建成为一种坚强的、真正有凝聚力的共同体意识，或者为人所真正认同并接受一个民心所向的共同体意识，就其特性或特征而言，便必然是要有如上所谓以人为基础的这些关键性要素的存在为前提的，非此莫属。

# 中国各民族起源于中华民族共同体

李　辉[*]

　　中华民族的起源，也就是中华文明的上古史部分，因为时代久远而材料稀少，从不同的学科视角往往看到大量差异，特别是不可能有文字材料，而科学研究极其缺乏，所以在学界争议非常多。对于一个事物，真相只有一个，如果有不同的争议观点，只有一个是对的，实际上往往都不对。所以目前的上古史认知必然存在很多误区。我们如何走出误区，接近真相，无非摆事实讲道理，也就是整理科学逻辑和科学证据。上古史的科学逻辑是人类进化和社会发展的客观规律，科学证据必须综合遗传学、考古学、语言学、民族学、神话学等所有相关领域的所有相关数据。把所有证据都通过逻辑串起来，没有不可解释的证据，这样的假说才是科学假说，才最可能接近真相。

　　对于中华民族起源的认识，要基于全球现代人起源的科学研究进展的基础上。首先，基因、语言、体质、考古等诸方面证据综合分析证实，全世界的现代人都是 20 万年前走出非洲，大约 7 万年前因为多峇巨灾的推动而扩散到了非洲之外。在多峇巨灾引发的末次盛冰期中，现代人类扩散到了世界各地，适应不同地理气候条件而陆续形成了 8 个地理种。全球现代人的基因都非常接近，在自然界中构成一个紧密的人类命运共同体。我们知道，在全世界范围内文明与民族起源，都是 1.2 万年前末次盛冰期结束

---

　　*　李辉，复旦大学现代人类学教育部重点实验室主任、教授。

以后的事件，与7万年前现代人走出非洲的自然史无关。

**图1　现代人起源模式**

说明：图中字母代表Y染色体单倍群类型，数字代表分支距今万年，壁画人
像为地理种代表，包括A布须曼人、B俾格米人、C澳大利亚人、D尼格利陀
人、E尼格罗人、F高加索人、O蒙古利亚人、Q亚美利加人。

　　其次，在认识中华民族在人类命运共同体中的起源过程之后，我们需
要研究中华文明如何在中华大地上起源。但是，目前对于中华民族和文明
的起源虽然研究不断深入，但是在民众中甚至在相关学界还是存在两种极
其错误的观点。①文明西来说，该观点认为中华文明起源于古巴比伦，甚
至古埃及，很晚的时候才从西北进入中国。②中华民族多源说，认为中国
的民族有很多独立起源，各民族来源不同，中华民族的概念是近代构建
的，这一观点在社会科学界几乎成为主流。实际上这两个观点既缺乏科学
证据，又严重影响了民族团结。

　　大量研究证明，中华文明的主体核心都是中国本土孕育，并且传承有

序的，虽然与其他文明发生过交流互鉴，但都只是中华文明的部分补充。中华民族的同源性始终是主流，各个民族的形成伴随不断的重组，因此形成了"你中有我"的基因与语言文化形态。外来的成分从来没有在中华民族形成过程中占过主流，都是中华民族的少量补充血液。

## 一　东亚族群和语系起源的聚合假说

东亚人群起源和民族形成过程，20 世纪 90 年代到 21 世纪前十年的相关研究定出了大框架，但是缺乏细节。基因组数据说明东亚人主要源于非洲，极少部分来自欧亚大陆的早期智人（尼人和丹人）。21 世纪 10 年代以来，复旦大学牵头的团队详细推演了现代人进入东亚，以及各民族类群起源迁徙的时间和路线，开拓了东亚人群史前人口史精细分析的新领域。

通过采集东亚数十万样本基因组，分析其中 Y 染色体、线粒体等的多态性后，我们发现东亚人群起源整体呈现"两阶段两路线"[1]。东亚现代人是由不同时期进入东亚的至少两批现代人混合而成的。第一批约 7 万年前沿海岸线走出非洲[2]，约 5 万年前进入东亚，在现代东亚人群中比例较小，而在澳大利亚比例较高。这一批现代人的迁徙属于早期扩散。第二批约 5 万年前从西亚扩张并于约 4 万年前进入东亚，形成了现代东亚人的主体。四五万年前西亚的人口扩张是世界早期主要的人口扩张。[3] 两批人进入东亚的路线分别有东、西两条主线。

第一批，部分人群于约 5 万年前从缅甸溯着青藏高原边缘的河谷进入

---

①　Wang CC, Li H, "Inferring Human History in East Asia from Y Chromosomes", *Investigative Genetics* (2013) 4：11.

②　Wang CC, Gilbert MTP, Jin L, Li H, "Evaluating the Y Chromosomal Timescale in Human Demographic and Lineage Dating", *Investigative Genetics* (2014) 5：12; Xu HY, Wang CC, Shrestha R, Wang LX, Zhang MF, He YG, Kidd JR., Kidd KK., Jin L, Li H, "Inferring Population Structure and Demographic History Using Y-STR Data from Worldwide Populations", *Molecular Genetics and Genomics* (2015) 290：141-150.

③　Wang CC, Ding QL, Tao H, Li H, "Comment on Phonemic Diversity Supports a Serial Founder Effect Model of Language Expansion from Africa", *Science* (2012) 335：657c.

东亚西部①，这是第一条主线。第二条主线从中南半岛沿着冰川期海岸线进入东亚东侧，并一直北上抵达东亚北部。

第二批，4 万年前进入东亚的两条主线分别是云南—四川、广西—广东，其后代构成了现代东亚人口的主体。其中云南—四川的人群涉及孟高棉、苗瑶、汉藏三个族群的起源。苗瑶和汉藏族群的早期人口都起源于孟高棉族群的祖先。广西—广东主线进入中国的人群奠定了现在侗傣—南岛族群的主体人口，成为中华民族另一支来源。② 在迁徙过程中，东南亚和东亚之间的丛林形成遗传过滤效应，使得东亚人群的遗传、体质和生理病理特征得以特化。③ 东亚人群最特异的体质特征包括直发、铲形门齿、纤细汗毛、增多的汗孔，都是外胚层总控基因 EDAR1 上的一个突变造成的，这一突变发生于三四万年前。④ 这种有利于大量排汗散热的机制，应该源

---

① Qin ZD, Yang YJ, Kang LL, Yan S, Cho K, Cai XY, Lu Y, Zheng HX, Zhu DC, Fei DM, Li SL, Jin L, Li H: the Genographic Consortium, "A Mitochondrial Revelation of Early Human Migrations to the Tibetan Plateau Before and After the Last Glacial Maximum", *American Journal of Physical Anthropology* (2010) 143: 555-569.

② Li H, Cai XY, Winograd-Cort ER, Wen B, Cheng X, Qin ZD, Liu WH, Liu YF, Pan SL, Qian J, Tan CC, Jin L, "Mitochondrial DNA Diversity and Population Differentiation in Southern East Asia", *American Journal of Physical Anthropology* (2007) 134: 481-488; Li H, Wen B, Chen SJ, Su B, Pramoonjago P, Liu YF, Pan SL, Qin ZD, Liu WH, Cheng X, Yang NN, Li X, Tran DB, Lu DR, Hsu MT, Deka R, Marzuki S, Tan CC, Jin L, "Paternal Genetic Affinity between Western Austronesians and Daic Populations", *BMC Evolutionary Biology* (2008) 8: 146.

③ Cai XY, Qin ZD, Wen B, Xu SH, Wang Y, Lu Y, Wei LH, Wang CC, Li SL, Huang XQ, Jin L, Li H: the Genographic Consortium, "Human Migration through Bottlenecks from Southeast Asia into East Asia during Last Glacial Maximum Revealed by Y Chromosomes", *PLOS ONE* (2011) 6 (8): e24282; Wang CC, Wang LX, Shrestha R, Zhang MF, Huang XY, Hu K, Jin L, Li H, "Genetic structure of Qiangic populations residing in the Western Sichuan corridor", *PLOS ONE* (2014) 9 (8): e103772; Kang LL, Wang CC, Chen F, Yao DL, Jin L, Li H, "Northward Genetic Penetration Across the Himalayas Viewed from Sherpa People", *Mitochondrial DNA* (2016) 27: 342-349.

④ Kamberov YG, Wang SJ, Tan JZ, Gerbault P, Wark A, Tan LZ, Yang YJ, Li SL, Tang K, Chen H, Powell A, Itan Y, Fuller D, Lohmueller J, Mao JH, Schachar A, Paymer M, Hostetter E, Byrne E, Burnett M, McMahon AP, Thomas MG, Lieberman DE, Jin L, Tabin CJ, Morgan BA, Sabeti PC, "Modeling Recent Human Evolution in Mice by Expression of a Selected EDAR Variant", *Cell* (2013) 152: 671-702.

于东南亚湿热气候的自然选择，也促使东亚人的身体对环境变化更敏感，从而可能促发了中华文明崇尚天人合一的鲜明特点。

　　早期狩猎采集人群的迁徙并没有形成民族，而是大量文化关联疏松的散在部落。我们深入研究了"新石器转型期"的遗传结构变化，发现民族是冰期结束、农业起源以后，由散在人群向农业核心聚合形成的。① 民族是人口与文化稳定积累的产物。文化的稳定积累需要建立在足够的人口基础上，而人口的大规模增长依赖于农业生产。冰期的寒冷气候不支持农业的起源，所以冰期结束以后，自然资源大量增长，从而促进了人口初步增长。初步增长的人口发明了农业并稳定地传承，从而进一步刺激人口大量增长，在农业核心上聚合形成了早期的原始民族群体。充分的剩余时间使得新石器工具出现，并渐渐形成了具有相对完善的社会规则的早期国家雏形。

**图 2　四万年内的人群扩散与八千年内的民族聚合模式**

　　说明：O1 与 O2 是中国主要的两种 Y 染色体单倍群，O2 之下有三个主要的扩张节点以希腊字母 α、β、γ 命名。五个早期族群的来源自西南顺时针分别是高庙文化、仰韶文化、红山文化、龙山文化、良渚文化。

---

　　① Wen SQ, Tong XZ, Li H, "Y-chromosome Based Genetic Pattern in East Asia Affected by Neolithic Transition", *Quaternary International* (2016) 426: 50-55.

　　按照语言谱系，中国现代各个民族可以归为若干个语系，主要是汉藏、苗瑶、侗傣［新名仡傣（Kra-Tai）］、阿尔泰（满蒙为主），以及相关的南亚、南岛、印欧等。苗瑶和侗傣因为与汉藏关系紧密，也会被归入汉藏语系。这些语系族群中，中国的主体民族系统——汉藏语系族群，起源于华北桑干河和滹沱河流域的粟作农业形成的早期磁山—裴李岗文化。最早的驯化小米发现于北京郊区永定河边的东胡林遗址。汉语族与藏缅语族经历了两次分化。[①] ①7000多年前南下黄河流域的人群后来形成仰韶文化，成为藏缅语族的起源；约6200年前部分人群北上西辽河流域，形成红山文化，成为汉语族的起源。②约5300年前红山文化人群南下，迫使仰韶文化部分人群西迁成为藏缅语族，而中原混合的人群成为初具规模的汉语族。

　　处于汉藏族群北方的满蒙族群，虽然不以农业为主，但是在早期汉语族先民北上的影响下，聚合形成了文化共同体[②]。这一群体可能最早源于东北的细石器文化，以及在此基础上的早期玉器文化。特别是黑龙江的小南山文化等都可能与其有关。但是东北地区的早期文化多样性很高，存在多个族群系统的起源，包括芬兰-乌拉尔语系人群可能起源于辽西的赵宝沟文化。赵宝沟文化被红山文化覆盖，可能是芬兰-乌拉尔族群离开的原

① 　Wang LX, Lu Y, Zhang C, Wei LH, Yan S, Huang YZ, Wang CC, Mallick S, Wen SQ, Jin L, Xu SH, Li H, "Reconstruction of Y-chromosome Phylogeny Reveals Two Neolithic Expansions of Tibeto-Burman Populations", *Molecular Genetics and Genomics*（2018）293（5）：1293 - 1300. Zhang MH, Yan S, Pan WY, Jin L, "Phylogenetic Evidence for Sino-Tibetan Origin Innorthern China in the Late Neolithic", *Nature*（2019）569：112-115.

② 　Yao HB, Wang CC, Tao XL, Shang L, Wen SQ, Zhu BF, Kang LL, Jin L, Li H, "Genetic Evidence for an East Asian Origin of Chinese Muslim Populations Dongxiang and Hui", *Scientific Reports*（2016）6：38656. Wei LH, Huang YZ, Yan S, Wen SQ, Wang LX, Du PX, Yao DL, Li SL, Yang YJ, Jin L, Li H, "Phylogeny of Y-chromosome Haplogroup C3b-F1756, an Important Paternal Lineage in Altaic-speaking Populations", *Journal of Human Genetics*（2017）62：915-918. Wei LH, Yan S, Lu Y, Wen SQ, Huang YZ, Wang LX, Li SL, Yang YJ, Wang XF, Zhang C, Xu SH, Yao DL, Jin L, Li H, "Whole Sequence Analysis Indicates that the Y Chromosome C＊-Star Cluster Traces back to Ordinary Mongols, Rather than Genghis Khan", *European Journal of Human Genetics*（2017）26：230-237. Huang YZ, Wei LH, Yan S, Wen SQ, Wang CC, Yang YJ, Wang LX, Lu Y, Zhang C, Xu SH, Yao DL, Jin L, Li H, "Whole Sequence Analysis Indicates a Recent Southern Origin of Mongolian Y-chromosome C2c1a1a1 - M407", *Molecular Genetics and Genomics*（2017）293（3）：657-663.

因。而汉语族也在从桑干河流域南来的人群和遗留的赵宝沟文化人群的混合中形成，所以汉语体现出明显的汉藏语和芬乌语混合的形态①。

更北方的匈羯语族群，在东西方人群扩张的交流影响下产生聚合。这个族群主要的核心 Y 染色体类型是 Q，是东亚人群的祖先四五万年前离开西亚以后，在青藏高原西侧分道北上进入北亚的分支，也就是过去说的蒙古人种北支。但是在长期发展过程中与从缅甸进入东亚的南支发生大量遗传交流。通过基因组进化分析发现，这一类群大约在 1.6 万年前西伯利亚境内发生过一次急剧的扩张，可能与气候回升过程中西伯利亚出现大片草原和大规模狩猎人群的形成有关。而气候继续回升使得这一环境不再，而人群四散迁徙，其遗传扩张影响到了整个欧亚大陆②和美洲大陆③，也影响到了东亚大多数族群。

5300 年前汉语族人群南下，影响到了湖广地区的苗瑶祖先群体和江浙地区的侗傣祖先群体，并发生了大规模的人口融合。我们研究发现，广布于中国台湾、东南亚和太平洋的南岛语系人群与侗傣语系人群同源于江浙地区④。精细谱系分析发现南岛祖先离开江浙时间为 5900 年前，当地马家浜文化结束⑤，部分上层建筑在来自长江以北的大汶口文化驱使下南

① 高晶一：《语源学证据支持原始华夏汉语混成发生论》，李尧、王晓斌、刘慧主编《随园文心：李葆嘉先生七秩同乐文集》，河海大学出版社，2021，第 148~161 页。

② Huang YZ, Pamjav H, Flegontov P, Stenzl V, Wen SQ, Tong XZ, Wang CC, Wang LX, Wei LH, Gao JY, Jin L, Li H, "Dispersals of the Siberian Y-Chromosome Haplogroup Q in Eurasia", *Molecular Genetics and Genomics*（2017）293（1）：107−117.

③ Wei LH, Wang LX, Wen SQ, Yan S, Canada R, Gurianov V, Huang YZ, Mallick S, Biondo A, O'Leary A, Wang CC, Lu Y, Zhang C, Jin L, Xu SH, Li H, "Paternal Origin of Paleo-Indians in Siberia: Insights from Y-chromosome Sequences", *European Journal of Human Genetics*（2018）26：1687−1696.

④ Li H, Wen B, Chen SJ, Su B, Pramoonjago P, Liu YF, Pan SL, Qin ZD, Liu WH, Cheng X, Yang NN, Li X, Tran DB, Lu DR, Hsu MT, Deka R, Marzuki S, Tan CC, Jin L, "Paternal Genetic Affinity between Western Austronesians and Daic Populations", *BMC Evolutionary Biology*（2008）8：146.

⑤ Wei LH, Yan S, Teo YY, Huang YZ, Wang LX, Yu G, Saw WY, Ong RTH, Lu Y, Zhang C, Xu SH, Jin L, Li H, "Phylogeography of Y-chromosome Haplogroup O3a2b2-N6 Reveals Patrilineal Traces of Austronesian Populations on the Eastern Coastal Regions of Asia", *PLoS ONE*（2017）12（4）：e0175080.

迁。这为中国台湾、菲律宾、马来西亚、印尼、太平洋岛屿数亿人口找到
了源头。而汉语族祖先的到来，使得马家浜文化之后的崧泽文化终结，在
当地混合形成了良渚文化，是侗傣语系壮侗语族族群的起源。而崧泽文化
上层建筑的西迁可能形成了侗傣语系仡黎语族群体。[①] 崧泽时期南方最发
达的是凌家滩文化，很可能是一个原始政权中心。凌家滩文化有苗瑶文化
的背景，这可能与仡黎语族兼有侗傣语和苗瑶语特征有关。而壮侗语族兼
有侗傣语和汉语的特征，也可能与良渚文化的混合起源有关。

大约 5300 年前，中国境内的五个考古区系大多发生了文化变革。东北
的红山文化大规模南下；中原的仰韶文化大体西迁，覆盖西北的大地湾文
化变成马家窑文化，南方中心的凌家滩文化被摧毁；江浙的崧泽文化灭
亡，良渚文化开始；湖广的大溪文化灭亡，屈家岭文化开始。只有山东的
大汶口文化基本稳定。这说明中国发生了一场全国范围内的巨大的政治变
革，来自东北的力量几乎影响了全国。这种变革在中国人群的遗传结构中
也可以观察到。这可能与传说中蓟地的轩辕黄帝的兴起有关，也与汉族成
为中华民族交融核心有关。

以往认为民族的形成主要是不断分化的过程。通过遗传谱系分析我们
发现，各个民族之间共享的基因类型非常普遍，而这些共享类型的分化时
间大多在新石器时代的民族形成期，所以证实民族类群主要是聚合形成
的，族群之间的交流交融多于分化，中国各民族的形成过程伴随不断的人
口重组。

## 二　聚合与派生中形成的中华民族共同体

文明和民族是分不开的，文明是民族文化的积累和升华。中华文明的
形成恰恰是中华民族共同体形成的产物，或者说两者互为因果、协同发

---

① Sun J, Wei LH, Wang LX, Huang YZ, Yan S, Cheng HZ, Ong RTH, Saw WY, Fan ZQ, Deng
XH, Lu Y, Zhang C, Xu SH, Jin L, Teo YY, Li H, "Paternal Gene Pool of Malays in Southeast
Asia and Its Applications for the Early Expansion of Austronesians", *American Journal of Human
Biology* (2020) e23486.

生。从遗传学、语言学、考古学、历史学、神话学、民俗学等领域综合证据分析，我们可以清楚地看到中华文明的主体完全根植于中国，是本土自生的。冰期结束的过程中，中国南方就开始了世界最早的农业萌芽，湖广地区的人群开始驯化水稻。江浙和燕云的农业萌芽也随后迅速萌发了。这奠定了中华文明的基础。同时，中华文明海纳百川，在千百年的发展中与其他文明发生交流互鉴，很好地补充和促进了中华文明的发展。但是如果因为部分的交流互鉴而提出所谓"中华文明西来说"，则是非常荒谬的，各个学科领域都有明确的科学证据予以反驳。①遗传学的证据非常清晰地呈现出中国人群的主体基因谱系都是本土起源的，在盛冰期结束之前数万年已经进入中国，在 7000~5000 年前就完成了文明起源过程中的家族父系谱系扩张。① ②经过谱系分析年代计算，现代人群中累计<8%的各种外来成分，都是晚于距今 4000 年的。② 这就证明，外来人口进入之前，中华文明就起源了。而文明的起源点，应该就是父系谱系的扩张原点，因为父权社会中财富积累和继承决定了父系谱系的扩张。我们通过古代人骨 DNA 检测，发现最早的一个扩张原点是湖南的水稻起源点③，长江流域水稻的驯化可能是世界上最早的农业起源。这证明中华文明起源于本土最早的农业人群④，而不可能是西亚文明的衍生。

中华民族的主体起源于中国，那么在中国境内是否存在数个族群独立起源呢？现在学界流行一种由"多元一体"理论过渡异化而来的"中华民族多源说"。"多元一体"理论应该指的是农业和文化的起源有多元素，而后发展成一体化的民族集团，并不是民族有多个起源，更不是各个族群起源不同。对于"中华民族"和"中华民族共同体"的认识，这

---

① Wen SQ, Tong XZ, Li H, "Y-chromosome Based Genetic Pattern in East Asia Affected by Neolithic Transition", *Quaternary International* (2016) 426: 50-55.

② XU D, LI H, *Languages and Genes in Northwestern China and Adjacent Regions*, 2017, Singapore: Springer.

③ YU XE, LI H, "Origin of Ethnic Groups, Linguistic Families, and Civilizations in China Viewed from the Y Chromosomes", *Molecular Genetics and Genomics* (2021) 296: 783-797.

④ Wang CC, Huang YZ, Yu XE, Chen C, Jin L, Li H, "Agriculture Driving Male Expansion in Neolithic Time", *Sci China Life Sci* (2016) 59 (6): 643-646.

里有一个"名"和"实"谁先谁后的问题。社会团体可以先有"名"再构建"实"，而自然事物基本上应该是先有"实"体再据此赋予一个"名"称。我们有大量遗传学数据可以证明中华民族"实"先于"名"。很多民族学研究者认为，"中华民族"这一"名"，是民国初期提出的，是基于反侵略反殖民的需求构建起来的，从而才开始有了中华民族的"实"体，甚至有人认为中华民族的实体至今仍在构建中，这是非常唯心主义的观点。包括部分学者认为汉族叫作"汉"族，必然是汉朝以后的，历史考证是五胡十六国时期外族压迫才使中原人群自称"汉人"，因此认为汉族是晋代以后形成的，这就把主观认识的"名"凌驾于客观存在的"实"之上了。从历史唯物主义的角度看，汉族是一个有稳定的文化和遗传传承的族群，无论他被叫作华人、夏人、唐人或者其他什么，只要稳定地传承发展汉语，以天人合一等思想的"道"为族群文化标记，以三皇五帝为共同的血缘认同，这一群体就是汉族。所以无论是秦始皇，还是周文王、尧、舜、禹，实际上都属于汉族，都不可能被排除出汉族范围，不然历史逻辑就荒诞了。这样的道理很简单。举个更近的例子，云南的德昂族过去被叫作崩龙族，如果按照某些以"名"为准的观点，在改名之前德昂族就不存在了？实际上改名前后德昂族没有任何其他变化，所以"名"没有害"实"，谁都不能否认德昂族已经存在了上千年。

中华民族和中华民族共同体也是一样的。中华民族共同体虽然是习近平新时代中国特色社会主义思想中提出的，但这一名称的提出是基于这一实体的客观存在。我们从人类学角度很容易证实这一点。（1）中国各民族之间有大量共享谱系和同源谱系[①]，远大于域外人群，中华民族有共

---

① Nothnagel M, Fan GY, Guo F, He YF, Hou YP, Hu SP, Huang J, Jiang XH, Kim W, Kim K, Li CT, Li H, Li LM, Li SL, Li Z, Liang WB, Liu C, Lu D, Luo HB, Nie SJ, Shi Meisen, Sun HY, Tang JP, Wang L, Wang CC, Wang D, Wen SQ, Wu HY, Wu WW, Xing JX, Yan JW, Yan S, Yao HB, Ye Y, Yun LB, Zeng ZS, ZhaLagabaiyila, Zhang SH, Zheng XF, Willuweit S, Roewer L, "Revisiting the Male Genetic Landscape of China: A Multi-center Study of Almost 38, 000 Y-STR Haplotypes", *Human Genetics* (2017) 136 (5): 485-497. 李辉、金力编著《Y染色体与东亚族群演化》，上海科技出版社，2015。

同的遗传背景。目前中国的 56 个民族都与汉族有共享遗传世系，人口越多，共享成分越多，例如藏族、蒙古族、维吾尔族都有很高比例的汉族主体的 Y 染色体 O-M134 类型。（2）中国各语系各民族都是较晚历史时期分化形成的，在新石器时代早期转型中，没有民族概念的散在采集狩猎人群渐渐聚合成了中华民族的雏形，没有现代式的民族分化和文化隔离。[①] 由于各地领导家族之间的利益冲突，部分人群迁到了边缘地区，才从主流人群中分离出来，渐渐形成少数民族;[②] 而留在中部地区的主要人群融合形成了汉族，这才有了民族的分化。所以中华民族是先融合再分化而形成的。中华民族从人群的角度分析，不是多元的，而是一元的。考古中看到的文化区系只是次要的地方特色，是民族形成之前的族群初步聚合。中华民族因为先有"实"体，才能被命"名"，实在名前，是被广泛接受的基础。

对上古族群结构精细研究的基础，在于对中国人群父系 Y 染色体遗传谱系的精细研究和遗传精准估年方法的建立。精确的遗传估年可以定位遗传谱系中特殊事件的发生年代，从而解答相关历史问题。Y 染色体是男性特有的遗传材料，所以在家系中的男性间直系传承，不受混血影响。家系中 Y 染色体序列的传承是相对稳定的，是用来分析突变率、构建人类进化分子钟的最好材料之一。[③] 对 Y 染色体全序列分析可用以寻找新 SNP 位

① Wen SQ, Tong XZ, Li H, "Y-chromosome Based Genetic Pattern in East Asia Affected by Neolithic Transition", *Quaternary International* (2016) 426: 50-55.

② Wang LX, Lu Y, Zhang C, Wei LH, Yan S, Huang YZ, Wang CC, Mallick S, Wen SQ, Jin L, Xu SH, Li H, "Reconstruction of Y-chromosome Phylogeny Reveals Two Neolithic Expansions of Tibeto-Burman Populations", *Molecular Genetics and Genomics* (2018) 293 (5): 1293-1300. Wei LH, Yan S, Teo YY, Huang YZ, Wang LX, Yu G, Saw WY, Ong RTH, Lu Y, Zhang C, Xu SH, Jin L, Li H, "Phylogeography of Y-chromosome Haplogroup O3a2b2-N6 Reveals Patrilineal Traces of Austronesian Populations on the Eastern Coastal Regions of Asia", *PLOS ONE* (2017) 12 (4): e0175080.

③ Wang CC, Gilbert MTP, Jin L, Li H, "Evaluating the Y Chromosomal Timescale in Human Demographic and Lineage Dating", *Investigative Genetics* (2014) 5: 12. Xu HY, Wang CC, Shrestha R, Wang LX, Zhang MF, He YG, Kidd JR., Kidd KK., Jin L, Li H, "Inferring Population Structure and Demographic History Using Y-STR Data from Worldwide Populations", *Molecular Genetics and Genomics* (2015) 290: 141-150.

点，计算突变率。为进一步节约并合理利用资源，复旦大学的分子人类学团队改进了原有测序方法，利用 DNA 标签序列以区分不同样本来源，再合并样本，自主设计序列捕获诱饵阵列获得 Y 染色体片段并用 Solexa 进行高通量测序，提高了 Y 染色体测序效率，极大地降低了成本，已达到世界最前沿的领先水平。以此方法，我们对多个有记录的大跨度深结构家系进行 Y 染色体全序列分析，得出的 Y 染色体点突变率为 $2.02 \sim 3.8 \times 10^{-8}$ 突变/代[1]，这是迄今最准确的突变率。利用 Y 染色体的分子钟从后代的基因序列多样性估算祖先人物的生活时间，结果误差从原来的大于 1000 年缩小到了小于 50 年。为遗传学应用于历史研究，开创历史人类学领域，提供了一种十分有效且可信的研究方法。

利用这一技术，复旦团队在中国人群的大规模分析中，发现中国人群 Y 染色体非重组区的近 2 万个新的 SNP 位点。用这一系列高质量序列重构了中国人群相关的 Y 染色体 C、D、N 和 O 的精细演化树，并重新计算了 Y 染色体主要分支节点和相关东亚族群的分化时间。在演化树上观察到，6000 年前左右，Y 染色体 Oγ-F11、Oβ-F46、Oα-F5 三个个人节点出现了迅速扩张，这三个人分别在数代内产生上千后代，其后裔在现代中国人中超过 40%，成为中国人的三个超级遗传祖先。[2] 在三个大节点之后，还有三个迅速扩张的相对较小节点。[3] 这六个祖先的直系后代占到现今中国 Y 染色体的 70% 以上，这应该是文明早期国家成形和领袖产生的一种迹象，也就是中国民族形成的第一个阶段。超级祖先相关的时间和地点与古史传说中的帝王、考古发现的早期大型陵墓都吻合。三个超级遗传祖先的年代估算分别为距今约 6800 年、6500 年、5400 年。有些学者认为不应该把传说的上古人物与遗传谱系和考古遗址对号入座，这种观点并不符合科学逻

---

① Wang CC, Li H, "Evaluating the Y Chromosomal STR Dating in Deep-rooting Pedigrees", *Investigative Genetics* (2015) 6: 8.

② Yan S, Wang CC, Zheng HX, Wang W, Qin ZD, Wei LH, Wang Y, Pan XD, Fu WQ, He YG, Xiong LJ, Jin WF, Li SL, An Y, Li H, Jin L, "Y Chromosomes of 40% Chinese Descend from Three Neolithic Super-Grandfathers", *PLOS ONE* 9 (2014) (8): e105691.

③ Wen SQ, Tong XZ, Li H, "Y-chromosome Based Genetic Pattern in East Asia Affected by Neolithic Transition", *Quaternary International* (2016) 426: 50-55.

辑。首先，上古传说虽然因为流传太久而出现版本多样性，并不能简单否定其历史背景的真实性，而是需要科学验证，与遗传学和考古学对照就是一种科学验证。其次，历史真相是必然能够从各个角度检验都达到对应的。不能"对号入座"，就不可能是历史真实，可能是某些学科角度的观察发生了严重扭曲。实际上我们观察到的中华民族上古史，现代中国各族的共同上古史，在遗传学、神话学、考古学、语言学、民族学各个领域都能完美对应。尤其是三个最早的超级祖先，是现代汉族群体的核心成分，也分别是中国其他各个族群的主要类型，他们的起源发现于不同的考古区系。[①]

（1）距今约6800年是中国已发现的第一个城市始建的年代，在稻作起源的湖南沅江流域澧县发现了城头山古城。我们突破了南方人骨腐败程度高的技术难点，检测了城中年代最早、规格最高的墓葬主人的基因组，发现其 Y 染色体正是中国三大谱系中的第一个 Oγ-F11 的早期类型。结合这一古城所属的高庙文化出现的大量"凤鸟""八角星"图案等文化特征，这一个体与传说中的中华人文始祖"伏羲"高度吻合。[②]

（2）距今约6500年，在河南濮阳西水坡遗址留下了一个巨大的陵墓，属于仰韶文化鼎盛时期。这一墓葬中围绕墓主人用蚌壳排布着天象，东侧是青龙、西侧是白虎、北侧是北斗、南侧是南方七宿动物造型，象征着墓主人的崇高地位，疑似传说中的"神农"。检测墓主人的基因组，可以确认其是否为第二个谱系的源头。

（3）距今约5400年，在辽宁、河北、内蒙古交界处辽宁建平县的牛河梁山岗上，开始建造金字塔形积石冢、神庙和祭坛，已发现的16个积石冢排布成轩辕星座的造型。我们检测了最早而且最大的积石冢墓主遗骸

---

①　Nothnagel M, Fan GY, Guo F, He YF, Hou YP, Hu SP, Huang J, Jiang XH, Kim W, Kim K, Li CT, Li H, Li LM, Li SL, Li Z, Liang WB, Liu C, Lu D, Luo HB, Nie SJ, Shi Meisen, Sun HY, Tang JP, Wang L, Wang CC, Wang D, Wen SQ, Wu HY, Wu WW, Xing JX, Yan JW, Yan S, Yao HB, Ye Y, Yun LB, Zeng ZS, ZhaLagabaiyila, Zhang SH, Zheng XF, Willuweit S, Roewer L "Revisiting the Male Genetic Landscape of China: A Multi-center Study of Almost 38, 000 Y-STR Haplotypes", *Human Genetics* (2017) 136 (5): 485-497.

②　贺刚：《湘西史前遗存与中国古史传说》，岳麓书社，2013。

DNA，发现其为第三个谱系的源头。这一遗址开始于红山文化的鼎盛期，出现大量龙凤玉雕，与传说中的"轩辕黄帝"高度吻合。[①]

更重要的是，这三个考古区系和遗传谱系及其代表的族群文化，与现代民族群体的文化也明显有传承关系。高庙文化的高级陶器上往往用点刻方式绘制大量图案，主要是大量的巨目曲喙凤鸟、八角星、建木、夔龙造型。其中八角星是现存水书《连山》中的八卦造型，在今天的苗瑶族群中广泛使用。这些造型都是典型的苗瑶族群文化，也大量融入汉族文化中。

仰韶文化的彩陶纹样中最典型的是太阳、双鱼、螺纹、网纹、太极、花朵等，这是现今的藏缅族群的典型文化符号。例如藏族的传统图案吉祥八宝，在仰韶文化彩陶中都能找到源头。藏缅族群传统的文化习俗圆圈舞，在仰韶文化的后续马家窑文化彩陶中也清晰绘制着。所以有理由相信，仰韶文化—马家窑文化是藏缅族群的源头。同时太极、中国结等文化也完全融入汉文化中；牡丹也长期成为中国人最喜欢的国花。

汉族虽然交融了大量远古族群的文化因素，但是其文化核心应该来自红山文化。红山文化以大量玉器的使用为特征，玉器代表造型是龙和凤、"道人"、玉瑁冠冕、玉鳖玉龟、熊头燕子、终葵砭刀……这些是最最典型的汉文化特征。红山文化分布于涿鹿之北，与传说中的轩辕黄帝部族发源地一致。《山海经》所述的北山经的北次三经即太行山—大兴安岭一线，牛河梁陵区正是北次三经中的轩辕坟所在。而轩辕黄帝无疑是汉族公认的最重要的祖先。所以汉族主体起源于东北是遗传学、语言学、考古学和神话学都可以一致对应的。

以上三个文化和族群的扩张是中华民族最早的起源。此外，山东一带的后李—北辛—大汶口文化区系和江浙一带的上山—马家浜—崧泽—良渚文化区系也是关键的源头。在红山文化扩张之后，大约4600年前大汶口文化开始向西扩张，与中原交融形成龙山文化，可能代表了少昊时代的开启，成为汉族人口的主要来源之一。从遗传谱系上看，大汶口文化的大量谱系来自高庙文化，如果高庙文化是太昊伏羲氏族群，那么少昊与太昊有

---

① 郭大顺：《红山文化》，文物出版社，2005。

**图 3 藏族的吉祥八宝图案在仰韶文化彩陶中都能找到可能的源头**

传承关系也是合理的。大汶口文化是否派生出历史上的东夷族，是否有现代民族作为主要后裔，目前还有待研究，一般认为东夷族后来完全交融入汉族。瑶族称与高辛帝有关，高辛就是帝喾，帝喾帝舜都是来自山东少昊一脉，苗族瑶族之分或与太昊少昊相关。

　　良渚文化起源于 5300 年前的大变革，于约 4500 年前北扩。此后大汶口文化的遗址中出现了良渚贵族的遗存，这可能就是传说中颛顼时代的开始。较早的良渚文化和较晚的进一步交融的石家河文化，都以夸张的人头像造型为典型特征，而"顼"字就是"玉首"。约 4400 年前，颛顼时代可能被帝喾时代取代，颛顼族群分两个方向迁徙，中原部分迁到西北覆盖马家窑文化形成齐家文化，江浙部分的上层建筑南迁到两广的石硖文化而后发展成侗傣族群。良渚文化遗骸和现代侗傣族群中大量检出的 Y 染色体

O1-M119 类型证实这一发展关系。齐家文化与良渚文化一样用大量的玉琮玉璧，而疑似齐家文化统治中心的陕北石峁古城甚至出土了大量直接来自良渚文化的精美玉器。石峁人群大约 4000 年前的南下可能就是夏朝的起源，也是汉族人群的主要构成成分之一。

| 朝代 | 伏羲 | 神农 | 轩辕 | 少昊 | 颛顼 |
|---|---|---|---|---|---|
| 考古文化 | 高庙 | 仰韶 | 红山 | 龙山 | 良渚 |
| 派生族群 | 苗瑶 | 藏缅 | 满蒙 | 东夷 | 侗傣 |
| 融合 | 汉 | | | | |

图 4　中华民族共同体的上古起源

这一系列研究，拨开了中国上古史的迷雾，可以证实中华文明与其他三大文明一样有六七千年历史，而不是西方某些研究者用双重标准宣称的只有三千年历史。对历史学界和考古学界部分人所持的否定中国古史、否定三皇五帝真实性的观点，也是有力的反驳，为重建中国古史奠定了科学基础。基于中国古史的科学重建，中华民族共同体的起源也就非常清晰了。中国的五个农业区形成了五个考古文化区系，也形成了数个语系的源头。这五个区系陆续兴起和扩张，构建原始政权，对应了中国传说中最早的上古帝王：伏羲、神农、轩辕、少昊、颛顼。此间部分人群迁到偏远地区，渐渐成为少数民族甚至外国民族，而大部分人口交融成为汉族。在历史发展中，中华民族内部不断地发生语言文化和基因的交流。这就是为何中华各族之间存在大量的语言、文化、基因的共享性。中华民族共同体的起源实际上与早期民族的聚合形成是同步的，甚至可以说中国各民族起源于上古的中华民族共同体。

我们构建的精细的基因分子钟也可以研究历史时期家族的变迁和人物

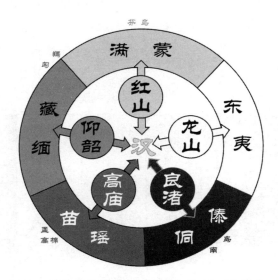

**图 5 中华民族共同体形成模式——交融与派生**

间关系。通过对现代家系与古代人物遗骸 Y 染色体的比对，我们确定了
汉、魏、晋、宋、金、元、清等皇室家族的血统起源[1]，解答了大量历史
谜团。例如，通过对曹操后代家系的遗传学梳理，确定了曹操的基因标记
和身世，证实曹操父亲是家族内过继，而不是异姓收养，解决了历史学遗
留两千年的问题。[2] 有一些现象是历史上没有记载而且不可能知道的，但
是通过基因的分析能突破普通人的认知发现历史真相。例如我们的基因研
究发现辽代耶律氏的 Y 染色体类型 N-M128 来自西周的黎国君主，金代部
分完颜氏样本与晋代王羲之所属的琅琊王氏有关。中华民族共同体内的交
流强度是超出想象的。

---

[1] Wei LH, Yan S, Yu G, Huang YZ, Yao DL, Li SL, Jin L, Li H, "Genetic Trail for the Early Migrations of Aisin Gioro, the Imperial House of the Qing Dynasty", *Journal of Human Genetics* (2017) 62: 407-411.

[2] Wang CC, Yan S, Hou Z, Fu WQ, Xiong MM, Han S, Jin L, Li H, "Present Y Chromosomes Reveal the Ancestry of Emperor Cao Cao of 1, 800 Years Ago", *Journal of Human Genetics* (2012) 57: 216-218. Wang CC, Yan S, Yao C, Huang XY, Ao X, Wang ZF, Han S, Jin L, Li H, "Ancient DNA of Emperor CAO Cao's Granduncle Matches Those of His Present Descendants", *Journal of Human Genetics* (2013) 58: 238-239.

　　我们的研究开创了用分子生物学手段研究历史疑难问题的历史人类学领域。历史学的研究，以往只能通过传世文献的梳理、考古发现的比较研究来推进，其模式为"文本→文本"，解析精度和客观性都有限。而精细遗传学分析的介入，创建了"文本→科学证据→文本"的历史人类学新模式，使得历史分析的精度大大提高。进一步打破社会科学与自然科学之间的界限，这正是"中华民族共同体"研究的重要守正创新。

# 建设民族团结进步示范区的丽江经验论析

## ——基于田野民族志的个案研究

杨福泉 *

## 一 丽江经验的独特示范意义

将云南建设成为"我国民族团结进步边疆繁荣稳定的示范区"是习近平总书记 2015 年 1 月在云南调研时对云南发展做出的重要指示和明确要求之一，这是一个重大的战略，也是国家对云南未来发展的根本定位。但是示范区建设不可能一蹴而就，需要加强理论研究和实证研究。丽江位于生物多样性和文化多样性十分富集的滇西北，民族文化丰富多彩，南与云南历史古都大理毗邻，北与迪庆州相连。作为拥有"世界文化遗产"丽江古城、"世界记忆名录"东巴古籍和"世界自然遗产""三江并流"核心区老君山三项桂冠的丽江市，是云南建设民族团结进步示范区举足轻重的区域。结合丽江独特的地理位置和区位优势、人文优势，加强其在建设示范区方面的理论研究和实地调研，显得尤为重要。比如丽江在"一带一路"、藏羌彝走廊、大香格里拉区域和茶马古道等国家发展规划中的地位、优势和特色等，都值得认真研究、深入挖掘。

建设民族团结进步示范区，总结借鉴历史经验很重要。丽江有汉、纳

---

\* 杨福泉，中国民族学学会副会长，云南省社会科学院原副院长、研究员。

西、藏、彝、傈僳、白、普米、傣、苗、壮、回等十多个民族，各民族和睦相处，在历史发展进程中形成了很多"你中有我、我中有你"的多民族交融社区。比如明清以来丽江本地各民族与外来移民共创古城文明，打造了有 227 个姓氏的民族团结发展之地，反映了当地各族人民与外来移民在几百年的历史发展中相互学习、相互尊重、不断交融的过程，丽江也成为一个非常典型的民族团结进步、共同发展繁荣的多民族社区。①

从历史上看，丽江的民族团结和民族交融进程很有特点。据历史学家研究，在明代以前，云南人口以少数民族占大多数；明朝实行军屯制度，大量汉族士兵携带家属来到云南，于是很多居住在平坝地区的少数民族逐渐与汉族交融，汉族人口超过少数民族人口。在云南土著和汉族移民交往交流交融不断加深的明清两代，丽江这个"纳西古王国"却以一种神秘的力量吸纳着无数来到这里的汉族移民。据调查，丽江古城及近郊在 20 世纪 50 年代之前有 138 个姓氏，20 世纪 50 年代后新增姓氏 89 个。在这 227 个姓氏中，如张、王、李、赵、杨、孙、钱、江、蒋、桑、姚、吕、曹、曾、黄、易、赖、苏、阙、邱、宣、吴、杜、傅等姓氏，在丽江古城都可以找到，而且这些外来户无一例外地讲纳西语，娶纳西妇，嫁纳西汉，穿纳西服，早已成为地地道道的纳西人。可见这些汉族移民带来的汉文化，也融进了丽江的纳西人社会。

丽江古城居民中除了汉族移民之外，还有一部分在"茶马古道"滇藏贸易上落籍丽江古城的藏族、白族和回族人。在长期的民族交往交流中，他们成为能操本族语和纳西语的古城居民，有的则完全融入纳西族且改为纳西族。

改革开放以来，丽江广泛开展国际文化交流，促进旅游与文化的互动发展，与来自全球的各民族进行广泛交流，日益成为一个展示中国民族团结进步共同繁荣发展的窗口。笔者曾陪同不远万里来丽江访问的加拿大印第安酋长们参观丽江古城，他们在古城看到满街走着穿着各自民族服装的纳西、汉、白、傈僳、藏等族群众，既会说汉语又会说自己的母语，在四

---

① 杨福泉：《论丽江古城纳西和汉文化的相互影响与整合》，《思想战线》2005 年第 2 期。

方街集市非常和谐地做着生意。其中有几个酋长想起了他们的民族在 20 世纪 70 年代以前长期遭受白人"文化沙文主义"强行同化政策之害，很多印第安优秀传统文化濒临灭绝，不禁悲从中来，潸然泪下。这些酋长回去后开始实施印第安文化复兴活动并取得了不错的效果，可见当年丽江的民族团结景象对那些来访的印第安酋长起到了不小的启示作用。①

　　在长期的学术研究过程中，笔者多次陪同来自各国的政治家、学者、实业家、学生在丽江村镇考察、参观并给他们上课，或者进行国际合作项目，丽江各民族和睦相处、互助互爱的情景给他们留下了深刻印象。他们从中感受到新中国在促进各民族团结和睦共同发展方面所做出的努力和获得的巨大成功，可见丽江起到了对外展示中国民族团结进步共同繁荣发展的窗口的作用。在丽江，我们也实施过一些使多个民族受益的培训教育项目，如笔者就牵头在丽江市玉龙县黄山镇白华村实施过为期 4 年的"少数民族妇女手工艺培训"项目，邀请民间的手工艺高手培训来自云南和四川的 8 个少数民族青年妇女学习多种手工艺技艺，在国内外都产生了很好的影响。今后在建设民族团结进步示范区的过程中，丽江可以更有效地发挥这个独特的窗口作用，进一步成为中国展示民族团结进步共同繁荣发展的典范地区。丽江在民族团结进步共同繁荣发展方面积累了很多很好的做法和经验，笔者常年在丽江进行田野调查，有不少体会。在笔者主持的"策划丽江——旅游与文化篇""丽江市和迪庆州旅游与文化互动发展研究"等项目以及其他一些书文中，系统地总结了丽江当代发展的成绩和经验，提出过一些具有操作性的建议。当下应认真研究丽江建设民族团结进步示范区的个性特色和发展创新，认真总结丽江与相邻地区各族人民团结携手共同发展的独特经验，在此基础上进一步取得开拓创新的新成绩。改革开放后，丽江在促进民族团结进步共同繁荣发展方面做了很多实实在在的事，在此基础上应进一步总结和推出新的"丽江经验"。

　　笔者在调研中了解到，丽江民族众多，历史上各民族与中央王朝和周边其他地区民族之间都保持了密切关系，各民族相互依存、相互帮助、和

---

① 杨福泉：《为濒危的民族传统而苦斗的酋长们》，《光明日报》1997 年 6 月 11 日。

睦共处，"你中有我、我中有你"。历届丽江市委、市政府始终坚持"在丽江，不谋民族工作就不足以谋全局"的理念，团结一心带领全市各族人民发扬党的民族工作的光荣传统，牢牢把握各民族共同团结奋斗、共同繁荣发展的民族工作主题，积极创新民族工作新路子，使得多民族聚居、多宗教并存的丽江长期保持了民族团结、宗教和睦、社会稳定、经济发展、社会进步的良好局面，在全省民族团结和宗教工作目标责任考核中始终走在前列。改革开放以来，丽江没有发生过一起因民族宗教问题引发的重大矛盾纠纷和群体性事件。在云南省委、省政府对各州市的目标管理责任制考核考评中，丽江的民族工作和宗教工作连续多年获奖。

丽江先后制定出台了《丽江市创建全国民族团结进步示范市工作方案》《丽江市创建全国民族团结进步示范市测评指标体系》《丽江市全面深入持久开展民族团结进步创建工作　铸牢中华民族共同体意识实施方案》等文件，细化目标任务。截至 2020 年底，丽江累计实施 133 个民族团结进步示范创建项目，其中包括 1 个示范县、9 个示范乡（镇）、2 个特色乡、88 个示范村、29 个特色村、4 个示范社区。① 2020 年 11 月，丽江创建全国民族团结进步示范市通过了省级初验。

根据《中共云南省委云南省人民政府关于建设民族团结进步边疆繁荣稳定示范区的意见》，2013 年 2 月，玉龙纳西族自治县（以下简称玉龙县）被列入云南省示范区建设"3121"创建工程，是当时确定的十个示范县之一，白沙镇被列入全省 20 个示范乡镇之一。

笔者在调研中获悉，玉龙县委、县政府始终贯彻"创新、协调、绿色、开放、共享"的新发展理念，把各民族团结和谐、共同发展作为目标，重点抓脱贫攻坚和重点项目带动民生改善。结合玉龙县实际，认真抓生态保护、旅游和其他产业的协调发展，抓社会和谐安宁，抓民族文化保护传承与旅游的融合。在具体工作中采取分年推进、分片发展的方式，力创村落经济繁荣和文化发展的品牌，苦心营造民族特色突出、各民族团结和睦的发展格局，探索出一条符合玉龙县实际情况、具有玉龙县突出特色

---

① 王君霞：《丽江民族团结进步取得新进展》，《民族时报》2021 年 3 月 12 日。

的创新之路。

## 二 各民族团结齐心推进建设绿色家园是丽江建设民族团结进步示范区的重要举措

2013 年 9 月，习近平总书记在哈萨克斯坦纳扎尔巴耶夫大学发表演讲时说："我们既要绿水青山，也要金山银山。宁要绿水青山，不要金山银山，而且绿水青山就是金山银山。"[①] 丽江是全省重点林区和国家生态安全屏障的重要组成部分，玉龙县也是云南省唯一列入国家主体功能建设试点示范的两个州县之一。在建设民族团结进步示范县工作中，如何营造和保护好绿水青山，成为至关重要的内容。

### （一）玉龙县各民族团结齐心推进建设绿色家园的具体做法

玉龙县通过示范村、特色村寨、产业示范户建设引领全县民族地区的经济发展。2014 年玉龙县总投资 540 万元（省级扶持资金）对九河乡河源、鸣音镇中罗、太安乡汝南中村 3 个民族团结示范村以及九河乡金普村拉普组、石鼓镇仁和石支、太安乡汝南海棠 3 个民族特色村寨、29 户产业示范户进行建设，已经全面建成验收。通过这些示范项目的建设，玉龙县实现了特色文化与农村经济的融合持续发展，拓宽了农民增收路径，增强了可持续发展能力。

笔者于 2017 年 7 月去九河乡河源村和金普村进行调研。九河乡河源村村委会地处老君山腹地，位于九河乡西南面，是老君山国家公园的核心区，海拔 2600 米至 3000 米，河源村境内居住着白族、纳西族、普米族、傈僳族等民族，共有 14 个村民小组，513 户 2145 人。笔者在河源村调研时获悉河源村的森林覆盖率高达 90%，这与九河乡党委政府和河源村村委会的有效管理以及群众爱山护山的自觉行动密不可分。

---

① 《习近平在哈萨克斯坦纳扎尔巴耶夫大学的演讲》，中国共产党新闻网，http：//cpc. people. com. cn/n/2013/0908/c64094-22843681. html，2013 年 9 月 7 日。

　　金普村是个多民族聚居且一直保持和睦友好氛围的村子，不论哪个民族都能用纳西语交流；如果金普村的普米族老人去世，还会请纳西族东巴祭司为死者举行送魂仪式。近年来，金普村普米族致力于振兴传统文化，村民家里普遍修建了与本族信仰和生活礼俗密切相关的传统火塘，丰富了村民的信仰民俗生活，增添了民居的传统文化意蕴。

　　普米族属于我国人口较少民族，国家对以普米族为主体村民的金普村有政策倾斜的项目支持。九河乡党委政府严格按照国家政策的规定，同时根据各民族的实际情况统筹安排，使得各民族的生产生活都从中受益，在共同受益、共同发展过程中不断促进各民族之间的和睦与团结。金普村各民族历来相互通婚，有个纳西族家庭有 6 个儿子，都娶了普米族女子。玉龙县的纳西族人口最多，九河乡的白族、普米族等大多能讲纳西话。笔者在金普村走访了几户普米族村民，一家老少都能讲一口流利的纳西话，同时也很好地传承了普米族母语。

　　玉龙村是民族团结进步示范镇白沙镇另一个生态和文化重地，建于唐代供奉纳西族保护神三多的庙——"三多国"（北岳庙）就在玉龙村，这个村是迄今为止丽江坝区田野、山林和农田风光保留最完整的少数民族村落之一。笔者每次去玉龙村都感到心旷神怡，郁郁葱葱的山林、碧波潋滟的姊妹湖，源自玉龙雪山、潺潺流过玉龙村供丽江城区饮水的溪流，大片四季色彩不同的农田风光尽收眼底。村里的民居全是传统的青瓦白墙农家院落，有的农家还保留了传统的晒粮架。玉龙村以其独特的历史文化和生态文化特色，构成了丽江村落文化的一个典范，正在逐渐发展成为一个保护生态环境和纳西族文化传承的模范社区。

　　在民族团结进步示范区建设过程中，如何保护好环境和资源是至关重要的基础性工作。这里举一个典型的例子，玉龙县白沙镇的玉湖村是个国家级传统村落，也是云南唯一入选的住房和城乡建设部评选的全国宜居村落，列入了首批"中国乡村旅游模范村"。白沙镇境内金矿资源丰富，而金矿资源主要集中在玉湖村辖区内，共有 7 个矿点，由于储量多、品位高，基本为浅层埋藏，可露天开采，经济价值高，多年来备受社会关注并常常被偷挖盗采。2000 年笔者在玉湖村调研时了解到，当地政府正投入很大的人力物力治理这一棘手的偷采金矿的事。可以说，金矿的管护一直都是白沙镇党委政府工作的重中之重。2011 年以前，主要采取的是由镇机关、县国土局、县公安局共同配合，国土局聘用管护员驻点看管，镇政府组织村社群众参与驻点看管，同时派驻值班组 24 小时工作的方式进行管护。从 2011 年起，金矿偷采乱挖行为得到遏制，白沙镇进一步完善金矿管护制度，建立健全玉湖金矿管护巡查机制和领导包干负责制，成立 3 个镇机关巡查组，每组每周实行一次不定期的全面巡查，执行群众参与管护机制，每天组织 39 名群众上山对 5 个看守点进行管护，由村组干部担任组长，有可疑人员上山或者矿点有异常情况，都能在 24 小时内发现并及时通知镇机关采取措施。通过一段时间的工作，白沙镇目前已经完全杜绝了金矿的私采盗挖情况。

如今，玉龙雪山蕴含金矿区域森林茂密、葳蕤青葱，在政府和村民的共同努力下，这座纳西人的神山所蕴藏的金矿得到了有效保护，避免了因为采矿可能导致绿水青山满目疮痍的命运。

（二）宁蒗县拉伯乡人民保住了长江上游的一片绿色屏障

笔者多次到宁蒗县拉伯乡调研，拉伯乡下辖托甸、田坝、格瓦、加泽、拉伯 5 个村委会，63 个自然小组。辖区内总人口 10574 人，其中城镇常住人口 439 人，有汉、普米、纳西（包括纳西族摩梭人）、傈僳、苗、壮、藏等 8 个民族。

拉伯乡有莽莽苍苍的森林，云雾缭绕，山高水长，一路走进去，两边都是茂密的森林，这是笔者未曾想到的景象。20 世纪 60~80 年代，金沙江上游林区是国家采伐木头的重点林区，大片大片的森林被砍伐，记得当时金沙江上游丽江境内奉科、宝山等地的原始森林被大量砍伐，金沙江上每天都漂着水运的木材。经过长年累月的砍伐，金沙江林区已难见到原始森林。后来国家实施长江上游天然林保护和退耕还林等一系列政策，砍伐森林得到控制，但长江上游两岸要恢复到原来森林茂密的状态，需要数十年乃至百年时间。地处金沙江上游穷乡僻壤的拉伯乡，森林覆盖率居然达到 79% 且多是原始森林，其中有红豆杉、云杉、冷杉、云南松、高山松等上百种珍稀木本植物和山茶、杜鹃、梅、月季、兰花、青竹、黄竹等植物，以及熊、山驴、岩羊、獐子、猴子等野生动物。这令笔者大为惊喜，同时对拉伯乡各族人民肃然起敬。

2017 年 7 月去拉伯乡的路上，拉伯乡乡长熊贵光指着一大片国家一级保护植物红豆杉对笔者说，拉伯乡已经对境内 3.2 万棵红豆杉做了登记造册，进行有效保护。由此可见拉伯乡党委政府对保护森林和古树名木所用的苦心和苦功。红豆杉是世界上公认濒临灭绝的天然珍稀抗癌植物，是经过第四纪冰川遗留下来的古老孑遗树种，在地球上已有 250 万年的历史。由于在自然条件下红豆杉生长速度缓慢，再生能力差，所以很长时间以来世界范围内都没有形成大规模的红豆杉原料林基地。红豆杉因其药用价值高，在滇西北遭偷砍盗伐现象曾经非常严重，因此成为濒危树种。如今拉伯乡保住了这片红豆杉，真是造福子孙后代。

拉伯乡的干部和各族人民为何能把拉伯乡境内的原始森林保护得这么好呢？笔者带着这个问题走访了乡里的干部和村民。熊贵光乡长介绍说，拉伯乡党委政府历来非常重视生态保护工作，拉伯乡是宁蒗县中至今唯一保存有近 2.5 万亩原始森林的乡，其中还有 3.2 万多株国家一级保护植物红豆杉。此外，加泽湿地保护区和托甸、格瓦、加泽三个村委会还有近 20万亩保护完好的森林。历届党委政府确定要把拉伯建设成生态文明乡、民族团结进步乡、产业发展重点乡，形成"长期核桃，中期青椒、花椒，短期烤烟加拉伯高脚鸡"的长、中、短期相结合的产业发展模式。①

宁蒗县拉伯乡各族人民为长江上游保护住了一大块绿洲和生态屏障，这对国家建设长江经济带的宏伟规划起到了十分重要的支撑作用，对长江上下游的发展奠定了很好的生态基础。习近平总书记 2015 年 1 月 19～21日在云南考察工作时提出，希望云南主动服务和融入国家发展战略，闯出一条跨越式发展的路子来，努力成为民族团结进步示范区、生态文明建设排头兵、面向南亚东南亚辐射中心，谱写好中国梦的云南篇章。民族团结

---

① 杨福泉主编《新定位　大团结——云南建设民族团结进步示范区纪实》，云南人民出版社，2017，第 344～356 页。

进步示范区建设和当生态文明建设排头兵这两方面工作是相辅相成相互促进的，拉伯乡各族人民在这两方面都做出了突出的贡献。

## 三 丽江在民族文化保护、传承与发展 方面取得了突出成绩

以玉龙县为例，除了政府扶助的文化遗产保护和传承项目之外，还有不少以社会力量进行民族文化保护和传承的好例子，比如白沙镇玉龙村纳西族民营企业家和长红创办的获得国家 4A 级旅游景区称号的"丽江玉水寨生态文化旅游有限公司"就是比较突出的一家，该公司通过各种方式推进东巴文化的保护传承。

玉水寨通过文化生态旅游经营获得了较好的经济效益，和长红先生不忘回报社会，反哺纳西东巴文化的保护传承。2009 年，玉水寨出资 60 余万元，在玉龙雪山脚下建起了"玉水寨东巴文化传习学校"，培养了不少优秀的青年东巴，玉水寨也被中国民间文艺家协会命名为"东巴文化传承基地"。由"玉水寨"牵头和出资，丽江纳西族民间人士发起成立了丽江市纳西东巴文化传承学校。玉水寨出钱出力，有力地推进了丽江市东巴文化传人培养和民间东巴文化的保护及传承，不少村子的年轻人学习东巴文化和举办东巴文化活动的热情不断提高，不少乡镇的祭天、祭自然神等礼仪习俗得以恢复。玉水寨还大力推进纳西语文化的传承，自 2007 年起设立了"白沙乡基础教育玉水寨奖学金"，每年出资对品学兼优的学生颁发奖学金。如今，玉水寨不仅成为国内外著名的旅游胜地，也成为传承纳西族东巴文化和传统民间礼仪习俗的重要基地。玉水寨多年的实践走出了一条乡村民营企业推动文化与旅游互动融合的成功道路，和长红也因此获得"丽江非公经济优秀社会主义事业建设者"荣誉称号；2014 年，和长红被国务院授予"第六届全国民族团结进步模范个人"荣誉称号。

弘扬祖先创造的优秀文化、慎终追远是纳西族的优良传统。玉水寨结合国家的藏羌彝走廊文化建设项目，出资组织学者和东巴考察纳西祖先的迁徙、分布和文化根脉，进行了深入滇川藏青地区二万五千里之长的考

察，致力于在白沙镇的玉龙雪山脚下建立纳西人的祭祖祠，慎终追远，礼敬先贤，弘扬纳西族优秀传统文化。

玉龙县各乡镇都有民间自发组织的各种文化传承组织，如黎明乡"洛玛底之声"民间业余歌舞队、石头乡白族歌舞表演队、九河乡老君山农民艺术团以及多个纳西古乐队等。笔者在2017年6月的调研中应邀参加了玉龙县宝山乡宝山石头城纳西族民间文化传承协会挂牌仪式以及以宝山乡、奉科乡等地民间艺人和群众为主举办的纳西族民间音乐展演——"血脉纳西"。这些遍布玉龙县各乡镇的民间文化活动推进了各民族民间文化的保护传承，活跃和丰富了各族民众的文化生活。玉龙县各级政府还充分利用各民族的重大节日组织丰富多彩的民间文化活动，组织和鼓励群众自编自演本土特色突出的节目，举办各种有当地特色的民间文艺活动，如塔城乡村艺术节、太安民间乐舞大赛、黎明丹霞文化艺术节、拉市乡村旅游文化节、九河乡"六月富旺舞"民俗文化节等。这些活动充分体现了丰富的民族文化和地域特色，使这些乡镇各族群众的文化生活变得充满活力和多姿多彩。①

## 四　丽江走出了一条学校传承民族优秀文化的创新之路

玉龙县作为民族文化大县和民族团结进步示范县，如何让优秀的传统文化进校园，让孩子们在学习国家指定教材时也能寓教于乐地学到一些优秀的乡土知识，为今后传承民族优秀传统文化打下良好基础。玉龙县在这方面也走出了一条创新之路，比较典型的是白沙镇白沙完小。

2006年，笔者曾经牵头在白沙完小组织由老师、学生、家长和县教育部门都参与的乡土知识教育读本的编写和教学工作。在迪庆与西双版纳实施的3个点中，白沙完小是最成功且一直延续至今并不断有创新的一个点。

白沙完小位于玉龙县白沙镇，与世界文化遗产白沙古街和国家级文物

---

① 杨福泉主编《新定位 大团结——云南建设民族团结进步示范区纪实》，云南人民出版社，2017，第178~206页。

保护单位白沙壁画所在的大宝积宫毗邻，背倚玉龙雪山，学校始建于清雍正二年（1724）。白沙完小招生片区是白沙、木都、新善三个村，现在全校在校生300多人，有12个教学班，教师大专以上学历的占比80%。该校走出了一条适合于自己发展的新路，探索出一套系统的教育模式，已经成为全国少数民族地区最具活力和特色的完小。

白沙完小大胆创新进行国家指定教材和乡土知识教育结合教学的尝试，老师们组织学生到村中进行实地调查，走访了民间医生、退休干部、铜匠、皮匠、豆腐作坊工作人员、榨油坊工人、护林员、乡村歌手舞者等许多乡土知识拥有者，师生们还认真倾听家长的意见，在此基础上编写了乡土知识教材《白沙·我的家乡》。《白沙·我的家乡》包括如下内容：我们的房子、我们的院子、我们的家谱（选学）、我的家人、我们的家畜、我们的服饰、我们的用具、我们的食物、我们的村子、我们的旅游资源、铜器是怎样制作出来的、水与水的利用、森林资源与管理、谁管理我们的村子、我们的农事历等。教材内容生动且接地气，受到学生和家长的欢迎，也得到国内外教育界同行的高度赞赏。《白沙·我的家乡》第一、二册被评为云南省优秀校本教材一等奖。[1]

白沙完小在传授和学习好国家开设的各门课程的同时，还开设了纳西拼音文字课、纳西东巴象形文课、传统文化知识课、民间美术课、纳西古乐"白沙细乐"课。多年来，白沙完小把民族文化知识作为学校常规教育的一部分，在认真完成义务教育和传统教育的同时，大力做好传承、弘扬民族文化教育工作，促进学生的全面发展。学生既学到了乡土知识，"小升初"考试成绩在玉龙县也名列前茅。有些在丽江工作的外省人和外国人，慕名把自己的子女送到白沙完小来读书，他们认为这个学校学习氛围好，能寓教于乐地让孩子们学到他们感兴趣的知识。可以说，白沙完小成功地走出了一条兼顾民族文化传统和国家统编教材学习的有效路径。

白沙历来被称为"足球之乡"，孩子们从小就喜欢踢足球。白沙完小

---

[1] 杨福泉主编《丽江市玉龙纳西族自治县白沙乡白沙完小乡土知识教育的实践》，云南科技出版社，2006，第3~8页。

形成了"足球从娃娃抓起"的共识，把它作为学校特色教育的一项重要内容来抓。学校在每年夏季和冬季都要举行运动会，足球作为运动会的主要比赛项目，各班都要组织一支足球队参加比赛，作为白沙乡的代表队，白沙完小一直保持全县前二的优异成绩。在历年的"萌芽杯"及"贝贝杯"足球联赛中，白沙完小代表队获得了双冠军的好成绩。2015 年 4 月，白沙完小球队参加"与世界有约"斯凯孚杯全国足球邀请赛并获得第二名的战绩。2016 年白沙完小球队获"友邦中国青少年足球发展项目 2016 快乐足球冠军杯赛"冠军。

玉龙县还建立了民族团结进步创建工作机制，促进民族团结进步创建进机关、进社区、进村寨、进企业、进学校、进军营，建立了县民族中学、白马完小、九河中学等 6 个民族团结教育示范基地，在全县所有中小学中广泛开展以"民族团结、民族知识、民族政策"为主题的民族团结教育活动。

玉龙县民族文化与社会性别研究会的一些女老师在深入基层走村串寨调研和搜集整理基础上编写了《纳西族童谣》一书，这本书推进了纳西族童谣的收集整理和学校童谣教学，激发了孩子们演唱童谣的兴致。之后纳西孩子的童谣演唱接连获得荣誉。"飞越彩虹"丽江纳西娃娃合唱团应邀参加第六届中国童声合唱节比赛，与来自全国各地的 49 支合唱队伍、3000多人同台竞技，最终获得金奖。这也是一个关于民族优秀传统文化学习和传承的好例子。

## 五　社区多民族和谐相处和跨区域合作共建和谐家园的新做法

丽江在民族文化保护和弘扬方面获得了世界性声誉，文化与旅游的互动互补也获得了巨大成功，是我国凭借区域特色和文化资源走出一条自我发展之路的典型范例。随着旅游发展中大研古城本地居民的逐渐迁出，丽江古城的魅力和文化传承又面临各种挑战和困惑，这也给我们提出如何保持区域发展的可持续性、如何探索中国多元化区域发展成功之路的问题。

　　有幸的是，笔者在当前丽江古城的一些社区中看到了一些新气象。据了解，丽江古城大研街道北门社区居住着纳西、汉、藏、回、白、彝、傈僳、普米 8 个民族的居民和来自美国、法国、德国、澳大利亚和新加坡等国的外国籍居民，他们的宗教信仰不同，生活习俗不同，但居民们都相互尊重，相帮互扶，和睦共处。丽江大研古城文林村也住着纳西、汉、白、藏、普米等族居民，各民族相互尊重，团结和谐，一起欢度纳西人的火把节、放河灯的祭祖节，还建起了古色古香的社区藏书楼，村里有纳西古乐和传统歌舞队等。2018 年，北门社区被列为云南省民族团结进步示范区；2019 年，文林村被评为全国民族团结进步示范村。丽江大研古城是我国第一个获得世界文化遗产的古镇，各民族和睦和谐相处、共同繁荣发展的传统正在文林村和北门社区延续着，这已成为我国保护和传承世界文化遗产且有创新发展的"丽江经验"。

　　此外，丽江古城保护管理局也腾出 22 个公房传统院落，展示和推进丽江本土传统文化。如雪山书院、恒裕公民居博物馆，展示和举行纳西婚俗婚礼为主的"纳西人家"，展示丽江各种手工艺的"手道丽江"，东巴书画体验馆，展示民间歌舞、乡村记忆的"天地院"，还有展示和传承纳西传统服饰、纳西木雕的院落等。近年来在古城建了古城历史文化展示馆、十月文学馆、徐霞客纪念馆、洛克纪念馆，还有一些著名学者、作家、画家的故居，地方文化名人故居以及一些雅致的书屋，让旅人从这些文化院落中领略丽江古城丰富多彩的传统文化。这些院落和北门街、文林村等社区形成了当下丽江古城新的文化气象，只要坚持下去，就会逐渐形成当代丽江古城独有魅力的新文化新民俗，进一步促进来自天南海北的各民族旅人和新老丽江各族民众相互之间的交流、学习和互动。

　　20 世纪 90 年代以来，笔者多次到世界文化遗产丽江古城的组成部分束河调研，先后写过长篇纪实散文《束河村纪事》（1997）以及调研报告《丽江县白沙乡龙泉村（束河）社会性别与能源之间关系的调研》（1998）、《丽江市玉龙县束河（龙泉）传统文化和生态保护村调查》（2009）等文。近年来笔者也常常回到束河看看，它的发展景象是 20 世纪 90 年代在这里调研时所想不到的。特别是它在发展中逐渐形成世界文化遗产保护与发展的"束河模式"更是引起学界、文化界和旅游界的重视，也引起联合国教科文组织的注意。束河当下也是个不同民族的聚居之地，除了纳西族以外，还有汉、藏、白、普米等族民众在这里休养生息，他们成为新的束河人，共同促进当下束河的繁荣发展。

笔者认为，"束河模式"成功的主要原因之一，还在于它坚持了一种"分区制"的发展模式，既有在传统古村落基础上依循本地村落传统建筑格局和民居特色的古镇拓展，建盖了不少小桥流水青瓦白墙的纳西民居式建筑，又保留了村落的田园风光和村民们传统的日常生活格局，旅人在这里可以看到真实的纳西人的日常生活，这使束河古城比大研古城更具有传统文化的吸引力。可见，如何保持束河古村落的长久魅力，关键在于如何保留住这里的农家田园生活情调、活着的纳西民俗和田园风光。①

玉龙县与迪庆州、大理州的多个县接壤，搞好与邻县各民族的团结协作至关重要，这样才能并肩携手谋发展。玉龙县不断推进和邻县各族人民互助协作，加深友谊，这也是玉龙县建设民族团结进步示范县的特色之一。比如塔城乡地处"鸡鸣四县市"的中心地带，与维西县塔城镇其宗村、香格里拉市上江乡木高村、德钦县拖顶乡毗邻，是纳西、藏、傈僳等族杂居和聚居地。塔城乡民族关系十分融洽，是著名的"万里长江第一桥"（塔城铁桥）所在之地，唐代以来就是纳西族和藏族等多民族进行经济和文化交流的历史重地，也是东巴文化发展重地，产生过很多闻名遐迩的大东巴；这里的藏传佛教和民间艺术也比较发达，出过好几个闻名遐迩的纳西歌手，纳西族和藏族艺术相互交融的"勒巴舞""朵翀"等歌舞也很有名。2016 年，塔城乡获得了省里批准的"塔城乡署明村纳西族传统文化保护区"称号。塔城乡是笔者长期的田野调查点，笔者去塔城调研时，常常有机会参与各民族的联欢，也深入研究过塔城乡纳西族、藏族之间长期的交往交流交融。

长期以来，生活在这个"鸡鸣四县市"区域的各族民众和谐共处，荣

---

① 杨福泉：《论传统村落保护发展的问题与路径——以云南丽江的几个传统村落为例》，《云南师范大学学报》（哲学社会科学版）2019 年第 5 期。

辱与共，共创家园。最近，玉龙县塔城乡还推进开展了"鸡鸣四县"七乡镇"村村联建"活动，促进跨县各乡镇的团结共进，共建制度，团结联动，有纠纷一起解决，山水资源共同保护，节日一起欢庆，促进了"四县七乡镇"的团结和谐的氛围。在 2017 年 6 月 25～26 日，第二届"鸡鸣四县"七乡镇"村村联建"暨联谊活动在玉龙县塔城乡塔城村举行。来自玉龙县、香格里拉市、维西县、德钦县 4 个县市、7 个乡镇及 12 个友邻乡镇的村"三委"负责人和各民族民众参加了这个活动，活动分两天进行。25日下午召开"民族大团结、党建促和谐"座谈会暨四县市村村联建"互联网+党建"塔城之窗 App 学习观摩会。

2017 年 6 月 26 日上午，在塔城乡文化广场举行了歌咏比赛活动，来自四县市的各族群众 7000 多人参加了此次活动。这个"村村联建"活动充分利用地域相近、村情相似等特点，用制度作保障、以文化为血脉，打破地域限制，优势互补、整合资源，一起发展。塔城乡通过"村村联建"工作，推进并实现村组之间资源共享、优势互补、和谐共处、互利共赢的好局面，共同维护和巩固和谐稳定发展的好环境，各民族相帮互扶，过上脱贫致富的好日子。

在这个活动中，塔城村委会和其他毗邻乡镇现场签署了"村村联建"协议。塔城村与毗邻村签订了《联建协议》，不仅明确了联建双方的权利和义务，还就提升基层党建工作水平、生态环境保护、护林防火、产业链接、旅游开发、信息互通、矛盾纠纷排查、法律知识宣传、民族团结互助和促进民族文化保护发展等多项重点工作达成了共识，形成了可操作实施的交流合作机制。

## 结　语

笔者认为，在当下的民族团结进步示范区建设中，对各地各民族在不同历史阶段的经验和成功个案进行深入调研和总结很有必要。只有通过不断总结示范区建设经验，才能拓宽这项工作的思路，促进理论联系实际的升华，不断推出因地制宜的创新举措和示范案例。如前所述，从历史到当代，丽江在民族团结进步共同繁荣发展方面开创了很多好的做法，积累了丰富的经验。在建设民族团结进步示范区的过程中，应进一步深入研究丽江建设民族团结进步示范区的个性特色并与时俱进地发展创新，保持和加强丽江最突出的优势和个性特色，推出新的"丽江经验"。丽江各民族长期以来团结齐心建设绿色家园，对长江上游生态屏障不断做出新贡献，各民族在民族文化保护、传承与发展以及旅游与文化产业互相融合等方面的做法和经验，在学校里传承民族优秀文化的创新之路，丽江与相邻地区各族人民团结携手共同发展的独特经验等，都值得认真总结，并在此基础上进一步取得独具个性和特色的新成绩。

# 从地契印信文献看明清时期
# 青海东部涉藏地区政治社会变迁

索端智[*]

20 世纪上半叶以来，随着实证研究学科在我国的引入，民间文献的研究价值越来越受到多学科的普遍重视，以民俗乡例证史、以实物碑刻证史、以民间文献证史成为多学科普遍重视的研究方法。地契文书是有着几千年历史传统的中国民间法律文书，是人类学、社会学、史学等多学科非常重视的研究区域社会与经济活动的学术资源。与正史文献的宏大叙事相比，地契文献的特点是具体而微，是对民间社会微观经济社会活动的真实记录，它可以为我们呈现特定时空背景下经济社会活动的历史现场，具有很强的历史现场感。本研究基于作者在青海东部涉藏地区收集到的三份地契印信文献，时间跨度从明初到清中后期，结合整体的社会历史背景，分析这些地契文书和印信透露的信息，从中能够看到青海东部地区发生的一些重大历史事件，印证这一区域经历的政治社会变迁。

## 一 三份地契印信文献

地契文书是规制土地买卖、租赁关系的一种法律文书，在我国有悠久

---

* 索端智，中国民族学学会副会长，青海省社会科学院党组书记、院长、教授。

的历史，考察法律史，我国从先秦时期就有了买地立契的传统，在之后的历史发展中，这一传统虽经变化，但总体法律精神得到延续。根据法律史学者对地契文献历史演变的研究，在秦汉时期的契约文献中，当事人双方签署契约的地位基本相同，在此后吐鲁番、敦煌出土的唐宋契约中当事人双方的地位有所不同，买主、债主、地主等居于主动地位的当事人在契约上都不画指。元明时期，契约上提到买主、典主、债主等当事人时，往往要换行顶格书写，甚至还要"避讳"，不明确书写他们的名字，只书写"某宅""某府""某姓"，以示尊重，而且他们不用签字画押。①青海东部地区是汉藏文化交汇的重要区域，从汉唐开始中央政府就在这一地区设立机构，进行管辖，中原汉族不断进入青海东部地区，汉族文化随着移民的进入而在该地区传播，宋元以后汉藏民族不断交往、交流、交融，汉藏文化的交流比较充分。从笔者搜集掌握的青海东部涉藏地区的地契文献来看，元末明初之时，在土地买卖中开始普遍使用汉族传统的立契方式，明清以后汉文书写并完全符合规范的地契文书在这一地区藏族中得到广泛的通行使用，说明至少元明时期以来，在青海东部涉藏地区汉藏双语的使用较为普及，汉族传统法律文化在青海东部藏族中被普遍接受、通行，反映出元明时期青海东部地区汉藏文化交流、交融的一个侧面。

从笔者搜集掌握的地契文献看，地契文书分为纯民间的土地契约和寺院上层（有官方性质）与小农之间的土地契约两种类型。纯民间的小农之间的土地契约分为两种：一种是有契约双方当事人、中见人和土地四至并加盖官方印信；而另一种仅仅是小农双方在中见人担保下的协议，当事双方或卖方签字画押，中见人（也称中人）从中见证作保，没有官方印信。有官府印信的地契文书说明，民间土地买卖、流转受到官方的管理，如果没有官方的公证约束，在涉及法律问题时得不到官署衙门的公证支持，存在法律约束力不强的问题；但同时民间地契文献中有相当一部分没有官方印信，只要有中见人作保即可，买地立契靠的是民间乡土熟人社会草根的诚信体系。第二种类型的地契文书是寺院与俗民之间的土地契约，这种文

---

① 郭建：《中华文化通典·法律志》，上海人民出版社，1997，第263~264页。

书体现和反映涉藏地区地方社会文化的特点，反映历史上该区域寺院土地占有和寺院土地所有制存在的事实，对于研究寺院土地所有制的形式与寺院经济具有重要意义。元明清时期，广大涉藏地区一些寺院因为寺主活佛得到朝廷的笼络重用而接受到大量朝廷封赐的土地，据藏文史料记载，元初，今青海湟中藏族西纳家族的喜饶意希贝桑波，因服事八思巴受比丘戒和护送八思巴到元大都有功，由元世祖忽必烈和八思巴赐给文书，将湟水流域的土地赐给喜饶意希贝桑波。① 此后包括瞿昙寺、西纳演教寺、弘化寺等在内的寺院也都占有大量的土地，这种由寺院占有大量土地的情况一直延续到近代，但是寺僧本身不可能去经营耕种大规模农耕土地，它必须以适当的方式与所辖俗民建立土地承包租赁的关系，本文中寺院与俗民之间的这份地契文书真实记录了寺院土地所有制的重要形式和内容，为我们呈现了寺院如何通过一定的法律形式确定与寺院属民之间的土地权利关系，为研究寺院土地所有制提供了珍贵的历史文献资料，是研究藏传佛教寺院土地所有制的鲜活个案。在签具官方印信的土地契约中又可以分为两种类型：第一种情况是地契文书有寺院签具的印信，与官署印信不同的是寺院签具的印信是不同朝代朝廷敕封给寺院上层喇嘛、国师的大印，反映这一地区历史上存在寺院政教合一管理的事实，朝廷将特定区域地方社会的管理权封授给宗教和寺院上层，寺院对地方社会进行政教合一形式的管理，地契中的印信表明寺院不仅管理宗教事务，也对土地流转在内的其他社会事务进行管理，是宗教寺院管理地方社会事务的重要证据；第二种情况是地契文书签具地方县衙官方印信，显然地方行政管理的权力在官僚体系中的地方政府。

在本文依凭的三份地契文献中，一份是政教合一的藏传佛教寺院与普通俗民之间签署的，两份是反映普通小农之间的土地买卖的，但在这两份小农之间土地关系的契约中，其中一份签具有朝廷敕封给瞿昙寺大国师的印信，另一份则签盖有当地官府县衙的印信，三份地契文书各有不同，反

---

① （清）智观巴·贡却乎丹巴饶吉：《安多政教史》，吴均等译，甘肃民族出版社，1989，第166~167页。

映不同时空背景条件下青海东部涉藏地区政治社会经历的变化。

第一份地契文书立于明洪武三年八月十五日，写于金黄色丝绸布帛之上，小楷墨书，内容在省去四至后誊录如下：

> 立印信凭据人索俗户系巴藏沟住人，为因开荒耕种瞿昙寺大国师老爷戎马水旱地，东至……南至……西至……北至……为界，四至分明，自立凭据之后，代代子孙求远耕种为业，如日后人孤力弱，尚或有外户人等隐昧混夹，执此印信凭据到官，以法律重究，恐后无凭，立印信契书求远为照。洪武三年八月十五日
>
> 领印信契书凭据人索俗户（画押）代书人方振猷（画押）

第二份文书立于清康熙六十一年四月，内容为一般小农之间的土地买卖，契书内容略，印信为瞿昙寺清初顺治朝封赐大印，满汉两种文字，内容为"灌顶净觉宏济大国师印"，文书旁留白处用藏文书写一行字，内容为："卓玛喀购买桑地之文契"，为瞿昙寺掌印人在签章时所书。

第三份文书立于清道光十六年十二月，内容同样为一般小农之间土地买卖交易，契书内容略，印信为清代西宁府辖碾伯县官印，汉字篆刻内容为："碾伯县印"。

## 二 地契印信反映的青海东部涉藏地区政治社会变迁

前文三份地契及印信文献分别立于明初和清中期、清后期，虽然文书本身记录的是地方社会内部微观的社会经济活动，但其中也隐含了一些重要的历史人类学信息，联系特定的时空背景分析这些文书中留下来的信息，从中我们可以探窥到区域政治社会历史变迁的清晰脉络。

下面我们开始分析立书于明洪武三年（1370）八月十五日的地契文书，文书中有三个非常明确的信息，一是立书时间为洪武三年八月十五日；二是明确提到土地主人为"瞿昙寺大国师老爷"；三是土地的性质为"瞿昙寺大国师老爷戎马水旱地"，立契原因为索姓俗民开荒耕种"瞿昙寺

大国师老爷戎马水旱地"。与一般的地契文书不同的是，这份契约文书立约的原因并非土地买卖、租赁或转让，而是开荒耕种瞿昙寺大国师老爷的戎马水旱地。

首先讨论文书中提到的"瞿昙寺大国师老爷"，从时间上看，这个大国师显然是瞿昙寺的创建者"三剌"，因为在文书立书的洪武三年八月十五这个时间，明军事势力刚刚进入青海，明洪武三年五月，明军攻克吐蕃等处宣慰司使都元帅府所在地河州，三个月以后的青海东部地区，明军刚刚进入，社会正处在改朝换代的剧烈变化中，此时文书中出现的瞿昙寺大国师老爷只能是瞿昙寺的创建者三罗喇嘛，也即《明史》所记之"三剌"。关于"三剌"这个人物《明史》中记载如下："初，西宁番僧三剌为书招降罕东诸部，又建佛刹于碾伯南川以居其众。至是来朝贡马请敕护持赐寺额，帝从所请，赐额曰瞿昙寺。"[①] 这段文字说明，瞿昙寺在洪武之初就和明朝廷建立了联系，联系的关键人物就是三剌，他利用自己在宗教上的影响力使生活在青海湖西北和河西地区的罕东部落归顺明朝，得到明太祖的扶持利用，因此，在地契文书中出现的瞿昙寺大国师老爷自然是《明史》中所记之"三剌"。

其次讨论地契文书中的土地性质，契约文本中明确表达契书约定的土地为"大国师老爷戎马水旱地"，这样的表述暗含了这块土地不是一般的小农用地，显然是一块具有官方性质的土地，国师的戎马土地自然带有国家的背景和官方的性质，此外，从时空背景分析，在洪武三年之时，明朝军事势力刚刚进入青海东部不久，青海东部地区正在经历新旧政权交替的剧烈变化，此时瞿昙寺得到大片的"戎马水旱地"，显然不可能是前朝故元政府的土地，说明瞿昙寺上层已与明朝廷建立了联系，而且得到明朝廷的支持。关于地契文书中约定的这片土地从四至范围看，完全属于后来瞿昙寺传统香火地的范围，至今立于瞿昙寺内宣德二年正月初六日的皇帝敕谕碑对瞿昙寺香火地封赐四至记载明确："……今西宁瞿昙寺，我太祖高皇帝、太宗文皇帝及朕相继创建，壮观一方，东至虎狼沟，西至补端观音

---

① （清）张廷玉等：《明史》卷330《西域列传》，中华书局，1974，第8541页。

堂、南至雪山、北至总处大河，各立牌楼为界，随诸善信，办纳香钱，以充供养。……"① 本地契文书中约定的土地就属于大明宣德碑封赐的范畴，说明香火地的封赐起于洪武初年，直到永乐年间进一步明确，并以皇帝敕谕碑诏告四方。以上几个信息联系当时的时空背景分析，元末明初青海东部地区发生的一些政治社会变化显然可见。

众所周知，瞿昙寺在明朝统一西北和管理甘青涉藏地区的过程中发挥过特殊的作用，因而受到了明朝中央的高度重视，多次受到明朝皇帝的敕封、敕建，这段历史在《明史》和瞿昙寺多通碑刻中多有记载，而这一切又和"三剌"在河西和青海东部涉藏地区的重要影响力有关，一般认为瞿昙寺与明王朝发生联系是在洪武二十六年（1393），朱元璋允三罗喇嘛所请，亲自为其所建寺院颁赐了"瞿昙寺"匾额。同时下令设立西宁僧纲司，以三剌为都纲，一并统领管理湟水流域及其附近地区宗教事务。但地契文献提供的信息显示，至迟在洪武三年八月之前瞿昙寺既已与明王朝发生了联系，并且得到了明王朝的扶持利用，成为代表明朝进行地方管理的新的地方势力。由于正史文献的宏大叙事，后来的研究者在对史料的解读中简单地将洪武二十六年（1393）明太祖为瞿昙寺题写寺额作为明朝廷与瞿昙寺发生联系的时间，这样的解读显然不符合历史事实，地契文献正好发挥了证史、补史的作用，联系地契文献中透露出来的信息，解读明史中的相关记载，显而易见，瞿昙寺早在洪武三年之前就已与明朝廷建立了联系。如果我们认真研究明军西进时明朝廷对西北涉藏地区采取的政策、策略，可以进一步发现瞿昙寺在明朝势力初达青海东部时就在短时间内与明王朝建立起联系是完全符合逻辑的，甚至可能在明军未进入青海之前就已与明朝廷有过联系，这与明太祖对西北涉藏地区采取"广行诏谕"的政策有关，自洪武二年五月（1369 年 6月）始，明太祖即遣西征军向西攻克临洮，同时数次遣使进入西北涉藏地区诏谕当地僧俗官员上层人士弃元降明。派遣使者诏谕藏族各部的工作开始于洪武二年五月，《明实录》记载洪武二年五月甲午"遣使持诏

---

① 吴景山：《瞿昙寺中的五方碑志资料》，《中国藏学》2011 年第 1 期。

谕吐蕃……使者至吐蕃，吐蕃未即归命，寻复遣陕西行省员外郎许允德往诏谕之"①。瞿昙寺上层"三剌"在河州被攻克两个月后得到朝廷的封地显然与明朝廷对西北涉藏地区采取"广行诏谕"的政策有关，明中央在武力征服的同时采取"广行诏谕"的办法招抚利用具有重要影响力的宗教上层，到洪武三年之时，故元势力被推翻，明朝廷很快扶持并利用瞿昙寺上层构建新的地方管理机构和体制，从《明史》记载可知，不仅瞿昙寺上层在"广行诏谕"的政策之下被招抚，进一步地，明廷利用瞿昙寺高僧三剌的宗教影响力对地处青海湖西北部和河西地区的罕东等部落进行诏谕，取得成功，从而使得这一地区和平归顺明朝。迄今研究者一般认为洪武四年（1371）元朝朵尔只失结归附明王朝是青海地区最早与明王朝发生联系的地方势力，但显然瞿昙寺与明王朝发生联系的时间要早于故元朵尔只失结势力归顺明廷。

综上所述，第一份地契文书反映的正是明军进入青海前后，瞿昙寺与新建立的明王朝发生联系，朝廷封赐给瞿昙寺以土地，瞿昙寺上层再将土地以开荒耕种的名义授以普通俗户，立契事件反映的正是这样一个特殊背景下地方政治管理体制确立的过程和地方社会内部的互动。需要指出的是，这样一份十分重要的地契文书理应有官府印信，但该地契文书中没有出现官府印信，如何解释这样的事实，笔者认为这恰恰反映事件发生的时代背景，因为文书形成之时，青海东部地区正在经历改朝换代的剧烈变化，社会正在急剧变迁，明朝刚刚立国，故元前朝官僚体制已被推翻废除，新朝的地方管理机构尚未完全建立，瞿昙寺虽与新进入青海的明王朝势力取得联系，但其本身的政治地位也正在确立之中，政教合一的治理体制尚未完全建立，因此，地契文书形成之时，正处于政治管理新旧交替的空档期，因此，文书落款没有官府印信自在情理之中。

第二份地契立书于康熙六十一年四月，从文书内容看是普通小农之间土地买卖契约，但这份文书的价值在于其上有瞿昙寺满汉两种文字印信，内容为"灌顶净觉宏济大国师印"，旁边留白处竖写藏文字为瞿昙寺掌印

---

① 顾祖成：《明实录藏族史料》第1集，西藏人民出版社，1992，第4页。

人所写，内容为"卓玛喀购买桑地之文契"。这份文书印信反映两个方面的信息，一是上面有瞿昙寺高僧的名号印信，即"灌顶净觉宏济大国师印"；二是地契立书时间为康熙六十一年四月。"灌顶净觉宏济大国师印"为明永乐十年之封号，在康熙年间的地契文书中出现这样的印信，说明至少到康熙朝，明廷封给瞿昙寺的"灌顶净觉宏济大国师印"仍然沿用，瞿昙寺政教合一的权力仍在延续，瞿昙寺在明代享有的特殊地位并没有因改朝换代而完全终结，瞿昙寺仍然沿袭着明初以来对青海东部涉藏地区实行的政教合一管理。作为一件非常重要的历史文物，它证实了清朝建立到康熙六十一年，清王朝对青海东部涉藏地区政策的一个侧面。关于瞿昙寺大国师的封号，《明实录》等文献有多处记载，最早见于永乐八年（1410）十月，明成祖封三罗喇嘛的侄徒班丹藏卜为"净觉弘济国师"，永乐十年（1412）正月，封为"灌顶净觉弘济大国师"。明永乐八年封瞿昙寺高僧班丹桑卜为"灌顶净觉宏济大国师"，赐八十两金印。按理清廷不可能允许瞿昙寺继续沿袭使用明代封授旧印信敕诰，那么清朝建立到康熙六十一年这段时间，为什么会允许瞿昙寺继续沿用前朝封赐的"灌顶净觉宏济大国师"名号呢？经考证清朝立国初从顺治到康熙对青海东部涉藏地区仍然沿袭明朝旧制，明朝各土官"俱就招抚，孟总督乔芳请仍赐以原职世袭"①对此过程有记录，清顺治八年（1651）七月，瞿昙寺为了与新建的清朝中央取得联系特别呈上奏文，主要请求更换明朝颁发的各种印信、敕诰，以确认其原有的权力，顺治十年（1653）清朝廷命"灌顶净觉宏济大国师"号，确认了前明旧号，但并非明永乐年间封授给瞿昙寺高僧之八十两黄金大印，清廷这样的做法说明青海东部涉藏地区在国家战略中的地位已与前明早期大有不同，清顺治皇帝对瞿昙寺及其上层没有给予任何的重视，没有给瞿昙寺敕封新的名号和印信，只是在瞿昙寺上层的呈奏下更换颁发了前朝印信敕诰，但也只是简单沿袭了前朝旧号。但从地契上面出现的印信看出，清中央也并未有意识削弱其原有的权力，仍然让其沿袭保留了政教合一的一部分权力，地契印信即证明

①　赵尔巽等：《清史稿》卷516《土司五》。

瞿昙寺对所辖区域内土地的交易流转依然进行管理，说明瞿昙寺政教合一管理者地位仍然存在，但与明代瞿昙寺显赫时期相比，在实际权力上早已风光不再，因为西宁卫的设置加强了清中央对青海东部湟水中下游地区的有效管理。

　　第三份地契文书中的印信进一步印证了清代中后期青海东部涉藏地区政治社会发生的变迁，文书中的印信已由瞿昙寺大国师的印信演变为碾伯县官印，在笔者收集到的多份道光朝以后的地契文献中，凡印信都是西宁府碾伯县官印，从道光直到咸丰、同治、光绪、宣统，碾伯县府官印一直在沿用。考之正史和地方志记载，变化发生的起因源于清雍正二年（1724）的青海蒙古罗卜藏丹津事件，这一年，青海蒙古罗卜藏丹津起兵反清，青海东部地区一些藏传佛教寺院公开参与其中，在这件事的善后中，清廷下决心对青海东部地区藏传佛教寺院进行整顿，整顿内容主要有以下几个方面：一是限制僧团规模，额定寺院僧侣人数；二是"将各番族归于县官，按地输粮，不受番寺约束"①；三是制定喇嘛"衣单口粮制度"由封建国家每年给寺院喇嘛衣食之资，称"衣单口粮"；四是取消明时和清初所授国师、禅师等名号，"其印诰缴于礼部，不准世袭"②。同时在青海东部地区进行行政设置，改西宁卫为西宁府，下设西宁县、碾伯县，增设大通卫。清乾隆二十六年（1761），改大通卫为大通县。这第三份地契文书上的印信为官印"碾伯县印"，说明瞿昙寺政教合一的权力已被收回，清廷乘平定罗卜藏丹津反清事件之机，收回瞿昙寺政治权力，在青海东部地区的管理体制上设西宁办事大臣，成立碾伯县等，实行粮归大仓民归县，进行比较彻底的改土归流。

　　地契印信文献虽然是记录民间社会微观的土地流转活动的法律文书，但是从历史人类学角度进行研究，其中留存的一些重要信息可以证史、补史，本文中明洪武三年的民间地契文书补证了《明史》等正史宏大叙事之不足，从瞿昙寺与俗民土地契约透露的信息结合正史文献，补证了洪武三

---

① 扎洛：《青海瞿昙寺大国师、国师、活佛世系考略》，《青海民族研究》2015 年第 4 期。

② （清）杨应琚：《西宁府新志》卷 15《柯祀志·番寺》，青海人民出版社，1954。

年前后明军势力进入青海，明朝廷扶持利用瞿昙寺，瞿昙寺在明廷支持下建立政教合一管理体制的政治社会变迁脉络。第二份和第三份地契印信以实物证据的方式印证了清初到雍正二年、从雍正二年到清中后期清朝中央对青海东部涉藏地区的政策及其变化，印信实证了青海东部在有清一代经历的政治社会变迁。

# 精神社区及其现实意义

赵利生　马志强[*]

传统社会的社区生成，通常以血缘、地缘、社缘等为基础，将人置于一个特定的边界清晰的生活共同体之中，人与外界的相互交往和认知的范围相对较小。随着社会现代化和全球化的不断推进，"流动"成为当今社会的一种常态，这种"流动"体现在人口、文化、科技、信息等社会发展的诸方面。社会结构从封闭逐渐走向开放，社区类型也从传统逐渐走向现代，呈现出一种相对开放的趋向。多元群体与多元文化经过不断地汇集和碰撞，构成了多元复杂的异质性社会。在这样的背景下，学界开始关注不同文化及群体在流动与互构中如何重塑社区。有学者提出并使用"精神社区"（spiritual community）的概念来解释这类现象，分析不同民族、不同语言、不同地域及不同宗教等多元文化群体在城市社会聚集的社会文化因素和心理因素等。群体成员基于共同的价值、起源、文化、记忆等因素，在异地社会通过不断地互动形成了共同的心理认同和精神归属，进而生成了精神社区。这种超越时空、地理边界模糊的"精神社区"，强调作为"精神共同体"的功能和精神方面的因素，更新了人们对社区作为地域生活共同体的认知。事实上，学界关于精神社区的专门研究仍然较少，精神社区这一概念变得愈加模糊和复杂，但精神社区在当前社会中的重要性愈

---

\*　赵利生，中国民族学学会常务理事，兰州大学西北少数民族研究中心教授；马志强，兰州大学西北少数民族研究中心研究生。

加凸显，对精神社区的理论探讨还需进一步完善。精神社区并非与传统社区相分离的概念，只是在如今的多元文化社会中，存在着社区之间、群体之间和个体之间的种种差异，人们的需求不仅表现为提升物质文化生活的质量，更表现为满足自身发展需要的多样化多层次的期盼。当前的中国正在从生存型社会向发展型社会转型，在这一过程中，社会的发展与人的发展是一致的，社会要在物质、精神、文化等方面全面发展，人们在精神和文化等层面的要求也在逐渐提升，这更加凸显了精神社区研究的意义和价值。基于此，笔者在原有社区理论的基础上，探讨精神社区的概念内涵及其现实类型，在多元文化社会生境中寻找不同文化群体间相互交往、理解、包容和合作的基础，拓宽我国社区研究的视角和领域，以期引起更多的关注与思考。

## 一　精神社区的概念界定及其内涵

学界关于精神社区的专门研究较少，精神社区通常也被称为心理社区或开放社区，这类概念散见于一些学者的论著中。在有关社区的工具书中，精神社区是"指某些社会成员散布在不同地域，并不居住在同一社区，但由于他们感情相同、信仰相同，相互之间保持着强烈的、内聚的社会网络，因而成为精神上或心理上的共同体"[①]。有一类观点认为社区就是一种精神社区，强调社区的精神内涵或心理与互动关系的因素，社区中的人们基于共同的记忆、价值、起源等而产生共同的情感意识或认同归属等。精神社区是社区的一种特殊类型，有其多元化的概念内涵与特点，我们需要从相关基础概念和理论入手以深化讨论。一般认为是滕尼斯在19世纪末最早提出了 ge-meinschaft（共同体或社区）和 gesellschaft（社会）两个"纯粹社会学的基本概念"。他认为共同体（社区）是建立在人们的本能的中意或者习惯制约的适应或者与思想有关的共同的记忆之上的一种天

---

[①]　胡申生主编《社区词典》，上海古籍出版社，2006，第37页。

然状态的人的意志完善的统一体①，主要表现为家庭生活、村庄生活和城镇生活。20 世纪初期，滕尼斯有关共同体的观点传播到了美国，在帕克、伯吉斯、麦肯齐等人的研究中，更多地突出了共同体联结的地域因素，形成了一个更突出的地域性内涵的"社区"（community）概念，认为社区是指一个人类群体多少固定在一个地点，而这个群体内又形成一种共生关系（symbiosis）②。到 20 世纪 30 年代，罗伯特·帕克来中国讲学，中国学者对"社区"的理解深受其影响，相对强调社区的地域性特点。费孝通先生在谈及社区研究时指出："以全盘社会结构的格式作为研究对象，这对象不能是概然性的，必须是具体的社区，因为联系着各个社会制度的是人们的生活，人们的生活有时空坐落，这就是社区。"③ 20 世纪 80 年代后，中国社会发生了重大的转型和变迁，社区的概念也被赋予了更多具有本土特色的内涵。在社区建设的过程中，我们往往强调社区的物质性因素，但精神性因素则不够明显。随着社会流动性的逐渐增强，传统的社区类型也逐渐发生着变化。人们会外出求学、务工、经商、生活，走出自己的家乡，与更广阔的世界发生联系，对家乡的精神归属和情感寄托也越发凸显，并由此形成了新的社区。关于社区概念的界定也出现了两种不同的取向：地域性社区和精神共同体。④ 虽然我们无法统计所有关于社区和共同体的定义，但我们认为其基本内涵要素是不变的，地域和人口因素是社区存在的基础，而关系和情感因素是社区存在的核心内涵。在这个认知基础上，我们才能突破固化的社区地域空间来探讨社区的文化属性和精神属性，发掘精神社区的内涵。

在有关社区的论述中，滕尼斯也表达了对精神社区的思考。他认为血缘共同体作为行为的统一体发展为地缘共同体，地缘共同体直接表现为居

① 斐迪南·滕尼斯：《共同体与社会——纯粹社会学的基本概念》，林荣远译，北京大学出版社，2010。

② R. E. 帕克、E. N. 伯吉斯、R. D. 麦肯齐：《城市社会学——芝加哥学派城市研究》，宋俊岭、郑也夫译，商务印书馆，2012，第 2 页。

③ 费孝通：《乡土中国生育制度》，北京大学出版社，1998，第 91~92 页。

④ 姜振华、胡鸿保：《社区概念发展的历程》，《中国青年社会科学》2002 年第 4 期，第 121~124 页。

住在一起，可以理解为人们生活的相互关系，它又发展为精神共同体，精神共同体被理解为心灵生活的相互关系。这三者是有机地浑然生长在一起的整体，精神共同体被认为是真正的人的和最高形式的共同体。① 滕尼斯并没有将血缘、地缘和精神三者割裂开来，而将其视为一个统一体，并认为人们在精神上的联合才是真正意义上的共同体。本质意志是人们形成精神共同体的精神的、感情的基础，精神共同体是在血缘（亲属）和地缘（邻里）的基础上，通过共同的精神（友谊）纽带而联结和维系的一个有机体。村庄作为一种共同体，它有共同的地域、习俗和生活特征，且在精神上是高度凝结的。在今天看来，滕尼斯笔下的村庄既是传统社区，也是一种精神社区，二者是近乎重合的概念。滕尼斯把情感联结、心理认同及利益目标等的一致性作为社区本质特征的这种认识，深刻影响了此后人们对社区及精神社区的认知。

美国社会学家英克尔斯认为社区主要是根据共同的感情和信仰，其本质是群体的共同结合感，同是一个群体的成员有共同的身份，对某些物质的或精神的事物有共同的评价，和承认其他一切身份相同的人的权利和义务。居住社区（生态社区）的成员纽带是一定社会范围的物质空间的共同住处。精神社区的共同成员感是建立在价值、起源或信仰等精神纽带之上的，这类社区成员有共同行动的潜力或有规律的密切的互动。永久居住的自然的小社区如村庄、城镇或邻里，既是生态社区又是精神社区，其特点是具有大量实际的互动和促进共同成员团结的基础。精神社区的定义，是以我们对社区的定义为转移的，即社区是指同一地区的群体还是根据频繁的互动或共同成员感来界定。② 由此来看，精神社区可以是单一概念，与地域社区概念相区别，也可以是个复合式概念，与地域社区相重合，对精神社区的定义取决于我们如何界定社区的概念。

我国台湾学者徐震在桑德斯等人的社区理论基础上总结了社区概念的

---

① 斐迪南·滕尼斯：《共同体与社会——纯粹社会学的基本概念》，林荣远译，北京大学出版社，2010。

② 亚历克斯·英克尔斯：《社会学是什么？——对这门学科和职业的介绍》，陈观胜等译，中国社会科学出版社，1981，第 101~102 页。

三种不同侧重：一是侧重地理、结构、空间及有形因素的社区，二是侧重心理、过程、互动及无形因素的社区，三是侧重社会、组织、行动及发展因素的社区。其中心理与互动概念的社区即为精神社区，意指共同利益、共同目标或共同背景的人群，他们生活在一个较大的社会单位之中，而自认为属于一个较小的单位。如宗教、种族等人群构成的各种共同体均为精神社区，此处不考虑其地理居住分布的空间关系，而考虑其共同文化、共同隶属、共同命运、共同意识、共同愿望及认同之心理状态。①

伴随我国社会学学科的恢复和发展，精神社区逐渐受到学界的关注和研究。有学者将社区按照空间特征划分为有形社区和无形社区，有形社区与空间性社区一致，而无形社区则包括精神社区和虚拟社区，认为精神社区是指建立在共同的价值、起源或信仰等精神纽带上的社区。这类社区，人们虽没有明显的共居地，但有着某种共同的归属感和成员感，有着某些共同的信仰和亚文化，如宗教社区、种族社区、散杂居民族等。② 有学者认为精神社区超越了地理空间的界限，它是具有共同的价值取向、共同历史渊源和共同生活方式，但不一定集聚于共同地域的人们组成的社区。像分散于世界各地的犹太人，由于他们具有共同的成员感和隶属感，因而也可以构成一个精神社区或心理社区。③ 张研认为，非空间性的精神社区，有文化社区、宗教社区、种族社区等。在同一种传统文化，或同一种宗教、同一种族背景下"互动共生"的人们，构成了此种社区。典型的如闽粤的"客民"社区、西南的藏传佛教社区、西北的伊斯兰教社区、北方的"旗民"社区等。④ 冯湖通过对宋代城市社区历史的研究，认为当时的书院社区、宗教社区及移民社区等均是精神社区，这些社区是有特定身份和特定信仰的人们的集体生活区。⑤ 这类观点将精神社区的概念进行了更加广泛的分类，包括文化、宗教、移民、种族、民族等范畴。马强则基于人们

① 徐震：《社区与社区发展》，台北，正中书局，1980，第31~33页。
② 李迎生主编《社会工作概论》，中国人民大学出版社，2004，第185~186页。
③ 宋超英、曹孟勤主编《社会学原理》，警官教育出版社，1991，第239页。
④ 张研：《试论清代的社区》，《清史研究》1997年第2期，第1~11页。
⑤ 冯湖：《宋代的城市精神社区》，《社区》2001年第8期，第54页。

的共同信仰来定义精神社区，他通过对广州穆斯林的研究，认为精神社区应该是建立在宗教或文化认同基础之上，以共同的信仰或信念整合的人们共同体。信仰是社区文化的精神支柱，也是与世俗社区的分界，构成精神社区的要素是共同的信仰、文化负载者、成员之间的交往和互动。[①] 从这一观点看，研究者将社区划分为精神社区与世俗社区，将"精神"主要归结于"信仰"，局限了精神社区的内涵。但现实中很难将"精神"与"世俗"进行明确区分，正如作者所言，这是对社区分类的不同理解而产生的认识。国内有关精神社区的概念论述基本上是在滕尼斯和英克尔斯等人的相关论述基础上展开的。

从国内外有关精神社区的定义可以看出，精神社区原本是具有地域内涵的社区类型，或者说精神社区与地域社区之间既有区别又有重合，逐渐被表述为一种非地域性的社区概念，社区概念更加具体有形，而精神社区则成为一种无形的存在。这种概念变化，与不断发展变迁中的社会现实和学术研究不无联系，随着社会的快速发展，"地域邻近"作为人际联系基础的重要性降低了，而日益形成着一种韦伯所称的"非邻近共同体"。对精神社区的概念界定，应该注意社区概念的演进与社区发展的现实。社区与社会不应该是二元对立的关系，社区与精神社区之间也不应该是有形与无形的分离。杰拉德·德兰蒂认为，当今社会所面临的挑战就是要克服诸如社区与社会这类错误的二分法和二元论。[②] 对于社区而言，正是由于其地域属性与精神文化属性的结合才具有意义，地域性与精神性绝非对立关系。精神社区必然是与地域性有一定关联的，只是其关联性并不突出，文化属性才是其社区凝聚的核心要素，它既可与地域社区相重合，又能超越地域性而存在。正如维克多·阿扎利亚所述，共同体仍然是指带有共同联系的社会实体，而不是联系本身，但地域并不是必要成分，共同联系、归

---

① 马强：《流动的精神社区——人类学视野下的广州穆斯林哲玛提研究》，中国社会科学出版社，2006。

② 杰拉德·德兰蒂：《现代性与后现代性：知识，权力与自我》，李瑞华译，商务印书馆，2012，第173页。

属感可以来自对共同历史的信仰，或共同命运、共同价值、利益、亲属关系等。①

笔者认为，精神社区应该是以成员普遍认同和接受的文化、价值、起源、兴趣、信仰或信念等为精神纽带而整合的人们共同体，人们无明显共居地或相对聚居于一定地域内，且社区成员具有较强的共同联系、精神认同感与社区归属感。精神社区的特点在于，它使社区成员的人际联系超越了地理区域的限制，具有共同精神文化认同和需求的人们经过频繁的互动形成了共同的文化心理意识和社区归属感与凝聚力，所以精神社区其实是一种不完全依附于地域的人们形成的精神共同体。这表明精神社区蕴含着一种社区观念形态和人际关系模式。对于精神社区而言，其地理边界并不明显，更强调心理和文化边界。从这个意义上来说，精神社区不再是传统社会中那种相对封闭的、单一的、基于血缘或地缘的亲密关系，而是具有开放性、多元性和文化共享性的社区形态。这里的"精神"是精神社区的核心要素，其"精神"所指有着特殊的意涵，它并不是生理学所讲的人的思维活动和心理状态。精神社区的"精神"内涵应该是能反映其社区独特性和多元性的内容总和，在社会学意义上，这种"精神"可以指称观念、意识或文化，是社区成员共同心理取向或心理认同的一种集中反映，是社区生成和存在的本质所在，这也是精神社区又被称为心理社区的原因。为了深化认识，我们将进一步对精神社区在现实社会中的具体发展形态进行讨论。

## 二　精神社区的现实类型

从类型学的角度看，研究者根据不同的划分标准将社区划分为多种类型，精神社区则是根据社区的空间特征所划分出的一种独特社区类型。有关社区的类型划分，具有明显的"理想类型"特点，如"传统社区"和

---

① 亚当·库珀、杰西卡·库珀主编《社会科学百科全书》，上海译文出版社，1989，第124页。

"现代社区"等。事实上，在社区研究中并非将不同类型社区的各个属性绝对割裂，社区的复杂性使得研究者不得不考量某种社区生成的核心纽带因素。在不同的社区类型中，某种要素性质或多或少会突出一些、明显一些，某种要素属性占据了主导地位，研究者就可将其认为是某种要素类型的社区。精神社区也不例外，通过归纳相关研究者对精神社区的分类，它包括文化社区、宗教社区、移民社区、种族社区、民族社区等范畴，其社区类型具有多元化的特征，这种多元化在社区内外部均有所体现，这是由社区成员的文化属性、精神认同和心理归属所决定的。由于社区是一个包含了居住空间、多元人群、利益、情感等复杂内容的开放系统，并非一种要素属性明晰的社会整合模式，在现实中，我们很难将其进行明确的类型划分。学界通常将精神社区纳入非地域性社区的范畴，与传统地域社区相区别，本文主要分析精神社区发展的现实形态。结合当前社区的现实发展状况和精神社区的概念界定，我们认为精神社区的类型可以从社区的精神认同要素、文化属性及地域特征等方面进行分析。一般社会学理论认为，个人的社会网络空间与地域空间是重合的，在费孝通先生看来，地缘关系以亲缘关系为基础，中国传统社会中的社区也是个人社会网络空间与特定地域空间的重合体。但在当代城市社会中，这种"重合"正在发生变化，个人的社会网络空间超越了地域空间，表现出不同的重合程度。① 从滕尼斯及英克尔斯等人关于社区及精神社区的论述来看，精神社区应该是个复合式概念，它既可与地域社区概念相区别，又可与地域社区相重合。

（一）精神社区与地域社区相重合的单一形态

学界通常所说的传统地域社区是基于地缘、血缘、社缘等纽带联结的人群所构成的生活共同体，在地理边界明显且相对封闭的社区中，人们具有共同的习俗与文化、共同的价值与信仰，遵守共同的规范等，具有较强的社区认同感、归属感和凝聚力。传统的自然村落和城镇中的老街坊就是

---

① 黎熙元、陈福平、童晓频：《社区的转型与重构——中国城市基层社会的再整合》，商务印书馆，2011，第105页。

这样一种社区。按照英克尔斯等人的观点，这种自然的居住社区同时也是一种精神社区。这不仅仅是由于人们共同居住在同一地域而成为一个生活共同体，更重要的是人们对共同的血缘、族缘、文化或信仰等精神因素的心理认同和情感，且有着大量实际的频繁互动和密切联系，这是精神社区的本质所在。因此，精神社区与地域社区的重合，主要表现在社区地域性与精神文化属性的紧密联系上。

以我国各民族聚居地区的社区类型为例，精神社区与地域社区的重合更加明显。各民族在传统的世居地域中，形成了各自独特的民族地域文化、精神文化和行为文化等，这种传统文化因素渗透于民族整体生活的各个方面，并成为其族体的灵魂。①整体上看民族文化具有多元化的特征，具体到某一民族的村落社区，其文化又具有一定的单一性和封闭性的特点。如闽粤赣三省交界地区是客家人聚集地，在传统的客家村落中，土楼、围屋是重要的客家文化象征，祖宗祠堂是其"心脏"，人们聚族而居，以客家话为共同语言，在这种独特的日常生活空间和公共交往空间中，形成了一个地理边界明显且文化独特的客家社区。传统的客家村落既是一种地域性社区，同时也是一种精神社区，这种精神性体现在客家人对共同族源、信仰和语言等文化的心理认同上，并不因为地理空间的转移而转移。再如我国传统的围寺而居的藏族村落、回族寺坊等，也往往具有地域性和精神性重合的特点。像上述这些地域社区与精神社区相重合的例子还有很多，这表明在传统地域文化背景下生成的村落社区，其族群构成、文化习俗等相对较为单一，地域性与精神性的内核是高度统一的，社区形态也就更为单一。同时也说明精神社区作为一种社区类型，并不是"非地域性"或"非空间性"的社区存在，而是一个复合式的社区概念。

（二）"流动"生境中精神社区的多元形态

伴随城市化、现代化和全球化的进程，跨地域的流动日趋扩大，这种"流动"体现在人口、文化、科技、信息等社会发展的各个方面，多元群

①　杨建新：《论我国少数民族的传统文化》，《中国民族学集刊》2008年第2期，第1~8页。

体与多元文化在急遽变化的社会中不断汇集和碰撞，社会变得更加多元复杂。传统社区的流动性逐渐加剧，人们由于经济压力、生计需要、通婚、文化吸引等原因离开原有的居住地，迁徙到异地工作、经商、学习和生活，客观上加剧了传统社区的分散、迁移、衰落甚至解体，又会带来新社区的生成。正是在这样的多元文化生境中，不同族群、语言、地域及不同文化的多元文化群体在"他者"的社会中，必然与"他者"的社区产生碰撞与交流，当"他者"的社区无法满足成员的心理需求和精神归属感时，社区成员会超越特定的社区地域空间而寻求新的个人社会网络空间，"精神社区"便应运而生。以我国社区的发展为例，城市化和现代化进程的加快，引发了我国有史以来最大规模的人口流动，从而在城市中出现了"浙江村""河南村""新疆村"等诸多流动人口聚集的社区；许多外籍人口也流动到我国，在北京、上海、广州、义乌等地可以随处见到他们的身影，出现了"韩国城""小非洲"等外籍人社区。农村经过税费改革以及农业生产水平的提高，解放了大量农村的劳动力；城市基础设施建设步伐加快，创造了大量的就业机会，数以亿计的农村人口开始向城市流动。与此同时，城市内和城市间的人口流动也在进行。老城区的拆迁改造、新商品住宅区的规划建设、城中村的出现等，同样引发了大规模的社区人口流动或迁移，原有的邻里关系、居民社会网络、社区生活等随之断裂，"熟人社会"成了"互不相关的邻里"①。这些不同族群、地域、职业、文化及不同信仰的人群，又是如何建构或重构其社会纽带的呢？

　　在有关精神社区的研究中，马强通过对流动到广州的穆斯林群体的研究，将城市中来自不同族群和不同地域的穆斯林以信仰共同的宗教为基础而整合起来的共同体称为"流动的精神社区"。城市中任何一座清真寺都可能成为精神认同的场域，社区成员的"在场"表现为暂时性的聚合，而凝聚和提供这种空间中"在场"的条件是对信仰意义的追寻。精神社区的生成，是由于信仰群体在高度行业化和分工细微的都市社会中维系信仰的

---

① 桂勇、黄荣贵：《城市社区：共同体还是"互不相关的邻里"》，《华中师范大学学报》（人文社会科学版）2006 年第 6 期，第 36~42 页。

一种选择，是地域社区面临改造或者解体之后人们之间新的整合方式，也是现代化造就的信仰者之间新型的互动方式。① 这种"形散而神不散"的社区是以共同信仰为纽带而形成的精神社区，社区成员来自不同民族、地域和职业，但在心理和情感上有共同的归属感和认同感。与上述这类精神社区的生成纽带不同的是，项飚在对北京流动人口聚集的"浙江村"的研究中指出，是"系"或者"关系丛"整合了"浙江村"内的基本生活，它类似于我们平常所说的"圈子"，是以某一行动者为中心的多种关系的组合。在这个流动人口聚集的大型社区中，"保姆帮"和"老乡圈"便是一种具有精神社区特征的共同体类型。"保姆帮"的成员往往在周末聚在街心公园聊天，互相熟悉老家的新消息和个人的遭遇等，借此形成了对城市社会的基本概念，也产生了各自的行为策略和行为方式。"保姆帮"成为化解社区成员焦虑、调整自己观念、与外界社会发生互动的中介。"保姆帮"形成的纽带因素是"老乡关系"，而且与不当保姆的老乡也形成不定期的联系。她们有着共同的家乡记忆和情感价值，从而在城市中形成了一个精神共同体。"老乡圈"的成员一般在家就认识，到流入地之后觉得情趣相投则关系更加紧密，社区成员虽然并未住在一起，也并不在一起工作，但关系相对稳定，彼此有较强的认同感和义务感。它是民工情感交流、提供生活照顾、化解各种危机的重要渠道，塑造了社区成员的观念和行为。"保姆帮"和"老乡圈"是一个实实在在的精神社区，对于流动人口而言，这个范畴比他们的工作单位、原有家庭和社区等明确的社会组织更为重要。② 笔者通过对兰州市流动人口的调研发现，来自甘肃天水地区的流动人口，相对集中在城关区团结新村街道所辖的社区中，来自甘肃临夏地区的流动人口，相对集中在七里河区西湖街道所辖的社区中。在访谈中笔者了解到，之所以会呈现出这种"老乡群体"相对聚集的现象，很重要的一个原因是人们认为"老乡"之间的信任度较高，在陌生的城市中更

① 马强：《流动的精神社区——人类学视野下的广州穆斯林哲玛提研究》，中国社会科学出版社，2006。
② 项飚：《跨越边界的社区：北京"浙江村"的生活史》，生活·读书·新知三联书店，2000，第24~27页。

容易获得"老乡"的帮助。"老乡"是流动人口建立社会支持网络最直接最容易的群体，这一群体具有共同的家乡记忆和情感认同，对家乡的精神归属感促进了"老乡关系"的生成。我们认为，这种精神共同体的成员关系是建立在成员之间相互信任的基础之上的，进而促进了成员之间的相互交往与相互合作。总之，这类精神社区的纽带因素是共同的地域来源、家乡记忆和精神情感，由此建构的精神社区，在满足社区成员心理与精神需求、增进社区成员情感及维持社区秩序的同时，形塑了社区成员的社会观念和行为方式，在成员的互动中提供了最大限度参与社会事务的机会，增加了社区成员的社会资本与流动，从而提升了社区成员在社会中的竞争力，社区成员的凝聚力也因此得到强化。

除了上述几种基于不同纽带因素而生成的精神社区外，在全球化流动的背景下，"跨国移民社会空间"正在全球各大城市出现，基于国家、族群、信仰等纽带因素而形成的精神社区同样广泛存在。如北京市朝阳区的望京和海淀区的五道口等地形成的韩国人聚居区被称为"韩国城"，上海古北新区形成的日本人等外籍人居住区，浙江义乌的"中东一条街"，以及广州的黑人聚居区被称为"小非洲"等；同样，在国外也形成了形态各异的华人华侨社区，如美国、加拿大、日本、法国等地的"唐人街"等。有学者通过对广州小北路黑人聚居区的研究认为，广州黑人聚居区与西方同类族裔社区存在诸多差异，从社区形成的表征看，"种族"因素是联结这些外籍黑人的心理纽带，具有明显的精神社区的特征。这一社区因全球化下新的"自下而上"的跨国经济联系而产生，因广州城市的商贸文化、宗教历史、贸易网络和地理气候条件而兴起，其跨国移民多为来自西非地区的族裔散居者或漂泊者（diaspora），其人口构成异质多元，且流动性强。这种以族裔为纽带的外籍移民精神社区的形成，既包含被动隔离也包含主动聚居的原因。① 周敏在对美国"唐人街"的研究中指出，中国的新移民正是通过民族认同建构了"唐人街"这个华人社区，唐人街的社会经

---

① 李志刚、薛德升、Michael Lyons、Alison Brow：《广州小北路黑人聚居区社会空间分析》，《地理学报》2008 年第 2 期，第 207~218 页。

济潜在力量帮助移民奋斗，让他们既能保存自己的民族本色和同舟共济精神，又能成功地在美国立足、崛起。[①] 这类由移民构成的精神社区，主要以民族或种族认同因素为基本纽带，由此产生了更广泛的经济合作、生活帮扶与社会支持网络，成员互动的频率越高、次数越多，社区的凝聚力和心理认同便会得到强化，虽然没有共同的聚居地，但在精神上有着强烈的认同感和归属感，这便是精神社区存在的价值和意义。

传统的社区对于世居于此的人群而言，它是地域性与精神性共存的一种综合社区，然而对于离开家乡的人来说，往往会转化成一种心灵上的寄托与精神上的归属，家乡则成了离家者的心理记忆与精神社区。正如蒙古族作家席慕蓉所描述的那样，她内心的记忆与向往中的"家乡"是"父亲的草原母亲的河"，对内蒙古草原的精神向往源自她的族群心理归属；再如满族人对"白山黑水"的族群记忆与世代传承。事实上，这正体现出人们内心普遍存在的家乡情怀或故土情结及其扩展，那些离开故乡而散落各地的人们对共同起源、共同族群或共同文化等方面的心理寄托和精神归属，正是构成精神社区的社区精神。

## 三　精神社区的现实意义：回归社区精神

综合上述有关精神社区概念与现实类型的论述，我们认为精神社区的概念具有共同体的内涵，它基于人们在精神和心理上的归属感，通过频繁有效的互动而形成。社会的不断"流动"，使传统的相对封闭的地域性社区发生了变迁与重构，同时带来了城市界面下新社区的生成。现代化和全球化加剧了这种流动性。精神社区的出现，让我们重新审视了社区的生成，不论是基于宗教信仰的纽带因素，还是基于族群、地域、习俗文化等因素，其实都是对传统居住社区的调适或重构。精神社区的精神归属不仅仅局限在价值与信仰层面，还体现在人们的心理归属方面。不论是移民社

---

① 周敏：《唐人街——深具社会经济潜质的华人社区》，鲍霭斌译，商务印书馆，1995，第5页。

区"唐人街",还是"浙江村""客家人"等流动社区,都体现了社区成员构成的多元异质的特点,人们通过寻求共同的精神性因素而联结在一起,形成了一个精神社区。由此可见,精神社区并非因为强调某一精神要素而与社会或其他社区产生区隔,而是通过精神纽带实现了多元异质性的互构与融合,突破了群体间或社区间的区隔,实现了社区成员的有效联结和互动。在急剧变化的社会中,人们在精神社区中寻求心理沟通和精神慰藉,形成了一个良性的社会支持网络,社会信任得以建立并加深,有助于社会的良性互动和运行。

精神社区的发展现实带给我们的启示是,社区不仅仅是一个地理概念,社区的真正本质是社区精神,是人们对社区的认同感和归属感,社区成员的社区意识才是社区成长的灵魂所在。而精神社区的精神实质是一种公共精神,当前社区建设正需要培养人们的社区公共精神,从而利于社区的有效联结。关于公共精神,保罗·霍普认为:"公共精神既包括思想,也包括行为,是一种对待他人的基本观点或态度,个人为了他人的利益能够随时准备参与更多的地方共同体活动。"① 张勇等人认为社区的公共精神就是一种共同体意识,"包括了成员对共同体的认同、共同利益以及公共参与,成员之间的互助、信任与合作"②。而当今社会片面追求物欲的经济发展抛弃了社区的精神文化价值精髓,换来的却是社会与社区成员的"疏离感""心灵的漂泊""意义的失落""道德的沦丧"③。吉登斯认为,全球化是世界范围内社会关系的强化,今天无论是谁,无论在世界的什么地方研究社区问题,都会意识到,发生于本地社区里的某件事情,很可能会受到那些与此社区本身相距甚远的因素的影响。④ 就我国而言,这些具有非地域化(dis-place)特性的社区意味着传统的熟悉性和地域性不再像从前那样始终联系在一起了。党的十九大报告中指出,我国社会的主要矛盾已

---

① 保罗·霍普:《个人主义时代之共同体重建》,沈毅译,浙江大学出版社,2010,前言第7页。
② 张勇、张珺:《中国人的新型生活共同体》,暨南大学出版社,2014,第44页。
③ 丁元竹:《社会发展管理》,中国经济出版社,2006,第190页。
④ 安东尼·吉登斯:《现代性的后果》,田禾译,译林出版社,2011,第57页。

经转化为人民日益增长的美好生活需要和不平衡不充分的发展之间的矛盾。从这一重大转变我们发现，人们在不断流动的社会中，寻求精神上的家园感或归属感变得更加重要，从而在适应新的社会生活环境时增加生活的幸福感。"社区"早已经不是静态的概念，而需要在新的情境中加以理解和认识。对于精神社区而言，其社区成员的心理归属感并不建立在生活设施、居住环境等地域空间和物质资源方面，而是以成员的精神文化需求和心理认同为主要纽带。从前文对精神社区的论述中可以看出，精神社区为社区成员提供了身心上的栖息地，沟通了离散群体与主流社会之间的联系，形塑了社区成员的社会观念和行为方式，成员通过在社区中的频繁互动，获得了最大限度融入社会的能力和机会，建构起了一个交往交融、互助互惠的共同体，进而增强了社区的凝聚力和竞争力。从这个意义上讲，精神社区是应对当今社会"疏离感"、"意义失落"及"道德坍塌"的一剂良药。正如鲍曼所述："共同体是一个'温馨'的地方，一个温暖而又舒适的场所。在大多数时间里，我们几乎不会感到困惑、迷茫或是震惊。对对方而言，我们相互之间从来都不是陌生人……在共同体中，我们能够互相依靠对方。"① 因此，精神社区所体现出来的社区团结和凝聚力，并不是完全来自社区管理的权威和压力等外在力量，而是更多来自社区成员在共同精神认同基础上的自愿参与、共同合作和价值共识，这正是精神社区存在的意义。

现代化与全球化的发展进程，带来了多元文化的碰撞与交流，使当今社会所呈现出来的特征是多元复杂而非单一明晰的。文化人类学的相关研究认为，文化的多样性与社会发展之间的关系是密不可分的。从天性上看，人类虽然具有共同或相似的自然属性，但是人类的生活和发展仍不得不处在不同的民族、语言、习俗、宗教等彼此相异的文化之中。② 在多元文化生境中，结合社区与精神社区发展的现实，我们需要思考的问题是，当前和未来社会的发展进程中，如何使社区回归它的本质——社区精神，

① 齐格蒙特·鲍曼：《共同体》，欧阳景根译，江苏人民出版社，2003，前言第2~3页。
② P. K. 博克：《多元文化与社会进步》，余兴安等译，辽宁人民出版社，1988，序言第4页。

而不是简单的人群聚集。有学者认为，现代社会的社区共同体更多的是强调一种公共精神，它不压抑个性，不排斥个体的独立性，但它依然强调责任意识和社会公德意识，要求人们有自律自制的行为规范，它是对原有共同体意识的超越，是异质社会的价值理念、生活方式。由此可见，现代意义的社区共同体指向的是对异质性社会的共同认同。① 通过对精神社区的分析我们可以看出，社区成员基于共同的心理和精神归属，对自我在社区中的角色、责任及义务进行了重新确立和再认知，通过自我主动的参与和融入，促进了社区的团结和凝聚力，社区精神也因此得到了巩固。因此，在当前的社区建设中，在进行"硬件"建设的同时，更需要进行"软件"建设。社区需要多方的支持来增强不同社区成员间的交往交流交融，才能促进不同文化群体间的理解、包容和信任，才能逐步萌生出社区成员的认同感、凝聚力，这才是真正意义上的多元和谐。当社区成员形成了共同的社区意识，社区精神得以建立，居于同一地域中的人们才不至于成为"互不相关的邻里"，而能逐步发展成为真正意义上的地域生活共同体。

　　总之，精神社区不是孤立存在的，而是在宏观的社会中不断进行互动和建构的立体结构，精神社区是多元的，它满足了人们的一种精神需求，更重要的是它突出了我国目前社区建设中的精神和价值。作为个体的人，是生活在复杂的社会圈层中的，人的一生所经历的社区是多元的，如在外求学、从军以及移民定居的人，母校、军营、家乡和祖国对他而言就是一辈子的精神寄托，从某种程度上讲，凡是真正辛苦过、努力过、投入过情感的地方，它都会形成一种精神归属。精神社区的归属是多元的，但所有的精神归属都是与社会整体的发展统一起来的。对于整个国家、社会而言，我们也在培养着更高层次和更大范围的精神归属。不论是母校还是军营，回族寺坊或是藏族村落，白山黑水亦或蒙古草原，全世界的华夏儿女都有一个共同的精神家园——壮美的中华。根据费孝通先生的中华民族多元一体格局理论和民族走廊学说，人们在精神上的记忆和认同是一个多层

---

① 吕青：《行动构建：共同体的超越与赋义》，《甘肃社会科学》2017 年第 2 期，第 123 ~ 128 页。

次的立体系统。个体有个体的记忆和认同，家庭有家庭的记忆和认同，族群有族群的记忆和认同，甚至包含不同族群、历史、文化的区域内也有着共同的记忆和认同，这种多元的个体和集体在精神认同上的碰撞与交融，构建出了更高层次的中华民族共同体意识。在"和而不同"的全球社会中，我们需要"你中有我、我中有你"这一具有共享精神的认同纽带，进而共同建设中华民族共有的精神家园，以及全世界的人类命运共同体。

# 草地畜牧业的价值链分析

## ——基于内蒙古 12 个典型纯牧业旗的调查

达林太    齐木德道尔吉[*]

## 一　引言

21 世纪初，在人们对席卷中国北部的沙尘暴产生原因进行追溯时，有关内蒙古草原牧区经济的研究进入了研究者的视野[①]。学者们从"牧区、牧业、牧民"等方面，对内蒙古草原畜牧业做了一系列的研究[②]。目前，上述问题的研究文献比较丰富，不同的观点碰撞也较为激烈，形成了几大学术派系，这些学术观点几乎涵盖了近 20 年来关于内蒙古草原畜牧业的讨论，有时竟到了互不相融的地步。这些学术观点基本可以归为两类，即游牧派和制度派，游牧派是从草原退化的原因入手，讨论草原开垦、移民迁

---

[*]　达林太，内蒙古大学蒙古学研究中心研究员；齐木德道尔吉，中国民族学学会副会长，内蒙古大学教授。

[①]　卢欣石、何琪：《内蒙古草原带防沙治沙现状、分区和对策》，《中国农业资源与区划》2000 年第 4 期，第 59~62 页；卢琦、吴波：《中国荒漠化灾害评估及其经济价值核算》，《中国人口资源与环境》2002 年第 2 期，第 29~33 页。

[②]　韩念勇：《锡林郭勒生物圈保护区退化生态系统管理》，清华大学出版社，2002，第 3~9 页；任继周：《草地畜牧业是现代畜牧业的必要组分》，《中国畜牧杂志》2005 年第 4 期，第 3~5 页；达林太、郑易生：《牧区与市场：牧民经济学》，社会科学文献出版社，2010，第 229~247 页。

入，超载过牧之间的关系；而制度派则更加关注草原承包制对草原牧区的适应性，引出了移动式放牧（游牧）、定居和围栏放牧等放牧制度变革的讨论。其中传承传统畜牧业和发展现代畜牧业一直是这两派论争的焦点①。

　　然而，随着近年来气候变化的分析框架进入草原牧区研究领域，对游牧和制度的讨论逐步淡出了研究者的视野，气候变化引发的畜牧业脆弱性逐渐取代或补充了游牧与制度的讨论，成为主流话语②。在此期间，也不乏一些实证研究发现了草原牧区面临的问题③，但由于缺乏足够的样本，这些成果并没有引起学界的重视。气候变化引发了研究者对草原牧区提出了新的分析研究范式，这些研究似乎在极力回避制度性的论争，用较少的田野调查资料，系统设计出气候变化引发脆弱性的框架图，使草原牧区生态系统暴露敏感度一目了然，以此提出牧区和牧民该如何应对气候变化，以及规避脆弱性的策略，并制订一些牧民应对气候变化的适应性计划④。

---

① 暴庆五：《调整结构·转变战略·面向 21 世纪》，《前沿》1999 年第 11 期，第 29～30 页；敖仁其：《对内蒙古草原畜牧业的再认识》，《内蒙古财经学院学报》2001 年第 3 期，第 83～88 页；贾幼陵：《关于草原荒漠化及游牧问题的讨论》，《中国草地学报》2011 年第 1 期，第 1～5 页。

② 於琍、曹明奎、陶波等：《基于潜在植被的中国陆地生态系统对气候变化的脆弱性定量评价》，《植物生态学报》2008 年第 3 期，第 22～30 页；尹燕亭、侯向阳、运向军：《气候变化对内蒙古草原生态系统影响的研究进展》，《草业科学》2011 年第 6 期，第 1132～1139 页。

③ 宝希吉日、根锁、乌日根巴雅尔：《牧户草场经营行为的实证分析——基于内蒙古锡林郭勒盟三个旗（市）的牧户调查数据》，《中国农村经济》2012 年第 9 期，第 26～36 页；达林太、郑易生、于洪霞：《规模化与组织化进程中的小农户研究》，《内蒙古大学学报》（哲学社会科学版）2018 年第 3 期，第 70～77 页。

④ 於琍、曹明奎、陶波等：《基于潜在植被的中国陆地生态系统对气候变化的脆弱性定量评价》，《植物生态学报》2008 年第 3 期，第 22～30 页；张倩：《牧民应对气候变化的社会脆弱性——以内蒙古荒漠草原的一个嘎查为例》，《社会学研究》2011 年第 6 期，第 171～195 页；靳乐山、魏同洋、胡振通：《牧户对气候变化的感知与适应——以内蒙古四子王旗查干补力格苏木为例》，《自然资源学报》2014 年第 2 期，第 211～222 页；杜凤莲、余晶、杨理等：《气候变化对草原畜牧业的影响以及适应性政策分析》，《广播电视大学学报》（哲学社会科学版）2013 年第 1 期，第 3～7 页；李西良、侯向阳、丁勇：《北方草原牧民对极端干旱感知的季节敏感性研究》，《农学学报》2012 年第 10 期，第 26～31 页。谭淑豪、谭文列婧、励汀郁等：《气候变化压力下牧民的社会脆弱性分析——基于内蒙古锡林郭勒盟 4 个牧业旗的调查》，《中国农村经济》2016 年第 7 期，第 67～80 页。

本文利用实证调研的数据资料，以牧民畜牧业生产的价值链为分析对象，试图在全球化的大背景下，就资本、技术、国家税收等因素对草原畜牧业的影响进行分析，并对内蒙古草地畜牧业价值链环节中存在的问题进行讨论。

## 二 数据来源及描述性统计

实现牧区乡村振兴战略的核心目标是提高牧民人均纯收入，该指标值越高，牧民自身对牧业持续投入的保障能力就越强。本文以牧户纯收入为重要指标，结合田野调查资料，分析牧户所从事的草地畜牧业生产经营的价值链，以此展开相关的讨论。

### （一）取样方法

本研究从 24 个典型纯牧业旗中抽取 12 个作为调查样本地。调研旗（县）的选择充分考虑到地域特殊性、边境旗县、纯牧业旗、草地类型和分布不同盟市等因素。在每个旗抽取两个典型嘎查做全嘎查调查，嘎查取样按照旗（县）所在地东西或南北方向等距离抽取，比如阿拉善左旗是按照东西向抽取嘎查，乌拉特后旗按照南北向抽取，以此类推。这样尽可能使调研嘎查分布于不同的区域，便于更好地反映不同区域的状况。嘎查内牧户抽取除了参考嘎查领导意见外，同时在嘎查地图上以嘎查所在地为圆心作同心圆，尽可能使调研的三户（大、中、小）牧户处在同一个圆内，保证牧户抽样的随机性。大户、中等户、贫困户按照嘎查登记在册的标准划分。本次调研共选取了 12 个旗、24 个嘎查、72 户牧户。

表 1 调研的 12 个典型纯牧业旗县（2017 年 5 月至 2018 年 6 月）

| 阿拉善盟 | 巴彦淖尔市 | | 鄂尔多斯市 | | 包头市 | 乌兰察布市 | 二连市 | 锡林郭勒盟 | | 呼伦贝尔市 | |
|---|---|---|---|---|---|---|---|---|---|---|---|
| 阿拉善左旗 | 乌拉特后旗 | 乌拉特中旗 | 乌审旗 | 鄂托克前旗 | 达茂旗 | 四子王旗 | 二连市 | 苏尼特左旗 | 东乌旗 | 新巴尔虎左旗 | 陈巴尔虎旗 |

为了更加准确地掌握内蒙古典型边境牧业旗牧业的供给侧改革、牧区精准扶贫和党的十九大以后牧区乡村振兴战略实施情况，以及牧区和牧民畜牧业的生产经营状况，本次调研除了对各级政府部门进行专门访谈外，还对嘎查（村）级进行了问卷调查，对牧户进行了问卷调查及半结构式访谈。针对调研中发现的特殊问题，在当地邀请资深专业人士进行座谈。同时，对全嘎查调查资料和牧户调研资料分别汇总分析。按照常规统计的方法对旗、嘎查和牧户基本数据，统计其均值、最大值、最小值、中位值、标准差。由于篇幅所限，本研究统计值取均值，参考中位值。

（二）样本地的基本情况

本次抽样调研嘎查牧户户均人口 3.6 人，常住人口与户籍人口比为57%。大约有43%的人口已经搬迁出去或外出打工，人口转移在加剧。调研牧户常住人口平均年龄接近49岁，劳动力年龄均值为54.7岁，这两项指标都比十年前有所提高。① 近年来随着"十个全覆盖"工程建设改造了房屋、棚圈等基础设施，调研牧户户均房屋居住面积达87平方米，暖棚面积均值为149平方米。基础设施的改善，使得牧民抵御自然灾害能力有所提升，每年因雪灾等自然灾害损失牲畜数量显著减少。同时，调研牧户户均草场面积达6526亩，80%的草场设有围栏，调研牧户草场由于分户等原因，牧户户均草场面积比21世纪初有所下降，网围栏的比例却有所上升。② 调研牧户户均牲畜牧业年度329个羊单位，牲畜头数在下降，出栏率在提高。③ 近年来，杜邦公司牧草种子在草原地区成功推广，政府对牧区水利设施不断完善，苜蓿、饲料玉米等优良牧草在干旱地区栽培种植成功，21世纪初废弃的饲草料地开始恢复种植④，尤其是鄂尔多斯市的两个

---

① 达林太、郑易生：《牧区与市场：牧民经济学》，社会科学文献出版社，2010，第229~247页。
② 达林太、郑易生：《牧区与市场：牧民经济学》，社会科学文献出版社，2010，第229~247页。
③ 暴庆五：《调整结构·转变战略·面向21世纪》，《前沿》1999年第11期，第29~30页。
④ 周旗所有的饲草料基地，过去由于种子等因素，苜蓿和饲料玉米一般难以成活或产量低，成本过高，基地基本撂荒。近年来，一位杜邦公司原员工在牧区推广新型种子，苜蓿和饲料玉米种子由于抗逆性强，在干旱地区迅速推广，据牧户介绍，产量也比过去提高了好几倍。

牧业旗，饲草料的种植非常普遍，这些因素对降低畜牧业的脆弱性起到了很好的作用。不过也有学者对干旱区大量超采地下水种植饲草料感到忧虑。[①]

近年来牧区融资市场较发达，除了农村信用合作社以外，其他商业银行也开始在牧区放贷，调研牧户户均银行贷款 84576 元。与此同时，调研牧区民间借贷也较为发达，户均民间借贷 23718 元。另外，由于城市资本过剩，大量游资通过购买商业银行的理财产品，委托商业银行到农村牧区放贷，牧区融资市场甚至出现了资金过剩的情况。过去学界认为农业生产三要素的大规模流出农村牧区，农村牧区资金短缺，制约了农牧业生产和经营[②]，甚至有学者提出了盘活宅基地来解决农牧区资金短缺的问题[③]，现实情况与之相去甚远。

相比于农业区土地流转，牧区草场租赁市场虽并不完善，但牧民也可以通过草场的流转来优化资源配置或选择更优的生计策略。样本地草场流转户占比约为 30%。调研对象中参加合作社的牧户约占总牧户的 27%，与合作社处于强关系的约占 3%。以上这些因素都有助于促进牧民生计的改善。

表 2　调研嘎查常住户均人口资源状况（2017）

| 分类 | 人口（人、岁、%、平方米） | | | | 生产资料（平方米、亩、羊单位） | | | | | 融资（元） | | 规模化经营（%） | |
| --- | --- | --- | --- | --- | --- | --- | --- | --- | --- | --- | --- | --- | --- |
| | 人口 | 年龄 | 常住人口 | 住房 | 暖棚 | 草场 | 围栏 | 饲料地 | 牲畜 | 银行贷款 | 民间借贷 | 草场流转 | 合作社 |
| 均值 | 3.6 | 49 | 57 | 87 | 149 | 6526 | 5218 | 15 | 329 | 84576 | 23718 | 29.87 | 27.07 |

资料来源：嘎查调查问卷和牧民家庭问卷的调查指标，中位值和标准差未标注，均值部分取整数。

---

① 韩念勇：《草原的逻辑——草原生态与牧民生计调研报告北京》，民族出版社，2018，第47~57 页。

② 温铁军：《重构农村金融体系农村资金回流农村》，《华夏星火》2007 年第 2 期，第 521~530 页；李昌平：《创建内置金融村社及联合社新体系》，《经济导刊》2015 年第 8 期，第46~47 页。

③ 刘亚光：《我国农村宅基地问题研究综述》，《东南学术》2011 年第 2 期，第 53~62 页。

表 3　调研牧户生产资料差异（2017）

| | 24 户大户<br>（羊单位、亩） | | | 24 户中等户<br>（羊单位、亩） | | | 24 户贫困户<br>（羊单位、亩） | | |
| --- | --- | --- | --- | --- | --- | --- | --- | --- | --- |
| | 存栏牲畜 | 草场 | 饲料地 | 存栏牲畜 | 草场 | 饲料地 | 存栏牲畜 | 草场 | 饲料地 |
| 最大户 | 722 | 13841 | 100 | 430 | 10060 | 14 | 247 | 8791 | 9 |
| 中位值 | 421 | 8047 | 6 | 326 | 6903 | 5 | 148 | 4110 | 5 |
| 最小户 | 376 | 2190 | 0 | 226 | 2836 | 0 | 62 | 1950 | 0 |

资料来源：嘎查调查问卷和牧民家庭问卷调查指标。

调研草场面积比较大的牧户大部分位于边境地区，而饲草料基地种植面积较大的牧户则基本上属于鄂尔多斯地区，鄂尔多斯有较充裕的地下水，牧户们农牧结合的生产方式已经经营多年，饲养牲畜多的牧户主要分布在东部呼伦贝尔市、锡林郭勒盟的一些边境旗。此次调研对象中最大户和最小户所拥有的生产资料相差极大，最大户存栏牲畜中位数是 421 个羊单位，中等户牲畜中位数是 326 个羊单位，最小户存栏牲畜中位数则是 148 个羊单位；经营饲料地差距中位数为 5 亩左右，大户最多种植面积为 100 余亩，小户则很少经营饲草料地。

（三）调研牧户的生产经营

收入来源更加多样，畜牧业收入所占比重有所下降。抽样调查 12 个边境牧业旗牧户总收入均值为 91597 元，和 21 世纪初相比，牧户收入有所增加。其中畜牧业收入均值为 38900 元，在牧户总收入中占比 42.47%，与 21 世纪初相比有所下降，这一情况的出现可能和畜产品价格低迷有关，也说明畜牧业经济结构在逐步优化[①]；政府生态奖补等转移性支付收入均值约为 29700 元，在总收入中占比为 32.42%，呈现逐年增加的态势，由此可知，政府对牧区生态保护的扶持力度在不断加大。

牧民自食性消费中非现金收入也在不断增加，其主要原因除了自身消

---

① 达林太、郑易生：《牧区与市场：牧民经济学》，社会科学文献出版社，2010，第 229～247 页。

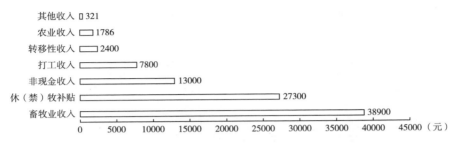

**图1 内蒙古边境12旗牧户抽样调查收入汇总（2017）**

费外，父母为外出打工子女提供肉食品也拉高了牧户的非现金收入。随着牧区的公共设施建设，也有部分牧民在苏木周边短期打工，这也是调研牧户打工收入增加的原因之一。总之，和21世纪初的调研资料相比，牧户收入来源更加多样，畜牧业收入的比重在下降，政策性收入在增加，这一情况同几年前在典型牧业旗县调研结果一致。[①] 现今也有部分学者担心政策性收入在降低牧民生计脆弱性的同时，会造成牧区社会对转移支付的依赖[②]。

生产开支越来越大，借贷成为牧民应对当下生计困难的重要手段。调研发现，随着牧民家庭成员中儿孙辈的成长，分家使得分支户大量出现，草地分割导致牧民可利用草场资源减少。在同一块草场上过度放牧，使牧区草场退化严重，牧民不得不采取购买草料的方式来补充草场饲草料的不足。[③] 调研牧户2017年饲草料支出为38080元，畜牧业收入已不能支付购买草料的支出，大部分牧民还必须通过贷款方式来买草买料。究其原因，是畜牧业的特殊性使得牧户不能像农业种植户那样去市场购买种畜，因此在遭遇自然灾害时牧民必须死保基础母畜，一旦基础母畜死亡，牧户就会

① 于洪霞、达林太：《草原生态环境政策对牧户生计影响的分析——基于阿拉善左旗的调查》，《内蒙古社会科学》（汉文版）2013年第6期，第168~173页。

② 王晓毅：《市场化、干旱与草原保护政策对牧民生计的影响——2000—2010年内蒙古牧区的经验分析》，《中国农村观察》2016年第1期，第86~93页。

③ 于洪霞、达林太：《草原生态环境政策对牧户生计影响的分析——基于阿拉善左旗的调查》，《内蒙古社会科学》（汉文版）2013年第6期，第168~173页；周道玮、孙海霞：《中国草食牲畜发展战略》，《中国生态农业学报》2010年第2期，第393~398页。

彻底破产，这也是市场不能完全保障草原畜牧业的一个重要问题，但以往的研究很少触及。①

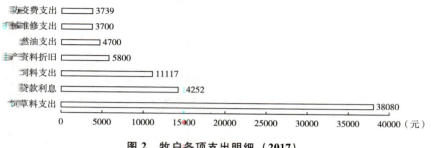

图 2　牧户各项支出明细（2017）

此外，随着几年前政府倡导规模化经营，牧区开始出现草地租赁市场。通过租入草场缓解自家草场不足，成为牧业大户解决发展问题的又一选择。但草场作为牧民最主要的生产资料，在草场普遍稀缺的状况下，除非面临破产等严重状况，牧民都不愿出租草场，仅有部分牧民迫于生计压力出租草场来维持生计。另外，调研牧户流转的草牧场到政府部门备案的只有1%，通过嘎查委员会备案的不到10%，大部分为私下交易。② 调研过程中也发现有草场经营权出租到期无法收回的情况，还有由于出租经营权而失去政府对使用权补偿的案例。这样的案例在巴彦淖尔市的两个乌拉特旗边境苏木尤为普遍，在阿拉善左旗也有 1 户牧户由于出租经营权而失去了使用权。③

生活消费支出逐年增加，收不抵支已成常态。调研牧户 2017 年家庭生活消费总支出均值为 67312 元，支出去向排在第一位的是礼金支出。近年来，随着社会资本由社区内向社区外的城镇转移，牧民为了获得社区以外

---

① 达林太、郑易生：《牧区与市场：牧民经济学》，社会科学文献出版社，2010，第 229~247 页；于洪霞、达林太：《草原生态环境政策对牧户生计影响的分析——基于阿拉善左旗的调查》，《内蒙古社会科学》（汉文版）2013 年第 6 期，第 168~173 页。
② 汇总嘎查调查资料后得出的结论。
③ 2017 年在巴彦淖尔市乌拉特后旗和乌拉特中旗边境苏木调研发现上述情况，2018 年在阿拉善左旗调研也发现类似的案例，一家牧户把草场流转给一家企业，企业除了经营草地，还享受政府的生态奖补等。

其他资源的支持，对外互动加深，这也导致了礼金支出成为生活消费支出中占比最大的部分，这一情况与中国农业地区调研结论相似。

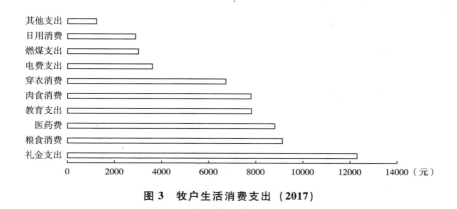

**图 3　牧户生活消费支出（2017）**

除了礼金支出外，排在前三位的依旧是食品、医药和教育，这一状况基本与 21 世纪初的调研结论相似，这说明牧民的生活基本没有太大改变。调研牧户的恩格尔系数为 25.2%，相比于 21 世纪初有所下降。① 牧户食品消费结构在变化，传统民族饮食正在被大众饮食取代，猪肉等肉类大量取代牛羊肉，究其原因，主要是与牧民收入递减有关。② 调研牧户的燃煤支出近年来有所提高，这可能与政府发放的每户 600 元煤炭补贴有关；调研牧户家庭安置土暖气的占比为 37%，可见牧民的居住条件比以往有所改善。③

纯收入均值接近贫困线，负债均值超过警戒线。调研牧户 2017 年纯收入均值为 2810.83 元，户均负债 165487 元，牧民通过多户联保的办法向当

---

① 达林太、郑易生：《牧区与市场：牧民经济学》，社会科学文献出版社，2010，第 229~247 页。

② 在 12 个典型纯牧业旗调研中，牧户按照传统的礼仪摆放奶食品、炒米、肉食品的有 18 户，鄂尔多斯 11 户，锡林郭勒盟 2 户，呼伦贝尔市 4 户，包头市 1 户；按照传统习俗喝奶茶 21 户，其余都是喝的清砖茶。

③ 煤炭正在取代传统的牛羊粪取暖和烧饭，进一步调研发现，由于牛羊大量舍饲，碳水化合物饲料草食性牛羊很难完全分解消化，牛羊粪基本和猪粪类似，已经不能作为燃料使用，这和内蒙古奶业养殖户调研结论相似。

地信用社、其他商业银行进行贷款，贷款额度一般为 5 万到 20 万元，年利率一般为 0.6%～1.2%，贷款多用来买草买料、供孩子上学、"十个全覆盖项目"和精准扶贫的配套建设。这些贷款到期后，牧户可以先还利息，将贷款转为下一年度贷款，也有部分牧户会找中间贷款公司支付一定手续费，还旧贷新。

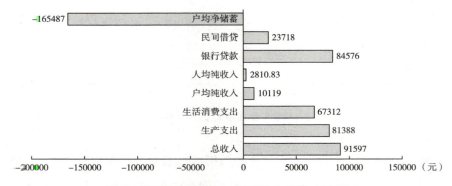

**图 4　调研牧户纯收入、融资及净储蓄（2017）**

对于那些草场面积较小的牧民而言，银行贷款额度也相对较小，这些牧民不得已而抵押草场、牲畜、"生态奖补一卡通"等进行民间借贷。民间借贷的利率一般在 2%～5%，大部分参与民间借贷的牧民由于无法偿还高额利息，只能选择将自家草场交予民间借贷的业主来对外长期出租，而自己替别人放羊来维持基本生计，对于这样的牧民而言，生计已经失去了可持续的基础。从 2017 年牧户调研资料分析，我们得出一个出人意料的结论：牧户的经营规模与牧户纯收入呈负相关——牧业大户亏损较严重，中等户勉强靠借贷维持生计，而小牧户在政府精准扶贫政策的扶持下，基本脱贫。但横向分析扶贫项目价值链时，会发现由于牧户配套资金过多，金融杠杆过大，出现了隐形脱贫可能，这也是特别值得后续研究关注的一个现象。①

①　在鄂尔多斯调研到的贫困户，政府担保贫困户去农信社贷款，修缮房屋、棚圈和购买生产资料，贷款 10 万元，每年通过一些中间公司还旧贷新。从当年的扶贫指标看，贫困户脱了贫。但深入调查，政府担保的 10 万元贷款，贫困户几乎是没有能力偿还的。

# 三 牧户价值链结果分析

## (一) 牧户的资金来源

从家庭经营的农牧户的资金获得来源看，信用社和合作银行较多，但从民间放贷人手里借钱、从上游的饲草料公司赊销，也是牧户经常采取的非金融融资形式。[①] 商业银行是指在牧区放贷的合作银行，近年来由于竞争激烈，商业银行贷款利率一般比农信社低，利率在 0.6% 上下浮动，贷款期一般为半年，牧户冬季贷款，次年夏季还款，按时还款的可以继续贷款。农业银行也在牧区放款，有的地方贷款条件是需要用房产或行政事业单位职工工资卡作抵押。信用社贷款一般为一年期，放款时间一般也是秋冬季，但也有例外，信用社贷款利率加贷款手续费一般为 1%~1.2%。民间借贷则一年四季随时贷款，牧户一般选择利率为 2%~2.4% 的产品，也有特殊情况下贷利率 5% 的高利贷，调研户中有 3 户因病、4 户因孩子上学而贷了高利贷。2%~2.4% 这款产品由于利率较低，对贷款期限有约定，最短时间为一年，调研的牧户用于生产的民间借贷一般选择一年贷款期。牧户在生产资料购置中也常常选择从上游的饲草料公司赊销，赊销期一般为 6 个月之内，赊销产品一般价格较高，其差价基本与一年期高利贷利率差不多，利息约为 2.4%。

在 72 户调研牧户中，2017 年获得政府资助的仅 1 户，属于饮水改造工程，政府带工带料，牧户辅助劳动。牧户从信用社获得贷款的有 62 户，平均贷款 81500 元；从商业银行贷款的有 14 户，平均贷款 74033.71 元；高利贷贷款 43 户，平均贷款 17800 元；从饲草料公司赊销 52 户，平均赊销 18121.08 元。

---

① 一些扶贫小额贷款公司也对牧户放款，但相比于其他金融机构，贷款额度较小，对降低牧户脆弱性的能力也较弱。

**表 4　调研牧户获得资金利息或手续费支出（2017）**

|  | 银行贷款 | 信用社贷款 | 高利贷 | 上游赊账 |
|---|---|---|---|---|
| 户数（户） | 14 | 62 | 43 | 52 |
| 总额（万元） | 103.6472 | 505.30 | 76.54 | 94.2296 |
| 利息（包括手续费）（万元） | 7.462598 | 60.636 | 23.2083 | 11.30755 |

资料来源：据笔者实地调查资料整理制表。

### （二）牧户的生产成本构成

近几年，随着饲草料市场竞争加剧，部分小规模饲草料公司由于规模过小等原因退出了生产经营，一些大规模的物流公司与饲草料加工厂合作，形成了集种植、收割、加工为一体的草料公司。以企业法人形式出现的对外经营，其公司基本可以为有需求的家庭牧场、合作社和公司牧场提供购货的增值税发票，税额占 17%。社会化服务的兽药和农机配件由于政府进一步规范，也被一些大公司垄断，企业法人公司也为家庭牧场、合作社和公司牧场提供税额为 17% 的增值税发票。

**表 5　调研 72 户牧户生产成本详细构成（2017）**

单位：元

| 金融信贷产生利息或费用成本 | | | 饲草料成本 | | 社会化服务成本 | | 劳动力 |
|---|---|---|---|---|---|---|---|
| 金融部门 | 上游赊账 | 高利贷 | 饲草 | 饲料 | 兽医服务 | 机械及燃油 | 劳动力 |
| 680935.98 | 113075.5 | 232083 | 2741760 | 800042.4 | 269208 | 604800 | 0 |

资料来源：据笔者实地调查资料整理制表。

通过进一步采访，发现牧户近年来购买的饲草料种子，基本来自杜邦公司旗下的子公司，该公司饲料玉米种子按照 1 粒 0.5～1.3 元的价格出售。[1] 笔者在边境牧业旗调研了几个大的饲草料基地，发现苜蓿种子也来自杜邦公司的子公司（或者合作公司），苜蓿种子 1 千克 100 多元，每亩

---

[1] 在巴彦淖尔市临河、五原和鄂尔多斯调研，饲料玉米种植密度比以往要低好多，但产量却比以往要高。

需要约 5 千克种子，按照 2～3 年补种一次，牧草成本中种子占到很大部分。据业内人士提供的饲草料公司财务报表显示，牧草基本种子作为生产成本，占到企业利润的 30% 以上；配方饲料，除了来自原料的技术专利外，生产饲料配方及部分添加剂也属于购买的专利产品，据业内资深人士分析，其技术成本占到售价的 35%，这与调研家庭牧场、合作社和公司牧场提供的发票的结论一致。

（三）牧户价值链上各利益相关者的分配

通过各类商品或服务提供者提交给家庭牧场、合作社和公司牧场的发票，以及业内资深人士提供的财务信息做依据计算，各利益相关者分配见表 6。

表 6　牧户生产价值链上的各利益相关者之间的分配（2017）

单位：元，%

|  | 技术专利 | 金融资本 | 国家税费 | 牧户收益 |
|---|---|---|---|---|
| 分配 | 14759.1 | 14252 | 10426.23 | 10118.99 |
| 全部占比为 100% | 29.78% | 28.76% | 21.04% | 20.42% |

资料来源：由表 4 和表 5 计算所得。

调研牧户 2017 年购买饲草料和服务支付的技术专利费均值为 14759.1 元，牧户支付各类金融资本利息及服务费均值为 14252 元，支付国家间接税费均值为 10426.23 元，牧户户均纯收入为 10118.99 元。从以上调研牧户的生产价值链追踪分析中发现，在草原畜牧业生产的产业链中，大部分利益被技术专利、金融资本和国家税收占有，几乎占到整个价值链的 80%。下面就其原因做一些简单的讨论。

# 结　语

以往有关内蒙古草原牧区经济的研究，基本上源于草牧场管理制度的变迁。大多学者更倾向于讨论草牧场所有权制度与经营（使用）权制度的变迁规律。① 草畜双承包后，草地生态状况恶化②，而草场划分到户和市场机制的引入，更是增加了牧民的风险暴露程度③。随着牧民定居、草原分割和市场化，草原社区面对干旱呈现出严重的脆弱性，而这些又加剧了干旱的影响。④ 水、草等自然资源减少及不同资源间搭配失衡、草地承载力下降和恢复力不足，这些都加剧了牧户的生计脆弱性。⑤ 而原有使牧民低成本应对灾害策略的失效，牧民不得不依赖高成本的储备和移动策略。⑥ 制度层面，内蒙古牧区草牧场管理制度则大体经历了不同历史阶段的七次变革。⑦ 不适当的社会制度变迁加剧了气候变化的危害。⑧ 整个变迁过程反映在草牧场制度设计中，国家权力依附生态治理不断延伸至基层组织，草牧场经营传统方式在国家和市场的作用下快速萎缩。⑨ 市场经济的主体地位逐步显现，而这种制度设计使个体逐利思想蚕食了集体的生态觉悟。⑩ 草原作为最大的陆地生态系统正面临严重退化，干旱是对草原畜牧业影响最严重和最广泛的气候事件，干旱通过影响草、畜、水等因子，影响牧民

---

① 文明：《中国牧区草牧场管理制度的变迁》，《财经理论研究》2018 年第 2 期，第 1~10 页。

② 达林太、阿拉腾巴格那：《草原荒漠化的反思》，《贵州财经学院学报》2005 年第 3 期，第 46~50 页。

③ 张倩：《牧民应对气候变化的社会脆弱性——以内蒙古荒漠草原的一个嘎查为例》，《社会学研究》2011 年第 6 期，第 171~195 页。

④ 王晓毅：《制度变迁背景下的草原干旱——牧民定居、草原碎片与牧区市场化的影响》，《中国农业大学学报》（社会科学版）2013 年第 1 期，第 18~30 页。

⑤ 谭淑豪、谭文列婧、励汀郁等：《气候变化压力下牧民的社会脆弱性分析——基于内蒙古锡林郭勒盟 4 个牧业旗的调查》，《中国农村经济》2016 年第 7 期，第 67~80 页。

⑥ 张倩：《牧民应对气候变化的社会脆弱性——以内蒙古荒漠草原的一个嘎查为例》，《社会学研究》2011 年第 6 期，第 171~195 页。

⑦ 文明：《中国牧区草牧场管理制度的变迁》，《财经理论研究》2018 年第 2 期，第 1~10 页。

⑧ 王晓毅：《制度变迁背景下的草原干旱——牧民定居、草原碎片与牧区市场化的影响》，《中国农业大学学报》（社会科学版）2013 年第 1 期，第 18~30 页。

⑨ 达林太、于洪霞：《环境保护框架下的可持续放牧研究》，内蒙古大学出版社，2012，第 69~82 页。

⑩ 文明：《中国牧区草牧场管理制度的变迁》，《财经理论研究》2018 年第 2 期，第 1~10 页。

生计。① 在干旱和制度变迁的共同作用下，牧民生计陷入不可持续的境地。② 相应的治理适应性对策，要提高适应能力，降低敏感性和暴露度。牧民对气候变化适应能力的提高，可以通过提高牧民收入、改善畜牧业基础设施和补饲能力等来实现。③ 张新时院士给出草原畜牧业应对脆弱性的农业化理论，把草和畜牧业的元素融入农业系统中，以先进的草基农业系统改造传统的粮经二元农业和原始的天然草地放牧业，在此基础上构建未来的草地金字塔结构。草原畜牧业农业化，一直主导着政府对草原牧区现代化的决策方向。④ 以往对内蒙古草原牧区面临问题的研究以及给出的对策建议，回避了深层次的制度原因。假设气候变化对草牧场生态变迁影响是既定的，那么新的制度设计本身，以及该制度约束下的市场行为，应通过改变原有制度安排下的资源配置机制来保护草牧场生态环境和改善牧民的生计。在草原牧区，市场失灵与政府失灵同时存在的情况下，在气候变化的大框架内，简单调整牧民的放牧行为，引入现代化的农业元素去解决问题，把复杂的因素简单化。

　　草地畜牧业经济的季节性与降水的非平衡性，决定了畜牧业经济的非预期性。草地产权制度变革导致放牧半径的缩小，降低了移动式畜牧业的弹性。⑤ 草地畜牧业种（母）畜需要自我培育的市场失灵，致使牧户始终处于通过外来能量（购买饲草料）来保障繁育母畜的自发行动，这就需要借贷来维持小牧经济的再生产，在这种情况下，一旦遭遇灾害，如持续干旱，牧民就会出现大量的负债。同时，牧户间传统的社会网络（社会资本）互助属性消亡，导致牧户对金融资本的高强度依赖；政府失灵导致资

① 周利光、杜凤莲、张雪峰等：《草原畜牧业对干旱的脆弱性评估——以内蒙古锡林郭勒草原为例》，《生态学杂志》2014 年第 1 期，第 259~268 页。
② 王晓毅：《制度变迁背景下的草原干旱——牧民定居、草原碎片与牧区市场化的影响》，《中国农业大学学报》（社会科学版）2013 年第 1 期，第 18~30 页。
③ 周利光、杜凤莲、张雪峰等：《草原畜牧业对干旱的脆弱性评估——以内蒙古锡林郭勒草原为例》，《生态学杂志》2014 年第 1 期，第 259~268 页。
④ 《内蒙古自治区党委、自治区人民政府关于全面深化农村牧区改革加快推进畜牧业现代化的实施意见》，《内蒙古自治区人民政府公报》2014 年第 6 期，第 4~21 页。
⑤ 达林太、郑易生：《真过牧与假过牧——内蒙古草地过牧问题分析》，《中国农村经济》2012 年第 5 期，第 4~18 页。

本和技术对草地畜牧业经济的盘剥……以上的一系列问题可能是当下民族地区草地畜牧业面临的根本问题。无论是游牧派、制度派还是气候变化派给出的方案，几乎都忽略了在全球化进程中，民族地区草地畜牧业自身的特殊性和全球化的叠加性。草原民族地区的特殊性使其比中国的农业区更加弱势。如果不对畜牧业产业链上的牧户进行适当的扶持，牧户就会被淘汰。牧户劳动力无限供给和劳动力不计成本的经营模式，对稳定畜产品和保障国家食品安全所提供的支撑将不复存在，这对国家和社会来说都是一大损失。尽管2010年以后，国家对牧区的投入不断增加，特别是生态补偿的力度持续加大，但国家通过间接税和镶嵌在金融资本、技术专利上的所得税，将生态补偿的转移支付又收了回去。近年来，畜产品产业链上的加工企业及原料和服务供应商的快速发展，一定程度上得益于价格低廉的畜产品供应，其背后则是众多牧户不计成本的劳动付出。同时，这一模式必然会持续地给中国的食品安全、公共健康、生态环境、牧区牧民生计和边境稳定带来严峻挑战。

农民增收问题是中国乡村振兴中的重要问题，牧民是农牧区中的特殊群体。由于牧民聚居区域自然环境的脆弱性、文化与地理位置的特殊性，在解决牧民增收问题及制度设计层面，应考虑上述价值链追踪发现的问题。在具有社会公共资源性质的草牧场经营（使用）过程中，牧民所依赖的草原畜牧业产业的弱质性决定了牧民增收在全球化的大背景下更需要政府的支持。政府应更加系统地分析和看待草原畜牧业价值链的真实成本，并让消费者理解这种模式对社会公正和环境正义的潜在影响。要培育具有社会责任意识的市场主体，政府要制定恰当的保护和干预政策，以应对全球化下的政府失灵和市场失灵问题。积极保护干旱区移动式利用关键自然资源和草地畜牧业，并将其整合到国家的生物多样性保护政策之中，对其进行生态补偿。

# 面向与路径：中亚"东干人"
# 研究的再思考

骆桂花\*

20 世纪末至 21 世纪 10 年代世界地缘政治格局出现重大变革：苏联的解体催生了许多新兴民族国家；中国迅速崛起、共建"一带一路"，加速了中国与周边国家的交流与接触。在此多维、多向的发展趋势下，中国海外华人研究、中亚"东干人"研究成为中国民族学人类学界研究的热点，特别是围绕中亚"东干人"历史、文化、语言、文学、诗歌等领域形成了诸多关注与研究，取得了一批有价值的学术成果，从研究学科分布上看，以文学、语言学、历史学、民族学为主要阵地，兼有人类学、民俗学等学科的参与及推动。从已有研究成果文献的梳理与归类上看，中亚"东干人"研究主题各具特色，理论脉络清晰有序，研究范式长短互现，在某些问题上的学术对话也更为有效，对理论范式的应用与反思自觉有加，多学科间的互补、借鉴也渐成趋势。

## 一 研究面向与路径：在地化、原生动力
## 与中亚"东干人"研究缘起

自 1956 年起，国内学者展开了一系列被称为"东干"研究的尝试，

---

\*　骆桂花，中国民族学学会常务理事，广东技术师范大学教授。

基于"东干"本身的社会变化和内涵变迁，从时间、空间、实践等多维度而形成的"东干"历史、文化、语言、文学等研究面向，近年研究视角的转换、研究成果频出，提出了"东干学"的学理框架。在此过程中，作为"东干"研究的视角，民族历史、文化、语言与"东干"相联系，更是从"东干人"140 年历史变迁中的主体塑造和主体实践的角度将"东干人"研究界定为一种自局部入手、文化融入与中亚社会互动的实践，从而为理解海外少数民族华人的地缘格局变迁、国家转型提供了依据。

在人类历史长河的发展演变中，人口的跨区域迁徙流动是社会的常态，人作为文化的载体，也随着人口的流动与文化再适应在社会空间中呈现文化承载者的多样与多元化。人口迁徙与文化的在地化生成了东干人生存的边界，同时也将重塑国家认同、文化再构的形态和逻辑。中亚东干人的文化以共同的中华文明为母体，在历史的变迁中与区域多元、民族多元的社会医子整合而成新的文化体系，在文化的互动与叠加中杂糅而成。19世纪末至 20 世纪前期，对东干群体的关注，最初不是东干人自我的书写，而是他者的聚焦。如 19 世纪沙俄时期出版的《东干起义的最后一幕》《七河省年鉴》等著作均对中亚东干人的人数、迁徙、日常生活做了详细记载，成为沙俄时期记录东干人在中亚生活状况的珍贵历史资料。

东干人从 19 世纪末迁居中亚后，面临文化的适应与在地化的变迁趋势，这一发展历程也与所在国的民族政策、文化政策的变更相关，促成东干人自我文化空间发展的张力与文化调适，寻求更利于自我发展的道路行进。如 1877 年第一批中国回族踏入俄属领地纳伦时，"东干人在纳伦把自己随身携带的所有武器就地上缴，我们（沙俄）的地方政府把这个作为接收东干人加入俄罗斯国籍的必须条件之一"①。随着后续的东干人相继在托克马克、比什凯克等地定居后，当地政府接纳了他们，东干人开始逐渐享有所在国国民的所有义务和权利。"东干人定居七河省后，从 1892 年起，

---

① 〔我〕波亚尔科夫：《东干起义的最后一幕（1862–1878）》，林涛、丁一成译，香港，中国文化艺术出版社，2009，第 71~81 页。

就被当作必须在沙皇军队中服兵役的小市民阶层"①，中国回族迁入中亚之际正逢沙俄侵入中亚，在文化上推行"俄罗斯化"政策，沙俄政府在实行俄罗斯化政策及压迫政策的同时，也遭到了各族人民的反对。如1915年爆发的中亚民族大起义，许多东干人也加入其中。"十月革命和卫国战争期间，在比什凯克县的东干居民中，有两个布尔什维克党组织——卡拉库努孜及绍尔秋别委员会，计有数百位东干共产党员。"② 苏维埃政权建立后，以联邦制原则对全国进行了民族划界，东干人也在此过程中被识别为一个正式的民族——"东干"族获得主流文化的正式认可。东干人的国家认同、民族认同在苏联时期得到了空间的凝聚，教育、政治、文化、土地、身份的认同是一个集合体，在饱尝磨难的历史境遇中，属于东干人的国家归属与国家认同也正式形成。

20世纪20年代到30年代，苏联开始推行统一的民族语言政策，很多民族被认为是"新字民族"，东干文字过去以阿拉伯字母、拉丁字母书写，东干文拉丁字母正字法于1932年由第二次突厥学代表大会决议决定，1954年后又转用西里尔字母作为拼音文字，东干文拼音文字（西里尔字母）第一次正字法于1954年10月29日由苏联科学院吉尔吉斯分院决议决定，第二次正字法于1956年由吉尔吉斯苏维埃社会主义共和国科学院决议决定。

中亚东干人文字演变经历了以下几个过程。

一是阿拉伯字母版本（最早的版本）。

ظ ط ض ص ش س ژ ز ر ذ د خ ح چ ج ث ت پ ب ا

ع غ ف ق ک گ ل م ن و ۇ ه ی

二是拉丁字母版本（1932年后出现的版本）。

AaBbCcÇçDdEeӘәFfGgƢƣIiJ

jвbKkLlMmNnꞐŋOoPpRrSsŞşTtU

uVvWwXxYyZzⱫⱬ Ƶ ƶ

---

① 〔吉尔吉斯斯坦〕苏三洛：《中亚东干人的历史与文化》，郝苏民、高永久译，宁夏人民出版社，1996，第264页。

② 吉尔吉斯加盟共和国历史中心档案库：《吉尔吉斯中央国家历史档案（卷宗1，目录1）》，第43、105页。

三是西里尔字母版本（1954年开始使用）。

АаБбВвГгДдЕеЁёӨәЖжҖҗЗз

ИиЙйКкЛлМмНнҢңОоПпРрСсТтУ

уӮӯҮүФфХхЦцЧчШшЩщЪъЫыЬь

ЭэЮюЯя

文字是一个民族文化承续的基石，东干人的文字变革在苏联谢尔久琴柯教授所著《关于创立民族文字和建立标准语的问题》一书中第一部分，即有关苏联各民族文字创制史的问题之六"苏联东干族拉丁化文字以及三十年代在苏联制定的汉语拉丁化文字"中所言："住在吉尔吉斯苏维埃社会主义共和国，哈萨克苏维埃社会主义共和国的苏联东干人，一九二八年以前，使用阿拉伯字母。最早为苏联东干人创造拉丁化字母的民族文字是在一九二八年。但是在这个时候对东干人的语言还没有足够的研究，这就造成一系列的缺点，造成字母本身以及东干语所特有的音节正字法等方面体系上的不一致，从而增加了学习认读和理解课文的困难，阻碍了扫除文盲的工作。由于进一步深入地研究了苏联东干族语言，一九三一年修正了他们的字母和正字法，并且按照统一的方针使它接近于拉丁化新字母，并在某种程度上使它接近于在它之前所创造的汉语拉丁化字母。"①

在苏联政府实行的"民族政策"影响下，以东干知识分子为核心的专业研究队伍很快建立起来，形成了比什凯克与阿拉木图研究中心及莫斯科、列宁格勒的汉学研究中心，产出了《苏联东干人的文化》《东干评议中的乐音或"声调"》《东干语甘肃方言的音位学体系》《东干语的主要特点》《东干方言纲要》《东干人——从东干考察资料来看》等著作，这些研究成果对东干人的语言、文化、风俗等领域进行了深入细致的研究，为后人提供了可观的学术资料。1991年苏联解体，中亚政治、经济与社会语境发生变化，东干人社会的发展模式面临巨大冲击。苏联解体以来，中亚国家经历了一个痛苦的社会、经济、政治方面的转型，同期制约东干人文化进步的最大因素是语言问题，中亚地区俄罗斯化进程结束，俄语国家

---

① 〔苏联〕谢尔久琴柯：《关于创立民族文字和建立标准语的问题》，刘涌泉等译，民族出版社，1955，第51页。

不再是先进生产力的代表；分布在不同中亚民族国家的东干人，在语言选择中又不得不面临吉尔吉斯语、乌兹别克语、哈萨克语等主流社会语言的适应与接受。

国家主流文化的制度安排与文化态度，决定了作为非主流文化的东干人在文化保护与传承中所体现的自然取舍，文化的在地化与民族存亡选择的原生动力终是东干人规模不断壮大发展的最佳选择。中亚"东干人'在140年的发展历程中进入了一个相对频繁的"文化接触"、"文化再造"和"文化变迁"的场域，民族的在地化背景、地缘政治格局变迁，促使中亚"东干人"研究无论在书写的历史还是历史的书写中，都不应是一个单线条的记忆。

## 二　实证分析：中亚"东干人"研究取向与成果分析

关于中国学者对东干的研究最早可以追溯到20世纪五六十年代，至今有60余年的历史，出版专著十余部，发表论文700余篇。和侃①、侯宇②对以往的东干学研究和东干语言文字状况进行了综述。

为了更好地梳理中亚东干人研究成果的样态、关注热点及研究面向，笔者在国家哲学社会科学学术期刊数据库检索题名中含有"东干"一词的论文有250篇，在读秀学术搜索上检索到的期刊论文有344篇，而在中国知网检索到的期刊论文为695篇、学位论文72篇。篇数的不同，一方面体现了学者对"东干"内涵的认同存在差异，另一方面不同的数据库对文献的收录和分类也存在不同，因此笔者试图在上述综述论文的基础上以中国知网的收文为主对中国东干研究的现状做些补充分析，以助于全面了解和推动国内东干研究。

---

① 和侃：《近年来我国东干学研究综述》，《回族研究》2003年第4期。
② 侯宇：《中亚东干语言文字研究综述》，《重庆交通大学学报》（社会科学版）20□9年第2期。

（一）"东干"研究的数量分析

本文以文献计量学基本理论和方法为指导，以文献题录信息统计工具和社会网络分析工具等相关分析软件为技术手段，借助于中国知网（CNKI）数据库和中国引文数据库（CCD），通过数据挖掘、信息处理、知识计量等手段和量化指标来表明目前"东干"研究文献产出量、研究热点、核心作者、研究机构、文献来源等状况。

（二）文献产出量

通过中国知网检索，目前关于"东干"研究的专题论文自 1956 年开始出现，至今文章总量为 695 篇，其中期刊论文 519 篇、学位论文 72 篇、学术辑刊 28 篇、报纸文章 22 篇、国内会议论文 14 篇，其他文献 35 篇，其逐年分布情况见图 1。总体来看，"东干"研究的专题论文的数量在 1990 年以后增长迅速，尤其是自 2000 年以来呈加速增长之势，详情见图 2。

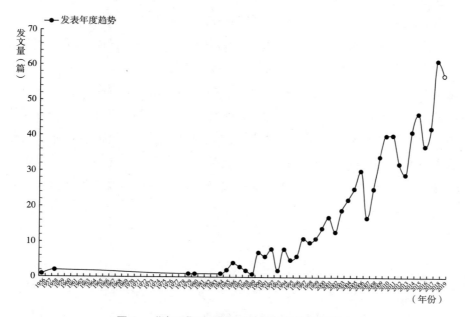

图1　"东干"专题研究文献逐年分布情况

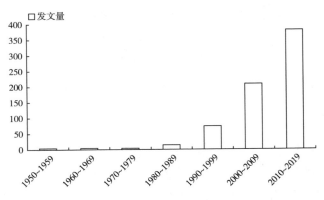

图 2　"东干"专题研究文献每十年分布情况

（三）核心作者问题

核心作者主要由两个指标加以彰显：其一，依据本文样本文献作者发文量多少确定，发文较多者可认为是核心作者；其二，鉴于发文量只是一个基本考查指标，可以从影响力角度进一步统计被引量较大的作者，这是衡量核心作者的另一项重要指标。

本文样本 695 篇文献，共由 508 位作者完成，包括独撰和合作。其中完成 2 篇以上的有 40 人，其余为完成 1 篇。

为了更准确说明核心作者具体情况，笔者将第一作者情况做了进一步的统计说明，从第一作者数据看，共有作者人数 425 人，完成 2 篇以上者89 人。笔者将第一作者完成 3 篇及以上的作者作为核心作者群体进行统计说明，见表 1。在发文量基础上，进一步借助中国引文数据库（CCD），以题名"东干"，第一责任人对本文的作者群体进行引文量的检索统计，将被引次数超过 20 次的核心作者进行统计，结果如表 2 所示。

表 1　发文量视角下的核心作者情况

| 序号 | 作者 | 被引数量 | 生年 | 职称 | 单位 |
|---|---|---|---|---|---|
| 1 | 丁宏 | 113 | 1963 | 教授 | 中央民族大学 |

续表

| 序号 | 作者 | 被引数量 | 生年 | 职称 | 单位 |
|------|------|----------|------|------|------|
| 2 | 常文昌 | 95 | 1947 | 教授 | 兰州大学 |
| 3 | 海峰 | 83 | 1964 | 教授 | 新疆大学 |
| 4 | 杨建军 | 73 | 1977 | 教授 | 兰州大学 |
| 5 | 王国杰 | 67 | 1944 | 教授 | 陕西师范大学 |
| 6 | 胡振华 | 52 | 1931 | 教授 | 中央民族大学 |
| 7 | 林涛 | 51 | 1941 | 教授 | 西北第二民族学院 |
| 8 | 司俊琴 | 47 | 1972 | 教授 | 兰州大学 |
| 9 | 常立霓 | 46 | 1974 | 教授 | 上海政法学院 |
| 10 | 王森 | 41 | 1954 | 教授 | 兰州大学 |
| 11 | 孟长勇 | 39 | 1957 | 教授 | 西安外国语大学 |
| 12 | 武宇林 | 32 | 1955 | 教授 | 北方民族大学 |
| 13 | 王超 | 31 | 1977 | 教授 | 陕西师范大学 |
| 14 | 刘俐李 | 27 | 1947 | 教授 | 南京师范大学 |
| 15 | 赵塔里木 | 27 | 1954 | 教授 | 新疆艺术学院 |

**表 2　影响力视角下的核心作者情况**

| 序号 | 作者 | 发文量 | 生年 | 职称 | 单位 |
|------|------|--------|------|------|------|
| 1 | 常文昌 | 19 | 1947 | 教授 | 兰州大学 |
| 2 | 海峰 | 15 | 1964 | 教授 | 新疆大学 |
| 3 | 杨建军 | 18 | 1977 | 教授 | 兰州大学 |
| 4 | 丁宏 | 17 | 1963 | 教授 | 中央民族大学 |
| 5 | 王国杰 | 12 | 1944 | 教授 | 陕西师范大学 |
| 6 | 常立霓 | 13 | 1974 | 教授 | 上海政法学院 |
| 7 | 司俊琴 | 9 | 1972 | 教授 | 兰州大学 |
| 8 | 胡振华 | 11 | 1931 | 教授 | 中央民族大学 |
| 9 | 惠继东 | 10 | 1960 | 教授 | 宁夏大学 |
| 10 | 王超 | 8 | 1977 | 教授 | 陕西师范大学 |

续表

| 序号 | 作者 | 发文量 | 生年 | 职称 | 单位 |
|---|---|---|---|---|---|
| 11 | 林涛 | 7 | 1941 | 教授 | 北方民族大学 |
| 12 | 刘俐李 | 7 | 1947 | 教授 | 南京师范大学 |
| 13 | 林涛 | 7 | 1941 | 教授 | 西北第二民族学院 |
| 14 | 孟长勇 | 5 | 1957 | 教授 | 西安外国语大学 |
| 15 | 高亚斌 | 5 | 1973 | 教授 | 兰州大学 |
| 16 | 武宇林 | 3 | 1955 | 教授 | 北方民族大学 |
| 17 | 司庸之 | 3 | 1954 | 教授 | 中共新疆昌吉州党校 |
| 18 | 赵塔里木 | 5 | 1954 | 教授 | 新疆艺术学院 |
| 19 | 杨文炯 | 4 | 1967 | 教授 | 兰州大学 |
| 20 | 王景荣 | 4 | 1966 | 教授 | 南开大学 |
| 21 | 周庆生 | 4 | 1953 | 教授 | 中国社会科学院 |
| 22 | 李阳阳 | 3 | 1992 | 硕士 | 北方民族大学 |
| 23 | 苗东霞 | 3 | 1960 | 教授 | 中央民族大学 |
| 24 | 侯宇 | 3 | 1981 | 讲师 | 西北师范大学 |

　　可以发现，表 2 中影响力视角下的核心作者和表 1 中发文量视角下的核心作者顺序和构成均有所不同，表明部分作者虽发文较多但影响力较小，反之，一些作者虽然发文不多，但是发文的影响力较大。不可否认的是，其中存在一定量的较新发表成果，影响力还未能显现。显然，同时具备发文量大和被引量多的作者是"东干"研究当之无愧的核心作者。从表1、表 2 基本可知这些核心作者主要是丁宏、常文昌、海峰、杨建军、王国杰、胡振华、林涛、司俊琴、常立霓、王森、孟长勇、武宇林、王超、刘俐李等。这些核心作者多为"40 后""50 后""60 后"，目前年龄在 70 岁左右，也有少量"70 后"，以及极少"90 后"，整体年龄结构稍偏老龄化，鉴于部分年轻作者发文量和影响力逐步增长，年龄结构将趋于不断合理。同时职称结构和年龄结构有着类似性，由于统计存在一定的滞后性，整体看作者的职称结构合理，整体职称较高，反映其当前的研究能力和未来的发展潜力相对较强。

## （四）主要研究机构（包括学位论文培养单位情况）

研究机构指的是作者在发文过程中所署名的单位，通过对研究机构的统计分析，可以一定程度了解某一学科或领域研究力量的空间布局、研究平台类型、研究机构演变等具体情况。本文样本文献（包括学位论文，下文单独分析）共来自 256 个研究机构，这些研究机构基本为细分之后的二级单位存在一定量同一二级单位不同时期称呼不同的情况，以及多个署名单位同等统计的情况。通过对第一署名单位的进一步统计，现将发文量大于等于 5 篇的主要研究机构情况整理如下（见表 3）。

**表 3  "东干"研究的主要机构情况**

| 序号 | 机构名称 | 文量 | 主要的二级单位名称 |
|---|---|---|---|
| 1 | 兰州大学 | 77 | 文学院、外国语学院、西北少数民族研究中心 |
| 2 | 西北师范大学 | 62 | 国际文化交流学院、中亚研究院 |
| 3 | 中央民族大学 | 46 | 民族学系、少数民族语言文学学院 |
| 4 | 陕西师范大学 | 44 | "一带一路"建设与中亚研究协调创新中心、西北民族研究中心 |
| 5 | 新疆大学 | 29 | 人文学院、语言学院 |
| 6 | 北方民族大学 | 27 | 文学与新闻传播学院、回族学研究院 |
| 7 | 新疆师范大学 | 21 | 国际文化交流学院 |
| 8 | 宁夏大学 | 20 | 人文学院、少数民族预科教育学院 |
| 9 | 西北第二民族学院 | 15 | 中文系、历史系 |
| 10 | 上海政法学院 | 15 | 文学院 |
| 11 | 西安外国语大学 | 8 | 汉学院 |
| 12 | 中国社会科学院 | 8 | 民族学与人类学研究所 |
| 13 | 南京师范大学 | 7 | 文学院 |
| 14 | 南开大学 | 7 | 汉语言文化学院 |
| 15 | 北京大学 | 6 | 中文系 |
| 16 | 伊犁师范学院 | 6 | 人文学院 |
| 17 | 西北民族大学 | 5 | 国家民委哲社重点研究基地西北民族非物质文化遗产保护研究中心 |
| 18 | 湖南师范大学 | 5 | 文学院 |

"东干"研究学位论文自 2006 年开始出现，目前共有 72 篇，分别为西北师范大学 30 篇、陕西师范大学 10 篇、新疆师范大学 9 篇、兰州大学 5 篇、伊犁师范学院 4 篇、新疆大学 3 篇、其他院校共 7 篇；博士学位论文 4 篇、硕士学位论文 68 篇。主要学科背景为哲学与人文科学，有 68 篇，占比 94.4%。

### （五）核心期刊

这里的核心期刊并非学术评价体系中的"核心期刊"，而是指某一领域研究文献发表的主要学术期刊。本文样本中期刊论文 519 篇，共来自 100 多种各类学术刊物中。现将发文量在 5 篇及以上的核心期刊统计如下（见表 4）。

表 4  "东干"研究的主要期刊

| 序号 | 刊物名称 | 文量 | 所在地 | 主办单位 |
|---|---|---|---|---|
| 1 | 回族研究 | 43 | 银川 | 宁夏社会科学院 |
| 2 | 西北民族研究 | 31 | 兰州 | 西北民族大学 |
| 3 | 北方民族大学学报 | 27 | 银川 | 西北第二民族学院 |
| 4 | 中国穆斯林 | 23 | 北京 | 中国伊斯兰教协会 |
| 5 | 回族文学 | 20 | 昌吉 | 新疆昌吉回族自治州文学艺术界联合会 |
| 6 | 华文文学 | 15 | 汕头 | 汕头大学 |
| 7 | 丝绸之路 | 15 | 兰州 | 西北师范大学 |
| 8 | 中央民族大学学报（哲学社会科学版） | 14 | 北京 | 中央民族大学 |
| 9 | 语言与翻译 | 14 | 乌鲁木齐 | 语言文字工作委员会 |
| 10 | 青海民族研究 | 12 | 西宁 | 青海民族大学民族学与社会学学院 |
| 11 | 新疆大学学报（哲学·人文社会科学版） | 11 | 乌鲁木齐 | 新疆大学 |
| 12 | 宁夏师范学院学报 | 10 | 固原 | 宁夏师范学院 |
| 13 | 社科纵横 | 9 | 兰州 | 甘肃省社会科学界联合会 |

| 序号 | 刊物名称 | 文量 | 所在地 | 主办单位 |
|---|---|---|---|---|
| 14 | 世界民族 | 7 | 北京 | 中国社会科学院民族学与人类学研究所 |
| 15 | 方言 | 6 | 北京 | 中国社会科学院语言研究所 |
| 16 | 兰州大学学报（社会科学版） | 6 | 兰州 | 兰州大学 |
| 17 | 宁夏社会科学 | 5 | 银川 | 宁夏社会科学院 |
| 18 | 陕西师范大学学报（哲学社会科学版） | 5 | 西安 | 陕西师范大学 |
| 19 | 中国语文 | 5 | 北京 | 中国社会科学院语言研究所 |
| 20 | 西北民族论丛 | 5 | 西安 | 陕西师范大学西北民族研究中心 |
| 21 | 浙江工商大学学报 | 5 | 杭州 | 浙江工商大学 |
| 22 | 新疆师范大学学报（哲学社会科学版） | 5 | 乌鲁木齐 | 新疆师范大学 |

整体上看，"东干"研究的主要期刊分布较为集中，主要分布在西北和北京两个地区，其中西北主要分布在宁夏、新疆和甘青地区的高校和科研单位中。这些刊物包括研究机构创办的以书代刊的学术辑刊，以及常规学术刊物。整体级别较高，多为学术评价体系中的"核心期刊"，主办单位多是从事相关研究的机构，这有利于刊物质量的提升和学术研究的繁荣。

（六）东干研究热点

通常在一篇文章当中，作者会使用关键词作为其研究的主要方向，这个词可以代表一篇文章的大致研究方向，因此关键词如果在多篇文章中同时出现，而且与其他词出现的频率较高，我们可以认为，这个词所代表的就是本领域的研究热点。这里主要借助于文献题录信息统计分析工具（SATI 软件）统计，提取出本文样本中出现超过 15 次的 23 个关键词进行统计说明（见表 5）。

表 5 　"东干"研究的高频关键词

| 关键词 | 频次 | 关键词 | 频次 |
|---|---|---|---|
| 东干人 | 306 | 哈萨克 | 19 |
| 东干族 | 170 | 阿尔布都 | 19 |
| 东干语 | 163 | 中亚东干人 | 19 |
| 汉语方言 | 133 | 比什凯克 | 19 |
| 东干文学 | 74 | 东干民歌 | 19 |
| 苏维埃社会主义共和国 | 31 | 西北官话 | 18 |
| 东干学 | 27 | 俄罗斯 | 18 |
| 西北方言 | 24 | 阿拉木图 | 17 |
| 留学人员 | 23 | 民间文学 | 17 |
| 白彦虎 | 23 | 吉尔吉斯 | 16 |
| 吉尔吉斯斯坦 | 22 | 书面文学 | 15 |
| 哈萨克斯坦 | 22 | — | — |

通过对主题词的统计和进一步整合可知，有关东干研究的热点集中在以下几个方面。

第一，关于"东干人"群体研究是东干研究的核心内容，含有东干人关键词的论文有 306 篇，这也应该是国内东干研究的主体部分。

第二，东干研究与西北地区有着密切的关系。关键词中含有西北方言、西北官话等的论文虽然仅有 42 篇，但实际上西北地区，尤其是西北地区的语言，为东干研究提供了丰富的资料，一定程度上也可以说是国内外东干研究的起点和基础，因此东干研究的论著或多或少都要涉及西北地区。

第三，国内东干研究的兴起从一定程度上是与丝绸之路、中国与中亚各国之间文化交流联系在一起的，因此东干人在丝绸之路与中亚各国文化交流中的重要作用是试图依据的重点内容，在统计中关键词含有吉尔吉斯斯坦、哈萨克斯坦、比什凯克、阿拉木图的论文有 80 篇，但这方面的内容却是多数东干研究论著都要论及的。

第四，东干人的迁移过程以及杰出人物的生平也是东干研究涉及的重点内容，关键词中有白彦虎等的论文即是这方面研究的代表。

第五，对东干文学的研究是东干研究的重要内容，包括关键词中含有东干文学、东干学、民间文学、书面文学的论文即是这方面研究的代表。

第六，东干有关的语言文字问题，亦是东干研究的重要内容，包括关键词中含有东干语的论文即是这方面研究的代表。

第七，近年来，中亚东干人的教育水平不断提高，来华留学的人员也日益增多，这部分东干留学生主要集中于中国西北地区的高校，包括关键词中含有留学人员的论文即是这方面研究的代表。

第八，清末同治年间是东干人形成时期，留下了大量的资料，因此也是东干研究的重要关注时段。

如果说含有"东干"一词的论文可以视其为东干研究的专门性论文，那么关键词则体现着这些专门性论文论述的重点内容，从中也可以体现研究者的研究兴趣和研究的总体趋向，上述热点的出现可以说涵盖了东干研究的诸多方面，透露出国内的东干研究在不断深入。

## 三　"东干"研究现状述评

"东干族以其独特的历史与文化吸引着众多的民族学研究专家学者的目光，对这一特殊民族的研究不但对研究回族的历史、民族文化有重要的学术意义，而且对研究中国近代史也有着重要的作用。在我国，东干学研究正处于起步阶段，在这一阶段我们取得了许多有价值的成果，但是我们仍可以发现有许多问题需要进一步完善。"这是和侃从当时东干学研究现状、东干族历史与文化的研究、东干族语言的研究等方面具体综述之后给出的评价。[①]

侯宇认为："东干语是中亚东干族使用的语言，是汉语陕甘方言的域外变体；东干文是世界上唯一用字母拼写汉语成功的文字，是东干文化发展的载体。分析梳理三十多年关于东干语言文字的研究成果，得出结论：东干语语音、词汇成系统的研究成果比较少；结合新疆方言研究东干语的

---

① 和侃：《近年来我国东干学研究综述》，《回族研究》2003 年第 4 期。

成果比较少；东干文学作品'转写、翻译'的语言文字标准有待研究；东干语教学形式的研究成果很少；东干族语言态度的研究有待深入。"① 笔者基本赞同上述评价，提出如下几点补充。

一是国内东干研究虽然取得了一定成绩，但从已经出版的成果数量上看并不是很突出。至今我们可以检索到的国内学者出版的东干专门性著作只有丁宏《东干文化研究》②、胡振华《中亚东干学研究》③、王国杰《东干族形成发展史——中亚陕甘回族移民研究》④、王超《跨民族文化适应与传统研究：以中亚东干人为例》⑤、林涛《中亚回族陕西话研究》⑥ 和《东干语论稿》⑦、杨峰《托克马克之恋》⑧ 和《盼望——苏联东干族作家小说散文选》⑨ 以及尤素福和刘宝军《悲越天山——东干人记事》⑩．杨建军《丝绸之路上的华裔文学奇葩——中亚东干文学》⑪、常立霓《多元文化语境下的中亚东干文学》⑫ 和常文昌、常立霓《世界华语诗苑的奇葩——中亚东干诗人十娃子与十四儿的诗》⑬ 等。译著有郝苏民、高永久翻译的苏三洛《中亚东干人的历史与文化》⑭，林涛翻译的《中亚回族的口歌和口溜儿》⑮、《雪

① 侯宇：《中亚东干语言文字研究综述》，《重庆交通大学学报》（社会科学版）2019 年第 2 期。
② 丁宏：《东干文化研究》，中央民族大学出版社，1999。
③ 胡振华：《中亚东干学研究》，中央民族大学出版社，2009。
④ 王国杰：《东干族形成发展史——中亚陕甘回族移民研究》，陕西人民出版社，1997。
⑤ 王超：《跨民族文化适应与传统研究：以中亚东干人为例》，中国社会科学出版社，2014。
⑥ 林涛：《中亚回族陕西话研究》，宁夏人民出版社，2008。
⑦ 林涛：《东干语论稿》，宁夏人民出版社，2007。
⑧ 杨峰：《托克马克之恋》，新疆人民出版社，2000。
⑨ 杨峰：《盼望——苏联东干族作家小说散文选》，新疆人民出版社，996。
⑩ 尤素福、刘宝军：《悲越天山——东干人记事》，宁夏人民出版社，2011。
⑪ 杨建军：《丝绸之路上的华裔文学奇葩——中亚东干文学》，中国社会科学出版社，2015。
⑫ 常立霓：《多元文化语境下的中亚东干文学》，上海社会科学院出版社，2018。
⑬ 常文昌、常立霓：《世界华语诗苑的奇葩——中亚东干诗人十娃子与十四儿的诗》，阳光出版社，2014。
⑭ 〔吉尔吉斯斯坦〕苏三洛：《中亚东干人的历史与文化》，郝苏民、高永久译，宁夏人民出版社，1996。
⑮ 〔哈萨克斯坦〕黑牙·兰阿洪诺夫辑录《中亚回族的口歌和口溜儿》，林涛编译，香港教育出版社，2004。

花儿》① 与《东干起义的最后一幕》②，丁宏翻译的《东干人的习俗、礼仪与信仰》③。如前所述专门性论文则有 600 余篇，和其他海外华人、国别研究及族别研究相比，成就并不占优势，依然亟待加强。

　　二是中国东干研究虽然取得了一定成绩，但我们对东干学及东干人的了解离全面尚有较大差距，更谈不上具体。和侃认为："在我国，东干学研究正处于起步阶段，在这一阶段我们取得了许多有价值的成果，但是我们仍可以发现有许多问题需要进一步完善。首先是学科完善。对于东干族的研究我们多着眼于历史与文化的研究，而对于现代东干族的经济、社会状况、文化教育以及在现代社会发展中东干族所起到的作用却很少涉及。其次是研究视野的扩大。在东干族研究中，资料性的论述占了较大的比重，而对于东干族历史与文化深层次的探讨与论述却相对缺乏。东干文化作为一种移民文化，它不仅在民族学研究领域有着重要的地位，同时在文化学与人类学方面也同样具有重要的研究价值。"④ 这是针对 2003 年之前的研究状况而言的。从上述有关关键词的数量分析可以看出，和侃所指出的有待加强的方面在之后的近 20 年间得到了加强，随着共建"一带一路"倡议的提出与不断的实践，给 21 世纪的东干研究增添了前所未有的机会，大大推进了该领域的学术研究，迎来了东干研究又一个崭新的春天。在这样的大好形势下，一直关注东干研究并对新资料极为敏锐的各位学者教授，自然不会错过这一千载难逢的好机会，陆续加入其中。但是，笔者认为就整体研究水平来说，国内的东干研究似乎存在着较大的提升空间，尚不能给我们勾勒出东干人在中亚从事政治、经济、文化活动的完整线索，东干聚落的研究还属于零星的点状探讨，东干人在移居中亚后如何构建自己的商业网络的探讨也有待深入。

　　三是东干研究存在过于集中问题。最初是苏联的汉学家以中国回族研

---

① 〔吉尔吉斯斯坦〕阿依沙·曼苏洛娃：《雪花儿》，林涛、崔凤英译，中国科学文化出版社，2008。

② 〔俄〕波亚尔科夫：《东干起义的最后一幕（1862—1878）》，林涛、丁一成译，香港，中国文化艺术出版社，2009。

③ A. A. 张：《东干人的习俗、礼仪与信仰》，丁宏译，中央民族大学出版社，2017。

④ 和侃：《近年来我国东干学研究综述》，《回族研究》2003 年第 4 期。

究为基础逐步建立了东干学这门学科。我国学界尤其是西北地区的学者之所以关注东干研究，是因为东干的族源是中国的回族，而对族群的认同一直是人类学关注的重点，尤其是不在传统生活地域里的族群，更是引发人们的研究兴趣。现有的研究多集中于对东干人历史形成的分析以及其族源问题，并且偏重对东干语以及东干文学的研究。"关于'东干'人的称谓在学术界众说纷纭……'东干'是族名还是地名，是自称还是他称，显得十分混淆。"越来越多的学者提出不同意见，经过一系列求证后，杨文炯认为："'东干'是他称，而不是自称，回回是中亚东干人的自称。"① 更值得关注的是在东干人自身文化上，一些学者仅仅从历史上分析了东干人的形成，而对群体在中亚地区生产生活的现状以及其经济社会政治产面极少关注。与此同时，在研究东干语以及东干人的文化等问题上，也应表现出对其的现实关注，在当前"一带一路"倡议为东干研究提供了极为有利的环境下更应该给予充分关注，为加强巩固国别族群关系研究储备学术积淀。

四是专业而稳定的研究队伍建设的关注。近年来，随着共建"一带一路"倡议的实施，我国与中亚各国的交往交流越发密切，对东干人与东干文化以及东干语的研究越来越多，但多语种语言素养依然是从事东干研究应该具备的基本要求，由此也为东干研究的队伍建设增加了难度。如前所述，在本文统计分析样本的 695 篇文献中，共出现了 508 位作者。这些作者中，第一作者数据共有作者 425 人，而完成 2 篇以上者则仅为 89 人。这大体上就是目前我国东干研究队伍的基本情况。因此，尽管我国的东干研究取得了一定成绩，但在共建"一带一路"倡议提出的要求下，建设专业而稳定的东干研究队伍依然是一个值得关注的大问题。

## 四　中亚"东干人"研究路径的拓展与领域延伸

### （一）研究范式与"东干学"学科升级

在学术话语中，一门学科的研究对象是该门学科观察与思考的客体，

---

① 杨文炯：《跨国民族的族群认同——"东干"与回族：族源、族称与族群认同的人类学讨论》，《西北第二民族学院学报》（哲学社会科学版）2005 年第 4 期。

也是该门学科所有行动的目标。总的来说，21 世纪前期中亚东干人研究、"东干学"的学科建构，主要从东干语言研究、东干历史研究、东干文学研究、东干文化研究四个核心维度呈现，随着中亚地缘政治的剧烈变动、中国共建"一带一路"，东干社会研究应开始从传统的文化记述研究逐步转向社会、制度、政治、经济等层面互动互嵌的社会问题，学界对以传统为中心的研究路径应展开一定反思，东干研究从文化领域转向社会领域，研究的理论起点也应由此丰富与发展。东干人研究的空间向度与时间坐标，都应更倾向现实与当下，新的问题、新的发展趋势及动态，不应是文化的界限，而应是随着地缘政治、区域分隔、国家格局及其发展需求不断变换，由时代的文化表达、话语权威、经济交换等新的知识领域与实践体系作为研究范式与东干学学科构建的路径拓展与领域延伸。如传统意义的人类学研究方法中小社会调查与比较研究为着力点在东干人研究上的应用。通常人类学研究多在社区或某一个村落为研究田野背景，研究者通过参与观察，获取研究区域的翔实资料，并对其进行深入的剖析与文化解释，从中得出一个相对完整的社会面向。从某种意义上讲，人类学发展本源也常为地方性的知识与资料细节所羁绊，易于忽视对社会整体的纵览与考量。于笔者而言，人类学方法对东干社会的人文关注并不仅仅是记录现实社会场景与观察对象的社会与文化生活，我们更应思考及着墨于所考察田野中他者的社会和文化体验者的思想与内心，以及这个区域社会和人群文化在整个时代与社会背景中的位置。同时，还需进入与中亚东干人在不同区域间的差异性文化的比较研究。因此，人类学对东干族群社会的关注应超越社区研究的边界与界限，进入一个静态与动态、空间与时序多维一体的广阔视野。

（二）重返现实：问题意识的拓展

在国家视域下，对一个民族的文化社会变迁关注，文献的保留与文化的记忆是后学们从事学术研究的重要文献基础，中亚"东干人"在 140 年的发展历程中进入了一个相对频繁的"文化接触"、"文化再造"和"文化变迁"的场域，民族的在地化背景、地缘政治格局变迁，如何影响东干人在中亚社会发展、行为实践及制度选择中理性逻辑的讨论与研究的缺失，历史维度与时间维度的研究不足，终不能客观有效地展示一个社会群体在百年风雨中撰写此论文的素材储备及精深的观察与地方性互动。一个外来群体——东干人的在地化过程与主体社会交往中的优与劣、主动与被动、迎合与对抗、策略与迂回终是影响一个群体生存、发展与前进的重要推动力，是顺潮而生还是逆势而为，终有群体属于自身智慧的抉择，无关他者，自身的体验与知识终是民族群体社会变迁发展中的最大原能力。如何将这一生存智慧与选择理性有效整理研究是学人应该审慎思考与权衡的学术命题。

目前所能看到的有关中亚东干人的研究，无论是书写的历史还是历史的书写，多于一个单线条的记忆，东干人与融入地间的社会磨合、互动甚至冲突与斗争，国家体系中的制度架构、社会变革对东干社会群体的结构性影响等深层次关注与研究均不多见。

社会层面与深入本土的研究实践，是提升中亚"东干人"研究学术体系的完整性与全面性的有效探讨，应分析研究如何在时间维度、历史维度与空间维度中寻得东干文化在中亚发展历程中的特点、困境与后期关注。充满跌宕起伏心路历史的一个族群社会变迁史所体现的隐忍、智慧与前行中文化选择与制度选择背后深层的内在因素与外在因素为何而为？为何能为？他域文化的沉淀与耦合、流动与适应、选择与再造均为那般？文化的自带性、文化意识与坚守，如何将这一生存智慧与选择理性，在政治格局、中国发展、民族趋利性选择、文化认同等领域有效解读，应成为新的研究路径与研究视域，在未来相关研究中如何给予有效整理与学理性关注，重返现实，问题意识的拓展，应是我们共勉之域。

同时，在当前大的政治格局与国家体系的时代背景下，国人研究成果呈现大国风范与智慧的综合体现尤为重要，如何以理性、客观的表述方式来书写这140年跨国民族的历史、发展与成长境遇，如何在学术研究领域的社会交流与互动中消除交往的张力，也是需要学人们在学术尺度的掌握上中立、客观与平视。新时代，在共建"一带一路"的推动下，文化在发展中的"趋利性"不可否认，每一个民族、每一个社会及群体的发展，在大的社会秩序下，不可能也不愿成为文化的孤岛形态面临日益多变与日新月异的变化与挑战，只有在文化自省的同时，寻找机遇与展示平台，对于中亚东干人的未来来源，才能有更广阔的天地与机遇。

最后，此文源于 2018 年学术团队在中亚吉尔吉斯共和国的八天之考察，无论从中亚东干人社区数量、采访人数、考察的翔实度而言，均不具有书写此论文的素材储备及精深的观察与地方性互动，之所以仍以今之短文示人：一是囿于在共建"一带一路"背景下的现实需要，梳理现有学术成果，以期形成从实践出发的"东干学"建构，从认识现实的角度探索一个可行的讨论方向，为更深入的研究提供一种可能；二是基于中亚海外华人考察科研任务完成结果的体现；三是深入他国的亲身体悟、感动及内心深处对此问题的拙见，期与同人继续关注、合作与共勉。

# 生态人类学、牧区生态与社会经济发展

## ——阿拉坦宝力格教授访谈录

范明明　　阿拉坦宝力格[*]

阿拉坦宝力格是内蒙古大学民族学与社会学学院教授，是国内最早从事生态人类学研究的学者之一。他从 20 世纪 90 年代开始，长期在蒙古国、内蒙古自治区的牧区做相关研究。在 20 多年的研究生涯中，阿拉坦宝力格教授对中国生态人类学的发展，草原牧区的生态系统、游牧文化、牧区社会的传统与变迁都有着系统的了解和深入的研究。

## 一　生态人类学学科发展

**范明明**（以下简称范）：中国的生态人类学是 20 世纪八九十年代才开始发展的，进入 21 世纪逐渐形成规模，出现了较多的研究成果和几个知名的研究团队。您个人是怎么进入生态人类学研究领域的？您怎么看待中国生态人类学的发展？

**阿拉坦宝力格**（以下简称阿）：很高兴有机会参与这次访谈。我个人接触生态人类学是从我的导师那里开始的，我在日本北海道大学读博士，

---

* 范明明，中国社会科学院民族学与人类学研究所助理研究员；阿拉坦宝力格，中国民族学会副会长，内蒙古大学民族学与社会学学院院长、教授。

导师煎本孝教授是地道的生态人类学专家。他从事北方狩猎民族研究，他从日本的渔民研究开始，接着对加拿大印第安契帕瓦族（Chipewyan，狩猎民族）进行研究①，还对日本北方的阿依努族（狩猎采集民族）进行研究②。生态人类学其实对很多狩猎采集民族的研究比较多，因为他们认为在人类进化过程中，狩猎采集是延续时间最长、最主要的生计方式，存在了几百万年，因此研究狩猎采集非常重要。从中我们可以知道在世界各地，不同的地理环境中，从北到南、从西到东，人类是怎么扩散分布的。后来老师的研究扩展到俄罗斯远东地区克里亚克族③，这里是一个从狩猎采集到游牧的过渡区域，之后又对西伯利亚和蒙古高原游牧民族进行研究。他的研究很大一部分是关注生态和认识的关联，他的研究强调不要从自然界分离出来看人类的文化，而是将二者结合起来。他最近出版的一本书是《内心世界的人类学——探索人类属性的起源》④，探讨人类是如何在生态与社会的密切关系中诞生并创造出了文化。

我读博士的时候导师就带我去蒙古国西北部的库苏古尔省从事调查（1999 年和 2000 年），那边保留了比较完整的游牧生活。他对萨满很感兴趣，我就跟着老师走，住在牧民家里，一方面给老师当翻译，另一方面学着老师怎么访谈、怎么观察、怎么在观察中找到人类学的关键点。因为人类学强调的就是参与观察，这个很重要。读博期间我读了些生态人类学的书——斯图尔德的《文化变迁的理论》⑤。这本书老师让我读了好几遍，读完一次和他谈一次，有的地方没有谈到，就再读一次再谈一次。后来我才知道，生态人类学基本上就是从这里发展出来的。然后读一些日本早期生态人类学的经典——今西锦司⑥、梅棹忠夫⑦等的一些著作，也开始看后期

---

① 〔日〕煎本孝：《文化的自然志》，东京大学出版社，1996。
② 〔日〕煎本孝：《阿依努的熊祭祀》，雄山阁，2010。
③ 〔日〕煎本孝：《驯鹿游牧民、循环哲学：极北俄罗斯·堪察加探险记》，明石书店，2007。
④ 〔日〕煎本孝：《内心世界的人类学——探索人类属性的起源》，筑摩书房，2019。
⑤ Julian H. Steward, *Theory of Culture Change: The Methodology of Multilinear Evolution*, Urbana, University of Illinois Press, 1955.
⑥ 〔日〕今西锦司：《游牧论及其他》，平凡社，1995。
⑦ 〔日〕梅棹忠夫：《梅棹忠夫著作集》（第 2 卷），中央公论社，1990。

的生态人类学书籍——包括对非洲、东南亚、游牧的研究等。日本当时出版了比较好的两部生态人类学著作——大冢柳太郎编《生态人类学》①、秋道智弥等合编《生态人类学》② 等。日本的生态人类学和医学、生态学有密切的关系，一方面很注重进化的研究，另一方面也很关注当今人类面临的众多与生态有关的问题，如生计、适应、认知、营养、健康、环境、发展等诸多问题。这样，我慢慢地开始对生态人类学有了基础知识。因为我本科和硕士读的是少数民族语言文学，我的自然科学基础并不好，老师建议我结合过去所学的知识进行人类学研究。我的博士学位论文③偏向艺术人类学，但主要观点是人类艺术行为（艺术是一种认识和行为的美的表现——其实这里就有生态人类学的观点）和生态环境的关系，人对美的认识、美的欣赏与生存环境有没有关系，有何关系等。

2003 年回国后，我来到内蒙古大学工作，当时学校设立了民族学本科专业，我就开始教生态人类学的课程。在国内我开始做牧区社会文化方面的研究，也接触了不少国内的研究。因为牧区是一个特殊的生态区域，有草原、家畜，也有牧民。人类为什么在这样的干旱区域里生活　他们是如何在植物资源比较贫瘠的草原上生存下来的，这是我感兴趣的一个问题。我更感兴趣的是适应的过程，人类为适应一个环境、社会产生了如何的反应，应该重视这种反应。

2004 年我在银川宁夏大学参加人类学高级论坛，会议主题是"人类生存与生态环境"，这期间认识了尹绍亭老师，之后认识了杨庭硕老师、罗康隆老师、崔延虎老师、曾少聪老师，他们的研究都很有特色，理论探索很深。杨庭硕老师对水资源很有研究④，也出了一系列的专著。尹绍亭老师研究刀耕火种⑤，云南大学人类学的队伍也很强大。崔延虎老师研究草原牧区游牧，还有绿洲生态人类学。曾少聪老师是对东南沿海的研究，出

---

① 〔日〕大冢柳太郎编《生态人类学》，至文堂，1983。
② 〔日〕秋道智弥等编《生态人类学》，世界思想社，1995。
③ 阿拉坦宝力格：《蒙古族审美观的文化人类学研究》，内蒙古大学出版社，2007。
④ 杨庭硕、吕永锋：《人类的根基——生态人类学视野中的水土资源》，云南大学出版社，2004。
⑤ 尹绍亭：《森林孕育的农耕文化：云南刀耕火种志》，云南大学出版社，1994。

版了生态人类学的丛书。罗康隆老师现在亲自实践如何保留传统稻米种子，他是一个生态人类学研究者，也是一个生态人类学实践者，做的事情很有意义。我们这边的队伍，就是研究北方游牧地区，现在看来也算是生态人类学。黑龙江大学阿拉腾教授对游牧文化进行的生态人类学研究也很有特色。[①]

后来国内也培养了很多年轻学者，陈祥军[②]、苟丽丽[③]、张雯[④]、乌尼尔[⑤]、罗康智[⑥]等一批年轻人（我关注的是和我的研究领域有关的一些成果，实际成果更多）。他们的研究拓展了传统的研究领域，更多地关注现实问题，很有意思。我们学院的一名年轻老师叫武宁，他以阿拉善牧民养殖骆驼为案例，研究人类和动物的关系[⑦]，这个研究很有意思。两年前中国民族学学会生态民族学分委会成立，在内蒙古师范大学（呼和浩特）召开了生态民族学学会成立大会，说明我们的队伍还是很大的。现在国内出版了不少生态人类学专著，云南大学、吉首大学、中国社会科学院都出版了生态人类学丛书。

我很看好中国生态人类学发展，因为我国有广阔的土地，东南西北都有丰富的生态资源，有丰富的生态人类学研究资源，有56个民族构成的中华民族共同体，其生态多样、文化多样。我们可以利用这丰富多样的资源，探究人类社会当今和未来的可持续发展规律。尤其是胡焕庸线的东西两侧，生态多样性和文化多样性都非常值得研究。目前，我们的研究缺乏一些生态系统的整体视角的研究，比如从斯图尔德到拉帕波特《献给祖先

---

① 阿拉腾：《文化的变迁——一个嘎查的故事》，民族出版社，2006。
② 陈祥军：《阿尔泰山游牧者：生态环境与本土知识》，社会科学文献出版社，2017。
③ 苟丽丽：《"失序"的自然：一个草原社区的生态、权力与道德》，社会科学文献出版社，2012。
④ 张雯：《自然的脱嵌——建国以来一个草原牧区的环境与社会变迁》，知识产权出版社，2016。
⑤ 乌尼尔：《与草原共存——哈日干图草原的生态人类学研究》，知识产权出版社，2014。
⑥ 罗康智、罗康隆：《传统文化中的生计策略——以侗族为例案》，民族出版社，2009。
⑦ 武宁：《构建生态文明的本土视域：基于阿拉善牧区人—驼关系的思考》，《青海民族大学学报》（社会科学版）2019年第1期。

的猪：新吉尼亚人生态中的仪式》①，我们还是缺少像这样经典的生态人类学专著。

**范：**目前，生态人类学面临更多的新问题和挑战，因为与以往不同，"生态"已经成为热门词语，作为一门与现实问题紧密联系的学科，面对国家不断出现的新议题，比如生态文明、"两山论"、"一带一路"建设、人类命运共同体等，生态人类学目前在国内发展的困境是什么？未来学科建设与发展应该注意哪些方面？

**阿：**生态的重要性随着现代社会的发展凸显出来，无论是日本还是其他发达国家，它们的学科发展都有这样一个特点。它们（日本等发达国家）从 20 世纪 60 年代开始反思这样的工业发展会给人类带来怎样的后果，尤其从 70 年代开始，1972 年在斯德哥尔摩召开的联合国人类环境会议、1992 年在巴西里约热内卢召开的联合国环境与发展会议、2002 年在南非约翰内斯堡召开的可持续发展世界首脑会议，都在强调发展的可持续性，考虑当下的发展怎样能够不影响下一代人的发展，必须考虑保护的问题。人们开始认识到物质基础的可持续性的问题，保障了可持续性才能够实现社会的发展，因此生态是基础。我们国家快速发展的同时，也认识到发展怎样保证可持续性、保护自然环境基础等。

国内生态人类学的兴起和这个背景有关，这个学科不是为了批评和否定，而是为了保障可持续性，更多关注这个问题，这也就是习近平总书记讲的金山银山的观点。生态人类学的学科建设应该怎么做？困境在于跨学科合作，如何把认识和数据结合起来看生态问题。我们国内目前还是偏文科的多，生态人类学应该更多考虑跨学科，地理学、生物学、生态学的学者一起探讨该怎么做，不能总批评。未来学科建设可能就是如何抓住新文科建设——建设一个新的跨学科领域——人类学同地理学、生物学、医学、经济学合作——建立新民族学学科。比如说新冠疫情，和营养有没有关系？生物学和医学的研究人员应发挥更大作用。日本的人类学研究中有

---

① 〔美〕罗伊·A. 拉帕波特：《献给祖先的猪——新吉尼亚人生态中的仪式》，商务印书馆，2016。

很多营养学方面的研究，关注蛋白质、维生素等人体所需营养要素和环境的关系，我们的队伍中能不能出现既懂环境，又懂医学、地理、社会、文化等知识的人呢？这样我们的研究才能够更有深度。还有一个重要的事情，就是科普的问题，比如我们在田野时会碰到一些人说自己在做生态建设，会告诉我们种了多少树、草、花，但这并不是生态建设，或者说只是做了一些与生态相关的事情。那么真正的生态是什么，需要进行系统性的把握，从有机物到无机物，从水资源到动植物、到人，整个系统的关系是什么？我们人类的位置又在哪里？怎么才能保证系统的安全？保证可持续发展？这才是科普，不是单纯在实验室里得到结论，而是要让更多的人了解这种生态系统的概念。

范：国际上生态人类学的理论层出不穷，您认为哪些理论对中国生态人类学今后的发展有较大的借鉴意义和指导作用？

阿：从斯图尔德的理论开始，后来很多人发展了他的理论，对我们有什么借鉴呢？在谈到我们国家面临的实际情况如何借鉴国外理论的时候，我发现很多年轻人在读《枪炮、病菌与钢铁：人类社会的命运》[①]、《欧洲与没有历史的人民》[②]。这两本书讲的是对多样性和差异性的认识，尤其是遇到灾害和疫情的时候，保护多样性就意味着保留更多的选择。刚才提到罗康隆的研究很有意思，保护水稻的多品种，正是自己参与到了观察之中。今天世界文化的形成，每个地方都有贡献，很多文化、地方性知识并不是随意想到的，有地理环境因素、生态因素、历史因素，要充分理解各种文化和文明对今日世界文明的贡献。

生态人类学很大一部分关注点在适应性，适应的过程很重要，人类采取什么样的态度应对外界的变化。我在做牧区研究的时候，就很难停留在"牧区就现在这样挺好"这种想法，环境在变、社会在变，人类该采取怎样的积极态度，怎么应对挑战。因此中国的生态人类学就面临应对变化的

---

① 〔美〕贾雷德·戴蒙德：《枪炮、病菌与钢铁：人类社会的命运》，谢延光译，上海译文出版社，2016。

② 〔美〕埃里克·沃尔夫：《欧洲与没有历史的人民》，赵丙祥等译，上海人民出版社，2006。

问题，比如在提倡食品安全的背景下，应该怎样去保存、加工一些传统的食品。欧洲一个团队在蒙古国研究当地牧民的奶食品加工、保存、饮食体系后发现，牧民很适应奶制品，蒙古包里面就形成了一个独特的微生物生态系统，使原本有很多乳糖不耐症的蒙古人能够消化奶食品。[①] 牧民的奶制品中有很多发酵菌，在城市中根本找不到，超市里卖的食品失去了很多有益于健康的独特的生态系统，这可能就意味着我们的免疫力受到影响。在一些疾病面前，人类就失去了某些抵抗力。这方面研究证明了一个问题，比如不同地区豆制品和奶制品的发酵，都是传统微生物的培养，怎么看待这些问题，国外的这些研究需要我们去关注。有一个日本老师写了一本书《人类和奶食品 1 万年》[②]，奶食品扩散到全世界时发生了什么，有什么不一样的加工方法、营养结构。我看了这本书后很震惊，我本身就生活在牧区，是蒙古族，但是我没有关注这些事情，我们应该受到这些（研究的）启发。

## 二 草原牧区的生态相关研究

范：2000 年之后，国家层面对于草原地区的生态问题十分关注，尤其是内蒙古的特殊地理位置，使之成为各项生态政策推进的试验区域。从 20 世纪 80 年代开始的草原承包到户，到 2000 年初的退牧还草，再到 2011 年的草原生态奖补政策，内蒙古一直走在最前面，这些政策确实也极大改变了当地牧区社会系统和生态系统的结构。您一直在内蒙古地区做实际的研究工作，那么您认为从生态人类学的视角，该如何看待这些生态政策的实施，有什么是研究中需要特别注意的吗？

阿：关键在于生态政策的出台和实施是否充分考虑到了当地的生态系统特征。内蒙古草原牧区大多属于内陆干旱生态区，属于胡焕庸线以西的地区，河流很少，比较干旱，很多地区是沙漠、荒漠草原，像兴安岭那样

---

① 田晓娜：《DNA 和乳制品不兼容的蒙古人，怎么就成了克服乳糖不耐的关键？》，https://www.huxiu.com/，2020 年 6 月 17 日。

② 〔日〕平田昌宏：《人类和奶食品 1 万年》，岩波书店，2014。

雨水充足的地区很少。原本就是一个河流不多，植物比较稀疏，承载力并不高的生态区。在这个地区生存并不容易，一过了夏天就很寒冷、少雨。拉铁摩尔的研究就说，游牧是草原边缘上的一种特殊农业，人类能在这个区域生存下来靠的就是牲畜这类偶蹄类动物。[①] 为什么游牧呢？并不是浪漫的，而是适应，人需要跟着家畜走，是放牧的一种形式。为此人类为了生存，对资源的利用很彻底——他们把牛粪当燃料，这是能量循环的极端案例，同时也说明资源很贫瘠，这里人类活动其实在很大程度上受到了生态系统的限制。有学者认为，内蒙古草原是一个非平衡系统。[②] 我在内蒙古的一些地区做研究，每年都去同一个地方照一张照片。比如呼伦贝尔我每年去都不一样，2014 年 7 月的时候就是绿绿的感觉，但是 2017 年 7 月再去的时候就像冬天一样。因此，草原并不像农田一样产量基本固定，牧草每年的差异很大。我一直在思考我国牧区的一些政策，是否充分考虑了生态的这种特征。比如治理沙尘暴的一些措施、草原的承包制，是否充分考虑了这种非平衡的特征？这些是值得探讨的。

我在呼伦贝尔的田野调查点非常有意思，草场承包之后每户的草场都是长条形的，长度达 15 公里，宽度几公里。嘎查有一条河，每家每户都要去河边饮牲畜，没有在河边分到草场的牧民怎么办呢？2017 年干旱，我们去了就发现河边的网围栏都没有了，我们就问牧民怎么把围栏拆了，牧民说干旱了就没有办法，不能就我们几户生活吧？就河边有点草，只能是大家有一个合作机制。是不是合起来用草场目前还在尝试过程中，但是我们的研究要考虑这些问题。生态补偿等政策也一样，不能作为一个临时的办法。实际上，草原牧区是人和牲畜、草的关系，人要依靠动物生存，禁牧之后怎么生存呢？这里的草原和五畜并不是随意安排的，它本身有生态原因，草场—家畜—人类（牧民）经过几千年的磨合，形成了一个独特的生态系统，相互依赖，缺一不可。人类要想在这里实现可持续发展，那么先要保障资源的可持续性，草场和家畜都是可持续的资源（包括水资源——

---

① 〔美〕拉铁摩尔：《中国的亚洲内陆边疆》，唐晓峰译，江苏人民出版社，2005。

② 王晓毅、张倩、荀丽丽编著《非平衡、共有和地方性——草原管理的新思考》，中国社会科学出版社，2010。

利用好了应该是可持续的）。人类要在这里生存必须依赖草场和家畜，草场和家畜是相互依赖的，缺一不可，但家畜的生存不一定依靠人类，家畜是人类为了生存特意放养的动物。我们必须注意到这个生态链的结构，不能盲目改变这个结构。

生态人类学怎么做呢？大家都进城了好吗？也不一定。元上都是元朝的古都，怎么就消失了呢？很大程度上是因为粮食都是从大都等外地运进来的，元朝末年农民起义，粮食运不进来，就没有了根基。现在牧区的问题要结合这个生态历史，整个系统要考虑进来才可以，生态政策不能单单种树种草，要全盘考虑。我们正在努力改善草原生态，但是政策的制定与出台要有人类学者的参与，要有数据、证据的支撑。

**范：**之前国家每年发布草原监测报告，近些年开始对草原的生态状况出现比较乐观积极的形势判断，比如《2016 年全国草原监测报告》中写道，"全国草原生态环境持续恶化势头得到初步遏制"，您长期在内蒙古工作生活，您是如何看待内蒙古地区的生态变化成因及趋势的？

**阿：**对于草原的生态状况我是乐观的，这个应该和更大的生态系统联系在一起考虑。比如在 2020 年两会上来自锡林郭勒盟的代表说草原上矿产不应开采，对地下水的影响很大，因此正在控制人的活动，如果可以等到达到不破坏环境的技术再开采的话，生态环境就有希望得到保护。究竟现在的一些植被数据是否能够表示生态好转，争论还很大，比如是否有对照的历史数据、生物多样性怎么衡量等问题，但是好的方面是我们正在努力。

沙尘暴开始的时候，认为是羊养多了，那就禁牧，但是后来有人发现禁牧之后草的长势不好了，还有设围栏之后草的长势也不好了，定居点的周围沙化了，我们在控制人类行为的时候是不是考虑到了生态特征呢？直观数据变好了，是不是生态就变好了呢？这需要认识草原生态的这种非平衡特点。比如今年的雨水好，生态就明显好，植物生长呈现繁茂状态，草场、家畜在直观上都呈现好的状态，牧民就特别高兴。但要是明年是旱年的话，风沙还是会起来，这是表面的直观的现象。要想遏制"草原生态环境持续恶化"，那就应适当控制人类对环境的破坏，遏制对地下水等关键生态要素的破坏，那样草场就会得到恢复。

范：您的多篇文章强调了草原地区是"干旱半干旱区"，因此水资源应该是一个关键的因素。您认为目前的研究中，对于这一问题的关注度够吗？在牧区进行水资源的研究有哪些比较好的切入点？

阿：水资源很重要，杨庭硕老师写过一本名为《人类的根基——生态人类学视野中的水土资源》的书，但是总体来说，在北方牧区的生态人类学研究中对水资源的相关研究还是不足。内蒙古很大面积属于内流区域，雨水不多，地下水很珍贵，地下水的积累需要漫长的时间，如果把它开发出来，地下水枯竭了，这个生态系统可能被彻底破坏。干旱区水资源怎么利用更好？当地人对于水资源是一个什么态度？工业化过程中水资源是不是一个限制因素？这些相关研究不多。在干旱区，水资源和社会文化非常相关，比如互惠机制，一口井就是一个社会关系，是社会网络的关键点，相互的劳动和交换都有关系，是公共资源的问题。很多传统社会的东西值得挖掘，这对于牧区的持续性有帮助，人们都有一个共同遵循的伦理，对于自然资源的开发和利用要遵循这种伦理，这样就可以达到资源和社会的可持续性。所以，水在内蒙古等干旱地区特别重要。我们曾经在田野工作中遇到巴彦淖尔的一个牧民，他家草场上有一眼井，一个开矿的人进来之后，就从他家井里买水。我去南方开会讲了这个故事，很多老师就不理解怎么还用买水，这就是干旱区的特点，水成为形成社会关系网络的重要节点。生态人类学就应该告诉大家这一点，对于生态认识到位与否，直接决定着政策、生态项目等能否有效，生态人类学这方面的研究应该更多一些。在内蒙古不仅家畜和草是资源，更深层次是水资源，把水土保持好植被才会好，植被好了才会有动物，需要对整个系统有理解。生态人类学需要从更加浅显的角度、科普的角度告诉大家这个系统如何循环？本质特征是什么？

## 三　草原牧区的社会文化相关研究

范：您之前发表了若干篇关于牧区现代化、工业化的文章，也提及了由于牧区的特殊性而在这个方面面临的诸多问题。现在是国家实施乡村振兴战略的关键时期，您认为草原牧区的乡村振兴与农区有什么样的区别？生态人类学研究者能够在哪些方面提供研究参考？

阿：草原上为什么游牧？因为遇到灾害的时候可以移动，过去牧民没有自己的草场，但是可以在全旗（县）境内移动，甚至跨旗（县）移动。移动是对不确定性的一种适应，比如 1977 年乌珠穆沁旗大雪灾，牧民就赶着牲畜走。有的时候管理到家了抗灾能力反而减弱，如草场围栏每家每户建好，但是每家也不过那么几百亩草场，灾害发生时还是不能移动。因此，面对全球化的市场、灾害这些外在挑战的时候，牧民有没有内生力，有没有足够的能力来应对，不能按照过去的方式来应对。早年去牧区的话，觉得牧民非常艰难，传统上遇到旱年饲养牲畜数量多的牧户生存概率就比较大。但是现在不一样了，按照（草畜平衡）规定饲养，这种情况下该怎么应对呢？把牧民的内生力问题解决好，为了持续性适应新的环境，才有可能实现乡村振兴。所以在草原上我做了一次调研，一些大的企业进入牧区之后，其实并没有带动牧民的发展，而是带动城镇及周边企业的发展，牧民是否能够进入这个市场呢？我想可以打造出牧民自己的有机品牌，利用网络平台销售，价格肯定是会更高一些，以此利用当地的资源保障当地社会的可持续性。发展不一定非要外界援助，就在保护草场和家畜质量的同时，提高自己的生活并进入大的市场。内蒙古牧区的大部分地方，前些年做"村村通"，牧区的道路、网络都建好了，牧民卖出去产品很方便了，不用过于依靠外界资源，可以主动从大市场获得利益。因此，政府在这方面可以把基础设施建好，牧民会自动进入大市场，这样既能保留合理的东西，比如微生物、物种等，又能获取收入。牧区不是非要变成城市才能发展，比如居住环境的改造，建好自来水、洗澡间、抽水马桶、取暖照明设备等，居住设备和城市的房子也差不多，也对草原环境没有污染。

人口进城的问题牧区也存在，年轻人出来受教育，剩下一些老人在牧区看着牲畜，整个中国农村都面临这个问题。日本也存在这个问题，牧场和农田由老人管，年轻人到大城市工作。但近年来内蒙古地区也有一些年轻人回乡的例子，比如前段时间我在一个小镇上，遇到两个年轻人，他们从内蒙古农业大学毕业，经营了奶站，还做一些奶食品，打造有机品牌。大城市的就业压力比较大，回到乡村也是一种出路。去城市的原因是城市基础设施好，能够接受良好的教育和享受医疗服务，有更加便利的生活，如果农村能够提供这些，那么人们回到农村也是可能的，发展总不是只有一条路。我在呼伦贝尔调研的时候，那边的城市人喜欢喝马奶，有一个牧民就在自己家弄了发酵的机器，然后把马奶卖到城里，每年的收入也是很可观的。放羊、畜产品的加工过程中，如何引入现代化的科学技术和机器设备，这样才可能提高利润。在家里做产品加工，比如养殖 500 只羊的牧户可以建立一个小型的冷库。因此，牧区的现代化不一定非要进城，也可以把技术等拿到草场来，卫生条件达到了，包装解决了，完全可以自己销售到市场上。现代化和城市化不能画等号，城市化是工业化的结果，但工业化并不是单一的人进城的问题，还包括如何在地实现现代化等。现在乡村里面的很多东西是值得我们学习的，比如生态人类学经常研究的本土生态知识，本土知识对于当地资源的利用、减灾抗灾都有作用，因此应该看到这些优点。牧民有自己的一套生态知识，我们的学者应该向牧民学习，生态学家刘书润教授就这么讲过。①

此外，生态人类学还可以从营养的角度去看先进和落后的问题，比如乡村人获取的蛋白质、维生素等营养要素含量高，其身体好、更健康。还有抗灾能力，比如疫情面前城市人其实很脆弱，但是牧区或者乡村的人可能因为抵抗力比较强、食物中获取的蛋白质含量充足等因素能更好地应对疫情，所以是不一样的生态。回看人类文明历史，文明的起源都和一些灾难相关联，每一次人类面对灾难的时候，社会有它自己的应对机制，比如草原牧区就有类似应对机制，需要我们去挖掘，从不一样的价值观去理解它。生态人类学的研究就要欣赏这种多样性，以及这种价值观。人们都在思考如何产业化的问题，如何保持产品特色，以及有机产品在市场中占一席之地的问题，这些很重要。政府应该在这些方面给予扶持。我的意思不

① 刘书润：《这里的草原静悄悄：刘书润解说草原生态和文化》，知识产权出版社，2012。

是盲目导入外来的现代化，应该让牧民自发性地改善其产品，主动进入大市场，主动销售畜产品，而不是被动等待。这样现代化的成效会更好。

　　范：游牧是草原文化传承的载体，但是游牧又经常在主流话语中成为"粗放、落后"的代名词，那么您认为草原文化该如何在现代化的语境中传承与保存？

　　阿："粗放、落后"是文化偏见——这种先进与落后的"二元对立"概念，人类学不怎么用，人类学学科理念是要为弱者说话，致力于消除种族之间的偏见。先要搞清楚什么是现代化，现代化的标准是什么？我认为现代化是一些要素的变化，比如机械化，比如收割机、播种机、打草机、搅拌机、发电机的使用。游牧经济也可以实现现代化，发达国家新西兰、澳大利亚等现在也有游牧经济。乡村有乡村的好处，有城市享受不到的广阔的土地、舒适的环境，不能说是落后的。用吉登斯的理论理解现代化可能就更复杂了，我们目前讨论的还是表面上的现代化，人们可以在很多方面实现现代化，目前乡村已经吸收了很多现代化的要素。

# "走向消费"：从民俗文化到消费时代的非物质文化遗产

宋小飞[*]

党的二十大报告中指出，要"推进文化自信自强，铸就社会主义文化新辉煌，增强文化自信……育新人、兴文化……要繁荣发展文化事业和文化产业"，它指出了文化的重要性。文化是一个国家和民族的灵魂。没有文化自信与文化繁荣，就没有中华民族伟大复兴。非物质文化遗产是近年我国在保护文化方面提出的一项重大举措，联合国教科文组织在 2003 年颁布了《保护非物质文化遗产公约》，公约中强调："非物质文化遗产世代相传，在各社区和群体适应周围环境以及与自然和历史的互动中，被不断地再创造，为这些社区和群体提供认同感和持续感，从而增强对文化多样性和人类创造力的尊重。"[①] 本文列举了三个非物质文化遗产个案，即以俄罗斯族巴斯克节、满族萨满舞和木雕重彩作为研究对象：巴斯克节是一种少数民族节日，满族萨满舞是一种艺术形式，木雕重彩是一门民间手工技艺。在现代消费社会中，如果把鲍德里亚的消费社会理论应用到非遗中，它们便演化成为带有文化符号的"文化产品"，当它们被文化化后，便被赋予了各种内涵，这种有着非遗文化符号的"文化产品"在消费社会中是和政治、经济、文化等相联系的。

---

\* 宋小飞，中国民族学学会副秘书长，中国社会科学院民族学与人类学研究所副研究员。
① 《保护非物质文化遗产公约》中第二条，2006 年 4 月该公约生效。

# 一　非物质文化遗产个案

内蒙古自治区额尔古纳市恩和俄罗斯族民族乡是中国唯一的俄罗斯族民族乡，是我国俄罗斯族的主要聚居区。恩和俄罗斯族民族乡的社会、经济和文化发展，有着自身的发展历程，他们最为重要的一个节日便是"巴斯克节"，巴斯克节在 2011 年 5 月已经被国务院列入第三批国家级非物质文化遗产名录。

巴斯克节在恩和的热闹和隆重程度不亚于中国人的春节，这个节日一般会在每年的 4 月下旬或 5 月上旬举办，时长约为一周。"巴斯克节"即复活节，是东正教徒为纪念耶稣复活设立的节日。每当过巴斯克节时，他们要粉刷墙壁把家里布置一新，亲手制作糖果和糕点及彩色的蛋。家庭主妇要制作很多面点，其中有一种被称为古力契的面点，在这种面点上端必须用鸡蛋清浇上"XB"字样，这是俄文基督复活的意思。古力契在巴斯克节中不仅有敬献神灵之意，还是巴斯克节中重要的款待贵宾的面点。除此之外，还有一种节日的礼品即彩蛋，俄罗斯族要把鸡蛋煮熟并染上各种颜色，上面也有基督复活的字样。巴斯克节一般持续一周，在这一周中人们要身穿盛装、唱歌、跳舞，以集体活动的方式传承这一节日。

目前，内蒙古恩和俄罗斯族民族乡利用俄罗斯族家庭游的独特优势，用俄罗斯族文化，打造中国俄罗斯风情浓郁的旅游地。节庆是俄罗斯族民俗文化生活表现形式之一，他们在巴斯克节上唱歌、跳舞、弹手风琴，这成为节日中一道亮丽的民俗风景线，也展现了巴斯克节独特的魅力。这是内蒙古恩和民族文化旅游中一个重要的节日文化形态展演。

黑龙江省哈尔滨市阿城区的满族萨满舞在 2011 年被评为黑龙江省省级非物质文化遗产，它主要表演的是满族萨满祭祀中的萨满通神仪式。它用舞蹈表现请来的神灵的来历和性格特征，并运用象征手法表现此神灵给族人带来新的生命源泉和为后人祈福消灾的过程。满族萨满教主要是模仿一些动物神灵，有鹰神舞、蟒神舞、虎神舞、金钱豹神舞等，舞蹈将各种动物的动态神情表现得惟妙惟肖。萨满舞的第四代传承人李晓燕在当地成立了萨满舞培训班，培养了一批表演人员。目前，萨满舞成为各种节庆活动中被邀请前去演出的重要节目。

木雕重彩是一门民间手工技艺，它是用浓墨重彩覆盖木雕本色从而呈现出绚丽色彩的图像。其创作者及传承人是黑龙江省哈尔滨市阿城区翟孟义，2011 年木雕重彩入选了黑龙江省级非物质文化遗产名录。翟孟义创作的木雕重彩主题均与东北民俗文化有关，其创作的木雕艺术的灵感来源于满族文化、东北民俗，如表现满族民间信仰萨满教祭祀活动的木雕（见图 1）。满族萨满教是少数民族民间信仰，其保留的宗教形态及文化氛围比较浓厚，其中跳神便是信仰仪式之一，图 1 这一作品中展现的便是跳神场景，画面内容来源于日常生活。还有表现满族民众育儿所使用的"摇车"的。东北三大怪之一便是养活孩子吊起来，"吊起来"说的就是使用满族摇车。满族的摇车有点像江上的一叶小舟，用椴木或柳木制作，椭圆形，两端翘起，摇车边儿上有圆环，可以系在屋顶的房梁上。图 2 是体现人们冬捕场景的。冬捕在东北地区有着悠久的历史，这也成为东北地区的人们冬天一项重大的活动，此木雕中雕刻的不同于群体的冬捕，而是使用的单线垂钓，一个人便可操作，通过鱼线的蠕动引诱鱼儿上钩。图 3 为制作东北大酱的场景。大酱，是东北人使用大豆制作的豆瓣酱，它是民众日常生活不可或缺的食品，每家在冬天的时候开始煮豆酱，经过漫长冬天的发酵，在翌年的春天，将水、盐及其他配料放于酱缸内至发酵，是具有特色的北方食品。

图 1

图 2

**图 3**

以上个案中无论是节日文化还是手工艺文化均是以民俗文化生活为创作源泉的衍生品。当民俗文化在传统社会时期本身固有的意义演化成在消费时代中需要承载的文化意义或文化内涵时，那么它就具有文化消费功能、文化普及功能甚至文化传播功能。这些非物质文化遗产中传播出一些信息，给消费者留有一种符号印记。它所传达的信息，首要的便是民众的日常民俗文化及其内涵。

居住在额尔古纳地区的俄罗斯族如果从 17 世纪开始算起的话，到目前已经在该地区居住了 400 余年，他们在节日文化形态方面已经形成了自己别具一格的特色。俄罗斯族的节日很大部分是和他们的宗教信仰联系在一起的，他们信仰东正教，东正教中有很多节日，其中最为重要的是耶稣复活节。这是一个比较受重视的节日，据说是耶稣为了拯救世人，专门从天上降落到人间进行传教。因为耶稣讨厌统治者的残暴，遂被统治者盯上。但是耶稣的弟子为了利益把他出卖了，有一天晚上，耶稣正在和弟子们吃饭，却被抓去钉在十字架上处死了。后来耶稣又复活了，这就是耶稣复活节，也被称为巴斯克节。

而东北地区的民俗文化，据史籍记载，最早在夏商时期伯夷等就已进入辽东地区；清朝时，政府对东北地区实行封禁政策，清代以后，因山东、河南和直隶省人口猛增，人地资源紧张，加之自然灾害，人们便迁往千里之外的东北，但清政府担心汉族人大量移入东北会损害旗人的利益，破坏满族人的习俗，于是在入关之初实行了移民实边政策，后在康熙七年还实行从局部封禁到全部封禁，但依然不能阻止山东和直隶省的农民拥向东北地区，这些移民都是在清政府实行封禁政策后"非法"移入东北的，所以被称为"闯关东"。这种大规模的人口迁徙给东北地区的经济、社会、文化均带来了变化，也对东北民俗文化的形成有一定影响。传承人翟孟义创作的木雕重彩的文化生态是哈尔滨阿城区，这里有900年前女真人创造的金文化，200多年前京旗移民形成的京旗满族文化及后来的关东文化，这些都成为木雕重彩的艺术源泉。传承人以他所熟悉东北民俗文化作为主体，用木雕的形式表现东北文化，内容和生活相契合。他目前的作品内容包括关东十八怪、萨满面具、关东十二匠、老夫老妻、黑土情、东北大秧歌等，这些均和民众日常生活密不可分。随着近几年非遗工作的推进，类似木雕重彩这样的非物质文化遗产有了政府的支持，他们的技艺有了传承。又因为现在是消费时代，从消费社会看，当这种非物质文化遗产成为商业资本，它便能够刺激民众消费，并且能够承担文化社会中的文化资本运作。

罗兰·巴特在文献中研究消费社会运作时提出，消费社会的目的是促进更多的商品消费。传统社会中，民族节日、手工艺品等虽然和民众生活紧密相连，但它刺激民众的消费能力作用有限。但是在有着强大经济利益的商品经济社会里，当人们进入了消费社会中，这种民族节日或是普通的手工艺品除了本身具有一定的存在意义，它还有使用价值和经济价值，并且代表了一种文化符号。当消费成为人类的日常活动，作为载体的"文化产品"就发生了质的变化，它不再是市场上单纯的产品，它除了有自身的交换价值和使用价值之外，还被赋予一定的文化内涵、意识形态的符号价值，是民众与整个社会的政治、经济、文化交流的载体，体现了民族认同意识。巴斯克节是恩和俄罗斯族家庭游中代表少数民族文化的一种文化符号，满族萨满舞是满族民众民间信仰的一种艺术表达形式，木雕重彩是消费社会中的物质承载体，它们都已经从最初的形式转型成为资本运作的载体，承载着消费民俗文化的经济运作功能。从理论上进行探讨，全球化时代，作为非物质文化遗产的巴斯克节、满族萨满舞和木雕重彩不仅有使用价值和交换价值，还有符号价值；消费不仅是一种个体经济行为，还是一种文化和社会行为。

## 二　文化资本在消费社会中的运作

文化资本是人类社会在农业社会和工业社会之后出现的一种新文化经济形态，它具有增殖性、扩张性等资本属性。消费是人类的基本实践活动，消费行为本身不仅是个体经济行为，也是文化和社会行为。消费社会的研究最初开始于西方社会，经济的波动使人们开始高度关注此问题。从18世纪到20世纪70年代，随着时代的变迁，社会从政治中心向经济中心随后又向文化中心转变。在此过程中，文化逐渐成为消费的主要目标。在西方研究消费文化的学者中，鲍德里亚的研究比较凸显。他认为："消费文化，顾名思义，即指消费社会的文化。它基于这样一个假设，即认为大众运动伴随着符号生产、日常体验和实践活动的重新组织。"① 鲍德里亚的商品符号理论受到广泛关注且有巨大影响，在他看来，原有的商品在资本主义交换价值下，其自然的使用价值已经消失了，而商品成了某种意义上的符号。因此，消费就不仅只能理解为对使用价值、实物用途的消费，而且主要看作对记号的消费。② 他认为消费是符号意义的观点，有比较广泛的影响。很多西方学者认为，文化既然是人类所创造的、作为意义系统的表达、显示、交流和传承的符号（比如卡西尔、格尔兹等），那么，必须注重消费社会的符号属性。也就是说，消费本身是一种文化行为，消费行为及消费品是表达意义的符号体系和象征体系。消费社会理论和主要的思想流派主要有：第一，功利主义，注重强调个人需求，认为个人是社会道德和政治中心；第二，现代性和后现代主义，认为消费商品不仅是满足人类物质需求，消费本身也是一种符号消费，商品的价值不是使用价值而是符号价值。

---

① 〔法〕让·鲍德里亚：《消费社会》，刘成富、全志钢译，南京大学出版社，2014，第60页。
② 〔英〕迈克·费瑟斯通：《消费文化与后现代主义》，刘精明译，译林出版社，2000，第123页。

上述所举的非遗个案都是建立在民俗文化基础之上的，它们在传统社会中并不能激发民众对它们进行消费的欲念。它们想要实现刺激民众消费的目的，首先要有一种形式作为其载体呈现。如果不是从民俗文化角度考虑俄罗斯族巴斯克节和木雕重彩，它们首先只是有社会属性的社会存在物。它们的存在能够反映一个社会在特定时期的政治、经济、文化等方面的特征。从物质角度看，它们是特定时期的产物；从精神角度看，它们并不能摆脱社会大环境的政治、文化、经济制度的束缚，其存在是要在社会中得以体现，其社会属性是它们的基本属性。

当这些非遗有了"商品"的属性，也就有了文化建构、当今社会流行元素等，商业也就形成了，作为社会存在物它最终会以商业品牌文化的身份呈现给消费者。从社会普通存在物转换成商品，属性转变之后，它们就不仅只是作为一种节日或商品了，而成为参与到消费中的一种文化资本。作为普通的存在物是和社会、政治、经济、文化有关联的，而在消费社会中文化和经济之间的运作自然需要载体，非遗的参与自然而然地将普通存在物转换成有经济利益的市场商品。以下笔者试着分析上述非遗成为消费文化资本运作的方式。

第一，非物质文化遗产的文化生态。非遗依托独特的自然条件和社会环境，通过口耳相传从而传承给后代，其传承人所拥有的精湛技艺便是活态遗产，这种活态性是非遗的根本属性。"一种民族文化，特别是活的、非物质文化的传承，很难依靠其自身力量进行，而必须与民族社会的现实生活需要相联系，才可能保持和发展下去。"[1] 非遗活态性的重要特征还包括民众的价值观念及思想追求。对于一些有着浓厚商业性质的非遗项目，在能够满足社会需求且形成市场经济有效运行时，是能够实现自我保护和自我发展的，这便是双赢。就如党的十九大报告中所指出的，要加强文化遗产保护传承，培育新型文化业态，传统的非遗如果只是固守传统，不知创新与变通，那么必然会逐渐消亡，俄罗斯族的巴斯克节因为是传统节日，较少有人了解，而非遗政策的出现及其文化生态环境让它能够在当代消费社会中找到庇护，也能

---

[1] 施惟达：《文化与经济：民族文化与产业化发展》，云南大学出版社，2011，第33页。

够对其传承与振兴、文化与经济发展起到良好的互动效果。

第二，成为非物质文化遗产的项目被赋予了一定的功能性及文化性。消费社会中，过去刺激不了民众的消费，现在将社会大环境中的流行因素甚至主流因素中的成分嫁接到非物质文化遗产上，赋予其文化功能，将文化作为一个新的卖点刺激民众消费。通过木雕重彩艺术等非遗承载的象征符号及流行符号，民众购买文化实现象征符号价值。民众的消费不仅满足了自身的物的需求，也是一种文化符号的消费。

第三，实现文化资本的转化。文化资本是一个与某种文化或文化活动相关的文化财富的累积，它是变动的，它可以通过运作转化成其他形式的资本。俄罗斯族巴斯克节在民俗家庭游的运作过程中演变成了具有民族文化的精神符号，它从静态领域扩展到动态领域，也在流通领域和消费场域中游移。木雕重彩艺术与普通物品不一样，它的商品价值和其本身带有的地方民俗文化内涵结合在一起面对消费者，它本身就是引诱资本。当这些民族文化和地方文化作为引诱资本带动非遗及其相关物品的消费，像木雕重彩这样的非遗变成投资者开发利用的有效资本，它们不仅成为一种消费物品，还可以带动当地周边的旅游、住宿、文化纪念品销售，实现吃住玩一条龙经济带的消费，虽然这种民族文化、地方文化向经济利益的转化并不直接作为载体，但是这些文化在其中也起到了非常重要的作用。这种文化消费对于节日或木雕来说都有很重要的作用，因为现如今很多城市或乡村会利用艺术或节日等方式实现文化的复兴或文化再生产，当越来越成熟的文化资本被运用到消费社会中去，其本身也成为吸引人眼球的文化经济转换的社会事件。

## 三　从民俗文化到消费时代的经济运作

"消费的真相在于它并非一种享受功能，而是一种生产功能。"[1]　而当

---

[1] 〔法〕让·鲍德里亚：《消费社会》，刘成富、全志钢译，南京大学出版社，2014，第60页。

新的变化开始，生产在科技推动下也有了新的提高，消费就不仅是推动生产的有力推手，它也有了自身的地位，这样消费社会就产生了，商品开始被大众消费。鲍德里亚在《消费社会》中说过："今天，在我们的周围，存在着一种由不断增长的物、服务和物质财富所构成的惊人的消费和丰盛现象。它构成了人类自然环境中的一种根本变化。恰当地说，富裕的人们不再像过去那样受到人的包围，而是受到物的包围。"① 从这段话中，我们清楚地认识到在消费社会中，民众的目的是以消费为基本原则，社会也是在不断地制造消费，引导民众进行消费，人们消费的物本身，已经变成一种符号式消费。"消费的主体，是符号的秩序。"② 所以，今天的消费已经不是人的真实消费，而是意义系统的消费。③

鲍德里亚的消费社会理论加入了符号学理论，他对消费进行的解读说明生产在消费社会中是以意识形态的形式存在的。鲍德里亚认为社会是有符号的，商品的使用价值和交换价值已经被符号价值所取代。所谓商品的符号价值是指商品可以为人类带来身份、地位和威望，但是笔者认为符号不仅是商品的标记，它也代表了商品的身份，其本身有着自身的意义和内涵。所以，民族节日作为一种非物质文化遗产，它本身就是一种文化符号，承载着消费民俗文化的经济运作，起到文化体现群体认同的作用。当消费社会影响了社会生活，作为消费活动载体的商品本质也发生了变化，其本身除了有使用价值和交换价值，还有符号价值及商品被赋予的意识形态、文化观念、文化习俗、社会地位等。它逐步成为贯穿整个社会层面一个有着文化符号的商品。

把巴斯克节看作俄罗斯族民族文化的符号之一，把木雕重彩看作承载着东北民俗文化的符号，把萨满舞看作满族民族文化符号的一种，它们的经济运作可以从文化与经济、非物质文化遗产效应、消费社会中文化的媒

---

① 〔法〕让·鲍德里亚：《消费社会》，刘成富、全志钢译，南京大学出版社，2014，第1页。
② 〔法〕让·鲍德里亚：《消费社会》，刘成富、全志钢译，南京大学出版社，2014，第226页。
③ 〔法〕让·鲍德里亚：《消费社会》，刘成富、全志钢译，南京大学出版社，2014，第7页。

介传播这几个维度去理解。

第一，在当代尊重文化多元的语境下，多元文化成为转化为经济的条件。如前所述，文化与经济在消费社会中的运作，是把作为文化产品的巴斯克节和木雕重彩转换成经济，这种经济性要迎合大众消费心理。我们在现代经济社会中的主要服务对象即大众，这就意味着我们所生产的"文化产品"无论其外在审美还是内在精神需求都要符合大众口味。大众是消费主体，文化包装下的"文化产品"能刺激大众需求。从社会生产角度看，巴斯克节的节日文化实际上是俄罗斯族民族文化的力量。在文化多元背景下，在文化逐渐成为商品的今天，它依然保持着自己的多元个性，这种多元化迎合了民众口味，刺激消费群体的需求，笼络民众精神。因为诸多影响物品在消费社会中会被冠以更多的文化内涵及更多迎合民众口味的流行元素，这使得民众对物品有了解的欲望。多元文化通过各种媒介即民族文化符号本身的文化内涵成为商品之后展现在民众面前，其是以文化本身去吸引民众的。它们成为消费对象后，在被消费的过程中，文化资本就转化成了经济利益。以东北民俗文化为根基的木雕重彩，是把这种艺术作为东北传统文化的一种，东北民俗文化成为开发利用的文化资源，也成为宣传的文化资本。

第二，非物质文化遗产的黑洞效应。2011年颁布实施的《中华人民共和国非物质文化遗产法》中规定对于有特殊优势的非物质文化遗产的资源，在保护的基础上，是可以合理利用非遗去开发地方特色和市场潜力的文化产品和服务的。目前中国的非遗项目有自己的价值，通过非遗效应促进当地经济社会发展及为非遗的传承提供一些相对较好的便利条件，让非遗传承人能够安心从事非遗的创作、传承。这些非遗项目可以成为文化产品进入文化市场，也可以作为民俗文化产品进入旅游市场。而非物质文化遗产正是区别于其他普通产品的一种文化标记。非物质文化遗产有官方印记，有特定的符号价值显现，它显示了政府官方的认定与关怀。有着非物质文化遗产旗帜的文化产品也在努力创造自己的风格特点以示区别于其他文化产品，其非遗的符号与大众流行文化挂钩，所以非遗品牌也会不断创新。非遗和文化产品起到一种互惠效应，即人们既了解了非遗也记住了文化产品。

第三，有效利用文化传播媒介。消费社会中文化被推广依靠媒介传播。消费文化的兴起过程中，媒介功能"功不可没"。媒介抓住了人们的欲望心理，运用文化、文字、音频影像等手段制造出人为景观，进而震撼民众心理，使得它制造的作品或景观成为消费品，其优势是使消费主义理念让人容易接受，成为消费社会中的消费者。

民俗文化，当它成为非物质文化遗产之后，它有了非遗符号的标签，在消费社会中媒介凭借多种手段营造消费，它消费文化的同时也在推销着非遗。非遗的标签能够把自然存在的普通物转化成文化的物，它把一种文化意义或文化品质嫁接到一种文化产品上，消费文化就是通过非遗效应而产生的，而民众对于消费商品的符号形式或怪诞或象征或惊艳或敬畏等都能产生认同。媒介宣传时，便会激起人们的消费欲望，这能使消费者产生处于另一种文化空间中的文化震惊或文化认同。民众可以通过消费这种文化符号表明自己的身份和心理，还能融入一定群体中。从符号价值的身份地位显现看，还能保持自己在所处文化群体中提高自己的文化消费水平及文化鉴赏水平，和大众拉开距离，且符号所指并不会使得消费符号价值有浮动现象，这也导致消费社会中民众的消费会不断地进入一种符号价值体系中。

民众的消费理念、生活方式等会不断地因为媒介的导向传播而受影响，文化上的认同消费成为消费的主要因素，消费文化凭借媒介使得其传播的题材不断地被扩散。消费文化其实对特定社会中的经济、政治制度并没有什么规约，只是以一种非政治化、文化化、经济化，而又有普遍或小众的民俗形式成为个人日常生活中的一种文化选择。它将民众的消费意识形态转换成日常行为意识，通过消费可以显现它的意识形态，消费的过程也就变成了人们对文化的意识形态的显像实践。消费者的消费行为外人是不可控的，作为非遗的民族文化产品因为迎合了大众口味，它便能促进消费者因其独特的民族文化性及流行性从而进行消费，这有媒介的作用，也有非遗的作用，是两者结合的结果。消费社会中，人们通常会通过媒介进行商品宣传，引诱消费者购买各种产品。当社会中被称为流行文化的产品占主流时，它就会控制大众的思想，所处社会中的人会不自觉地从众，不停地购买产品，消费也就产生了。

## 结　语

党的二十大报告指出"繁荣发展文化事业和文化产业"，"加大文物和文化遗产保护力度，加强城乡建设中历史文化保护传承"。① 近年来，习近平总书记在多次会议与讲话中不断提及"双创"（创造性转化与创新性发展）。在党的二十大报告中，习近平总书记更加明确地指出，"要坚持为人民服务、为社会主义服务，坚持百花齐放、百家争鸣，坚持创造性转化、创新性发展"②。2022 年 8 月 16 日，中办、国办联合印发的《"十四五"文化发展规划》中指出："坚持新发展理念。把新发展理念贯穿文化发展全过程和各领域，优化文化发展生态，转变文化发展方式，重构文化发展格局，实现更高质量、更有效率、更加公平、更可持续、更为安全的发展。"我们把非物质文化遗产和社会政治、经济、文化联系起来，实际上也是一种创新。从经济与文化角度考虑，文化以不同方式与经济结合，从而使得民俗文化的消费属性转换成经济利益；从经济与消费的关系看，消费群体是消费者通过消费使得投资者、传承人获取经济利益，消费热情的高低会表现消费程度的大小；而政治与文化结合考察了非遗本身的不同文化符号，代表了主流权力地位对待民族文化的价值评判。所以，对于以木雕重彩作为消费社会中的商品，文化、政治及经济所承载的是非遗作为消费社会运作的最终目的，即建立当代社会环境的秩序，在社会运作中，政治对文化及经济是有导向性的。消费社会的民俗文化被商品化后，也被赋予了各种内涵，民俗文化作为消费主体联结政治、经济、文化各个方面，才能承载社会运作。

以上分析中可以看出从消费社会角度研究非物质文化遗产为我们提供

---

① 习近平：《高举中国特色社会主义伟大旗帜 为全面建设社会主义现代化国家而团结奋斗——在中国共产党第二十次全国代表大会上的报告》，人民出版社，2022，第 45 页。

② 习近平：《习近平著作选读》第 2 卷，人民出版社，2023，第 34 页。

了一个新的视角，非遗与消费联系在一起，其突出的不仅有使用价值和交换价值，还有衍生出来的符号价值，这种符号价值不仅代表地位、权力、威望、民族文化标记，也代表民族身份认同。因为全球化的关系，非遗在资本运作中也会有利益行为，要正确理解目前中国的情况，对于民族文化研究，我们可以从多角度去考察，在以消费社会为背景的前提下，非遗面对的有肯定的声音也有否定的声音，但是其在消费社会视域中承担着文化救赎的功能。从某种意义上说，当我们开始关注消费社会，对于某些非物质文化遗产来说这本身就是一种拯救。

# 交互与共生：散杂居地区农村多民族
# 社区的文化交融研究

## ——基于河北省隆化县张三营镇 H 村的考察

钟静静　李　鑫*

## 一　引言

党的十九大报告指出："深化民族团结进步教育，铸牢中华民族共同体意识，加强各民族交往交流交融，促进各民族像石榴籽一样紧紧抱在一起，共同团结奋斗、共同繁荣发展。"其明确指出了各民族之间的交往交流交融对于中华民族乃至整个国家的重要意义。散杂居是我国民族分布的一种重要形式。从民族工作实践出发，学者们将"散杂居民族"定义为"居住在自治地方以外的少数民族和居住在自治地方以内但不行使自治权利的少数民族"①。随着社会经济的发展、城镇化进程的推进，各民族人口流动速度、规模和范围不断扩展。不同民族的散居化和杂居化进一步加强，散杂居民族及其交往交流交融问题越来越重要。民族交融是过程和结

---

＊　钟静静，博士，河北科技大学文法学院讲师；李鑫，河北科技大学文法学院教师。

①　王佳果、姚建盛：《散杂居民族研究的扩展历程及特征——基于知识图谱的分析》，《贵州民族研究》2020 年第 5 期。

果的统一，指的是"各民族在交往交流中同性因素增加"① 的现象。进一步讲，民族交融是各民族经过长期交往，各民族自身具备了其他民族的某些民族特性，但是各自原有的民族共同体并没有发生质变。而文化交融是民族交融的具体表现形式之一，是不同民族成员在语言、风俗习惯和宗教信仰等方面的交融。

散杂居民族研究是中国民族学重要的研究领域，对民族理论研究和民族工作实践产生了深远影响。就近年来散杂居民族研究成果来看，从研究区域和对象来讲，多关注河南回族②、重庆蒙古族③以及湖南白族④等散杂居民族群体，华北地区尤其是河北境内的散杂居民族研究较少；从研究内容上来讲，主要集中在散杂居民族理论和散杂居民族问题与实践两个方面，对于散杂居地区民族互动和文化交流研究有待扩展；从研究成果上来讲，田野调查成果相对较少，第一手调查资料较为不足。为了深入了解散杂居地区多民族社区的文化交融过程和特点，并在此基础上探索民族文化交融的发生条件和趋势，笔者通过实地研究，以河北省隆化县张三营镇 H村为例，对当地各民族间的文化交融现状进行调查和思考。

## 二　张三营镇 H 村概况及族际交往现状

张三营镇地处河北省承德市隆化县北部，与围场满族蒙古族自治县毗邻。该镇有着久远的历史文化，曾是清代皇家夏季行围打猎的主要行宫驻地，是京畿东北的门户重镇。镇内有县级重点文物保护单位地藏寺，寺内供奉有菩萨、送子娘娘、玉皇大帝和李老爷庙等，每年农历四月二十八日

---

① 汤夺先：《新型城镇化背景下散杂居地区少数民族群众交融问题》，《三峡论坛》（三峡文学·理论版）2020 年第 6 期。

② 苏二龙：《交互与共生：散杂居回汉民族的历史交融与共荣发展》，《回族研究》2019 年第 4 期。

③ 王希辉、黄金：《散杂居民族的地域、身份与文化认同——以重庆彭水向家坝蒙古族为例》，《西南民族大学学报》（人文社科版）2016 年第 6 期。

④ 张丽剑：《湖南桑植散杂居白族研究现状及存在的问题》，《中南民族大学学报》（人文社会科学版）2008 年第 2 期。

举办传统庙会，影响甚广。境内地势四周高、中部平坦。境内最高峰莲花山，位于西山村，海拔 1587 米；最低点墩台自然村，位于河东村，海拔620 米。该镇区域面积 142.81 平方千米，辖后街、大黑沟、管家营、莲花山、龙潭后、西南沟、西街、前街、新丰等 19 个行政村，辖区内户籍人口数为 24550 人，常住人口数 16700 人。其中，满族 14162 人，汉族 8564人，蒙古族 1357 人，回族 442 人，其他民族 25 人。后街村简称 H 村，是镇政府所在地，区域面积 5 平方千米，耕地面积 3020 亩，农作物多为玉米、水稻，华北最大的牲畜交易市场位于辖区内。居民 670 户，常住人口2360 人，社区中居住着满、汉、回和蒙古四个民族，各民族交错杂居，是一个较为典型的多民族社区。族际交往是作为共同体的民族之间的相互交流和往来，是一种特殊的社会交往形式。多民族长期共存的局面造就了 H村族际交往的多样性，H 村族际交往主要体现在各民族日常生活交往、经济交往、族际通婚和教育交往等方面。

社区是民族个体社会化发生的基本场所，不同民族在日常生活中的交往是一种初级形式的交往。交往关系的建立、交往关系的好坏、交往关系的程度直接受到交往主体的主观意识影响。H 村村民乐于与其他民族村民交往，有与人为善、包容尊重其他民族文化的态度，相互之间有着浓厚的感情。除了个体主观交往意愿之外，邻里互助也是社区十分常见的日常交往方式。耕种、秋收、盖房等事务是农村重要又繁杂的工作，在不能独自完成的情况下很大程度上依赖于邻居的帮助。无论是以往的生产队时期，还是当下的村民小组阶段，队、组都是依据村民所处的社区位置来划分，不存在因民族因素的划分。由此，加强了邻里之间互助，在互助过程中也减弱了彼此的距离感。邻里之间的互助还反映在丧嫁娶等人生大事处理上，社区居民不分彼此，互相支持。民族之间生活交往的增多导致了双方生活方式的涵化。如在饮食方面，汉族经常会食用牛羊肉，也会经常到回族餐馆进餐。

在经济交往层面上，H 村不同民族的村民在各产业领域中的分工有所不同，满族、汉族大多从事农业生产或在工厂上班，而回族、蒙古族大多从事畜牧业、经营牛羊肉店和民族特色饭店等。因相互影响和辖区有大型牲畜贸易市场的便利条件，近年来，越来越多的汉族民众也加入养殖和买卖牛羊的行列，由此蒙古族、回族与汉族居民以及外地商人都有业务往来，又因为都从事同一行业，彼此在一起交流经验、信息和技术等，有时也会一起合作做生意，加强了各民族之间的联系。对于从事农业生产的满族、汉族来说，他们种植、收购农产品，这使得他们与社区中各民族居民都有一定关联，同时为了能够购买优质的农产品，社区居民也会选择和买卖农产品的满汉居民建立良好的人际关系。经济交往也成为族际交往的重要组成部分，"多族群间的相互依赖取决于族群间的互补性，没有互补性的族群缺乏族际联系的基础"①，生活在同一社区中的居民在不同领域各有擅长，但是彼此之间对于生产生活的互相支撑、互相依存使得人与人之间、群体与群体之间的关联变得必要而深厚。族际通婚是了解族际关系的重要指标之一，体现着民族之间交往的深度与广度。H 村满族、汉族和蒙古族之间的族际通婚率较高，对于族际通婚，居民无论是从通婚意愿上还是实际通婚状态上来看都较为赞同，婚俗、节日饮食等方面也在发生变化，共同性因素逐步增长。

家庭教育、学校教育是教育系统中相互联系又各自独立的两个重要组成部分，均为青少年成长的重要环境。H 村居民世代生活在社区中，年长的人对于民族和其他民族的风俗习惯和禁忌非常清楚，在家庭教育中，每个家庭从小都会教孩子在与其他民族相处时需要注意的事项。满族、蒙古族的禁忌，汉族和回族民众熟知；回族的禁忌，满族、蒙古族和汉族民众熟知。访谈发现，社区居民都表示，孩子在成长过程中，肯定要和其他民族交往，会告诉孩子不要带猪肉、狗肉、驴肉等食品到回民饭店和回民家里，也不让他们带回民孩子去吃禁忌的东西。孩子们遵循着与其他民族相处的方式，并且将注意事项变成了习惯。一名学生说："我最好的朋友就是回民，平时和她相处我们就一起去回民餐厅吃饭，在她面前我也不会吃上面没有写着清真的好吃的。我不知不觉就习惯和她这样相处了。"在学

①〔挪威〕弗雷德里克·巴斯主编《族群与边界——文化差异下的社会组织》，李丽琴译，商务印书馆，2014，第 10 页。

校教育中，除了系统知识的习得之外，各民族孩子在同一空间中的学习和相处，让他们的同伴关系亲密无间，各民族孩子之间的良好关系也有利于促进大人之间友好关系的建立。在学校中，各民族学生能够友好地交往，与教师教育、家中父母充分重视孩子与其他民族孩子交往均有一定关系。

## 三　散杂居地区多民族社区文化交融现象举隅

"作为整体表述的民族交往交流交融事实上可以拆分成民族交往、民族交流、民族交融三部分……这三者之间并非同时发生，而是存在着时序排列的：先有族际交往，再有文化交流，最后才能达成结构交融。"① 族际交往是文化交流产生的基础和前提条件，一定交往的发生才会有深层次的文化交流。在文化交流整合日益加快的背景下，不同民族文化传统之间的相互交融，渐渐显示出不同区域文化的趋同性。多民族互动、文化交融是隆化县张三营镇多民族聚居区文化发展中的显著特点。

（一）人生礼仪

人生礼仪是风俗习惯的重要组成部分，指的是人在一生几个重要环节所经过的具有一定仪式的行为过程，诞育礼、成人礼、婚礼和丧葬礼是中国传统社会贯彻人生的礼仪。在中国文化传统中，人生礼仪既联结着寻常百姓的人生追求和需要，又联结着受儒家文化支配的传统价值观念。这里从人生礼仪在生活中相互交融的表层现象和心理倾向两个层面来考察。该地区各民族在人生仪礼方面的交融情况首先反映在人生礼仪程序方面的相互学习和交流。例如，在诞生礼仪过程中，汉族的诞生礼仪要过满月、百日、周岁等，而回族的礼仪较为简单，有些家庭甚至不会有庆祝仪式。一位回族民众这样说："我小时候我们回族庆祝孩子出生也不会请人吃饭，后来生活条件好，孩子又少，经常看到人家其他民族都办满月，慢慢地我

---

① 郝亚明：《民族互嵌与民族交往交流交融的内在逻辑》，《中南民族大学学报》（人文社会科学版）2019 年第 3 期。

们也就开始随着办了。"在当地汉族诞生礼中有一个"下汤"的习俗，一旦有妇女生孩子了，闻讯的当地人会买上鸡蛋、羊油等食物去看望，期望能补充营养，奶水充足。现如今，社区的满族、蒙古族和回族的家庭在诞生礼中也会增添这一环节，各民族的邻居也会前去"下汤"。诞生礼是人生经历的第一个礼仪，而葬礼则为人生经历的最后一个礼仪。回族葬礼既保留着自己的方式，"我们有人去世就是净身，用三丈六白布缠上，由阿訇主持，用共用的匣子葬到坟地那儿"，又呈现出简约的特征。而汉族的传统丧葬习俗讲究重殓厚葬，这也深刻影响到了蒙古族和满族。这三个民族不仅在葬礼、烧七，而且在一周年、二周年、三周年等时间节点也会举行隆重的仪式。近年来，受回族影响，满、汉、蒙古族三个民族的葬礼仪式呈现出较强的简化色彩，尤其是周年祭已由原来大办三个周年到仅办第一个周年。各民族在长期的共处中，彼此之间做到了文化上的适应和学习。在文化互动过程中，某些风俗习惯会有相似之处，也会进一步交融成共用的礼仪仪式。

衡量人生礼仪互融的深层心理因素，需要了解民族成员对各自文化的认知情况。对于汉、满和蒙古族习俗来讲，社区居民均认为基本一致，没什么不同。就回族习俗来讲，除了回族本身，绝大部分的其他民族居民表示基本了解。可以发现，一方面，由于人生礼仪的交流是各民族在文化层面上的交往，各民族仪式程序方面相互吸收，加强了各民族生活方式的多样性和可选择性，表明民族成员间的文化交往频繁而深入。另一方面，以人生礼仪为代表的民族风俗习惯代表着民众对各自民族的认同和情感，一个民族如果能主动了解、接受或者吸收其他民族的文化要素，一定程度上可以认为，这个民族对其他民族的文化产生了认同，并且增进了彼此的情感，有利于民族交融。

（二）饮食习俗

如上文所述，该地多种植水稻、玉米等农作物，居民喜欢养殖、贩卖牛羊等牲畜，居民的日常饮食以米饭为主，辅以馒头、饺子和面条等食物。值得一提的是，虽然汉族、蒙古族和满族均吃猪肉，整体来看，社区居民普遍喜食牛羊肉。饮食习俗除了包含日常食俗之外，还包含节日食俗。从食物种类来讲，在重要的节庆日子，当地满族讲求将"八大碗"作为宴请的最高标准，慢慢地汉族、蒙古族、回族也将"八大碗"作为宴请最高标准。回族根据民族习俗将"八大碗"的食物内容做了调整。另外，在节日食俗中，回族宴席以茶水代替酒水，随着与其他民族交往的日益加深，席面上在茶水之外也出现了酒水。从节期上来看，汉族、满族居民对于春节甚是重视，从腊月便开始备年货，炸丸子、炸豆腐泡、煮肉等。在相处过程中，回族也逐步重视农历新年，学习其他民族炸牛肉丸子、炸豆腐泡、煮酱牛肉等食物以备过年食用。对于过年习俗，回族在其他民族原有风俗习惯的基础上，也主动参与到庙会等庆新年活动中。

由此可见，即使在汉族、蒙古族、满族和回族差异最大的饮食领域，在交往互动中也形成了一定程度的交融和互信。进一步讲，当地民众的饮食结构是满族、蒙古族、汉族和回族饮食混合的结果，这自然与其所居地的气候、地理环境有关，也是民族分布格局和民族交往的反映。

（三）宗教信仰

宗教信仰是民族文化传统的重要内容之一，宗教信仰的趋同和宗教文化的共享是散杂居地区多民族社区文化交融的重要体现。H 村汉族、满族和蒙古族的宗教信仰基本一致，既信奉地藏寺中的菩萨、玉皇大帝，每个家庭又供奉着自己的保家仙。H 村回族大多信仰伊斯兰教，村中建有清真寺。

"冀北的保家仙信仰是一种独特的宗教崇拜形式，其全部都是动物神灵，并认为这些动物神灵能够保证家庭富裕、幸福、安康。"[1] 在 H 村，狐狸、黄鼠狼、刺猬、蛇和老鼠是最常见的动物神灵，民众为了表示对这几种动物的尊敬，一般并不直接称呼其动物名称，而尊称为"胡、黄、白、

---

[1] 张超：《从民间信仰看中国传统农业社会中的商业因素——以冀北的保家仙信仰为例》，《理论月刊》2015 年第 11 期。

柳、灰”，多用人类的一个姓氏来称呼它们（老鼠除外）。在该地区，除了这几种常见的保家仙之外，金蟾（蛤蟆）、鳖、狼等几种动物也会被人们认为具有保家的才能。保家仙的祭拜比较简单，一般在家中供一个香炉，稍正式的会在木板上写上保家仙的排位，也有少数家庭会购买保家仙的真身塑像，每月农历的初一和十五上香上贡。保家仙中还有一类“出马仙”，“出马仙”指的是对通过附体或者直接交流，以特定人为媒介“出马”来给别人“看病”的保家仙的特指。汉族、蒙古族和满族居民如遇身体、精神状态不好的时候会寻求出马仙的帮助，回族居民偶尔也会寻求出马仙的帮助，但是频率远低于其他民族的居民。对于地藏寺神佛的信仰，除了日常和节日祭祀之外，当地还会举办庙会。H 村每年正月十五和四月二十八举办庙会。庙会期间，会有祭祀活动，也会有耍狮子、踩高跷等娱乐活动，还会有经济交流，村内各民族的居民都会参与其中，其乐融融。H 村回族民众大多信仰伊斯兰教，清真寺是信教群众的重要宗教场所，其他民族的居民一般不会出入。

“各民族共同的宗教信仰或共同的宗教活动，使各民族人民自然而然产生亲切感和认同感，成为联系民族情感的纽带”①。地方传统庙会将各族民众联结在一起，各民族从内容和形式上广泛吸收和容纳了其他民族的文化元素，但在清真寺的文化符号、生活习俗等方面保持着和而不同的地方化特征。

（四）语言使用

语言作为文化的组成部分，既是文化的一种表现形式，也是一种社会文化现象。语言的相互学习，既是不同民族进行交往的前提，也是其频繁交往的结果。

在 H 村，当地民众主要使用的语言是汉语，蒙古族和满族虽有民族语言，但当地居民现在既不会说也不会写。分析可见，当地居民使用的语言

---

① 陈晶：《多民族杂居地区民族交融实证研究——基于甘肃天祝藏族自治县的调查》，《西北人口》2011 年第 5 期。

已经是各民族语言文化交融共进之后的结果，表现最为突出的是民族语言词汇的借用。一是当地语言中较多向满语借词，例如，"哈喇"（现意为食用油变质）、"摘歪"（现意为躲、避）、"兀了巴图"（现意为水不热）等词语。二是当地村名向蒙古语借词，蒙古族把村庄都叫作营子，当地村庄命名多以营子来命名，如张三营、通事营等。在特定词语使用方面，回族没有民族语言，而其有对专有事物的名称，其他民族在交谈中也会使用"封斋""开斋"等词语。与此同时，社区中居民的语言沟通形成了一些固定模式，例如，邻里见面第一句话多问"你吃饭了吗"，再接着展开聊天。

语言是民族内部和民族间交流的工具，在交错杂居和你来我往的长久交往中，满、蒙语和汉语互相渗透使得地方语言呈现出如今状态。而今共同使用的地方语言中词汇混融使得彼此之间的距离拉近，也能有效消除相互之间的陌生感，从而增进彼此之间的情谊。

## 四　散杂居地区农村多民族社区文化交融的相关思考

隆化地区各民族之间在人生礼仪、饮食、宗教信仰、语言等方面的文化交汇与交融现象较为常见，笔者在该地调研的感受也是民众关系融洽、文化良性互动，由此可见，在共同的自然、社会文化背景中长期交错杂居，各个民族"你中有我、我中有你"，他们根据自身需求选择学习、借鉴或整合其他民族文化的合理因素，形成不同程度的交融。

### （一）族际互动使文化交融得以形成和实现

人与人之间的交往使社会这种人类共同体得以形成。在民族结构多元的情境中，不同民族个体之间、群体之间持续展开社会交往，多民族社会得以为继，文化交融得以形成和实现。

第一，特定地理环境、经济互补和交错杂居的居住格局为族际互动的深入提供了必要前提。德国著名社会学家西美尔曾指出，空间的社会形态比空间的物理形态更有意义。他将空间的社会属性归结成排他性、分割性、对社会关系的固化效应、空间接触对行动者之间关系性质的改变、行动者空间流动与社会分化程度相关五个方面。① 对于民族交往交流交融而言，相同的生产生活空间促进了族际互动的必要，也催生了族际互动的可能。如前所述，H 村四面环山的地理生存环境，满汉蒙回交错杂居的分布格局，满汉民族对农业的深耕和蒙回民族在养殖业领域的擅长客观上增加了不同民族之间互动的频率和相互影响的可能性，人与人之间、民族与民族之间不可避免地要相互往来。无论是特定的地理环境，还是交错杂居的居住格局，仅仅是为族际互动的深入进行提供了必要前提，也只是为文化交融提供了可能性，而文化能否交融或者交融的程度如何往往取决于不同民族之间在互动交流中的关系状态。调查发现，多位不同民族的居民反映："我们从小就都生活在一起，都没咋在意过对方啥民族"，"我干这行都二十多年了，长年和蒙古族、回族打交道，一起去外地牛集都互相照顾，我们汉民就自觉地随着他们吃，所以大家关系好。对于牛羊里面的门道，回民比咱们懂，还肯教"。各民族之间的交流并非一朝一夕，而是长期持续互动的结果。

第二，文化交融和互尊互爱是民族关系良好的彰显。"族际交往能够增进彼此之间的了解、缓解接触过程中的焦虑、产生共情等积极情感。同时族际交往的这些积极效应还可以通过接触效果的泛化与接触方式的拓展而得到超乎想象的放大，整体性地作用于民族关系和民族团结的大局。"② 隆化地区民众从小就被教导了解和尊重其他民族文化，民众在族际交往过程中更会接触到社区中每个民族的特色文化，长此以往，民众对于各民族文化都持包容的态度，也能实现人与人、群体与群体之间的互尊互爱。这既是在长期的族群交往中形成的模式，也是愿意为对方考虑的良性民族关系。

（二）文化交融促进民族关系进一步良性发展

文化交融增加了不同民族之间交往的机会，有利于民族关系进一步良

---

① 〔德〕盖奥尔格·西美尔：《社会学——关于社会化形式的研究》，林荣远译，华夏出版社，2002，第 459~483 页。

② 郝亚明：《中华民族共同体意识视角下的民族交往交流交融研究》，《西南民族大学学报》（人文社科版）2019 年第 3 期。

性发展。在日常生活中，当地汉族、满族会经常到回族、蒙古族饭店就餐，找回族、蒙古族人宰羊、买牛羊肉；回族也从满族、汉族那里学习"八大碗"、炸豆腐泡的做法；汉族、满族、蒙古族民众深知回族禁忌，回族也了解其他民族的信仰和习俗……这些都增加了彼此交往互动的机会和进一步交往的可能。

隆化县 H 村社区的多民族聚居是历史积淀形成的，各民族在此地进行着全方位的文化互动，在促进民族文化多元发展的同时，由于共同性地域、共同的心理归属感、共同生活的熟知度等因素，让该地各民族人民有着很强的地域认同和归属感。我国是统一的多民族国家，从一定角度来讲，多民族社区是多民族国家的缩影。多民族社区的文化互动和交融使社区居民对于不同民族文化都能够做到理解、包容和尊重，从而建立亲密的民族关系。

（三）尊重多样性，强化族际纽带，促进民族交往交流交融

在隆化地区长期交错杂居的居住格局中，满汉蒙回四个民族在彼此互动中逐渐形成地方多元一体的文化格局和地缘性的族群亲和。但在清真寺的文化符号、生活习俗等方面保持着和而不同的地方化特征。如前文所述，满族、汉族和蒙古族信仰佛教、道教等，宗教场所有地藏寺和家中神堂；回族信仰伊斯兰教，宗教场所是清真寺。在各民族和谐共居的情境下，回族文化对其他民族文化吸收、借用的同时，也保持着一定程度上的族群边界。

H 村的多民族社区形成由来已久，社区居民在长期交往中形成了当地独有的相处模式，维持着彼此之间的关系。对于社区中的少数民族文化，大家都会尊重其差异性，与他们相处时也会学习用他们的方式建立关系，当面对有着特殊民族习俗的少数民族时，社区中的其他民族基本上会遵循。社区中居民在交往过程中，总会涉及其他民族的文化常识，对于带有民族特点的交谈交往，大家都会再三询问清楚，避免未来交往中出现不尊重的情况。作为生活在地方中的个体的人，通过相互依赖和交往去理解地方文化，在特定的地方文化中寻找地方归属。有特定文化习俗的民族也在

积极借取、交融并整合着其他民族的文化和地域文化。

综上所述，调查地文化交融一定程度上证明了民族关系良性发展的趋势和前景，对于国家稳定、社会进步以及民族发展具有很大促进作用。进一步讲，"中华民族内部民族结构的多元要求各民族交往交流交融不以人为淡化族际差异为政策目标；中华民族的共同体性质又要求各民族交往交流交融要着力于强化族际纽带的建立"①。各民族成员彼此之间互相涵化、异中有同、同中有异、融而不合，不仅保留着原有民族主体的特征，而且基于借取、交融和整合，通过文化上的渗透与交融，从根本上促进了民族关系良性发展；而民族之间的共生共融，一方面使具有不同文化的民族由多元共存进一步向更高层次的"多元一体"发展，另一方面也促进了族际文化共享和社会共同进步。

---

① 郝亚明：《各民族交往交流交融：淡化族际差异抑或强化族际纽带?》，《中央民族大学学报》（哲学社会科学版）2021 年第 3 期。

# 互惠的意义

## ——一个少数民族村落"公益困境"的文化解释

李元元　刘生琰 *

## 一　田野现象——LY 支教服务的"公益困境"

LY 是一家 2012 年成立于北京的公益组织，由几所知名高校的 9 位教师组织发起。虽然这些教师所属高校不同、所学专业不一，但大致相近的生活经历还是将他们紧紧联系在一起——创始人几乎全部来自西部的贫困地区，尽管都通过个体的不懈努力获得了看似"光鲜"的社会地位，但是儿时艰辛的求学经历使他们深刻体会到，象牙塔内的大学精英教育并不能真正改变偏远地区落后的教育现状，优质的基础教育对于与他们有着类似成长境遇的孩子而言，现实意义更为重大。这一共识随即成为他们成立 LY 的初衷，同时也决定了这一组织的基本服务内容——LY 通过校园宣讲、网络报名等方式，每年在全国范围内招募大学生志愿者远赴西部和民族地区的小学进行暑期公益支教。从成立之初至今，LY 已在贵州、云南、甘肃等地的 40 多所小学开展了暑期支教服务，相继有 600 多名大学生志愿者参与了他们组织的项目服务。

2017 年 7 月，笔者在田野作业过程中结识 LY 在青海同仁县 S 村支教

---

* 李元元，西北农林科技大学教授；刘生琰，甘肃政法大学副教授。

项目的负责人 G 女士，借此介入了对这一公益实践的参与观察与实地研究。① 这年已是该组织在 S 村开展项目的第三年。三年来 LY 的支教项目获得了地方政府与省级慈善协会的制度支持，在当地教育局的协调下，S 村中心小学甚至腾出了专门的教室和宿舍以方便志愿者的工作与生活。但饶是如此，困惑、不解与苦恼还是一直伴随这些远道而来的年轻志愿者。苦恼首先来自与本地教师的关系。为了更好地开展公益项目，当地教育局每年都会举行一场志愿者与本土教师的座谈会，在会上，这些土生土长的乡村教师大多一再表示：“欢迎志愿者的到来，上级安排的配合任务一定会竭力完成。”但是，当双方的配合与交流以一种行政指派的方式实现时，志愿者与当地教师之间的距离感便显而易见——除了指定的工作安排，日常支教活动中绝少能看到当地老师的身影，即便志愿者有主动交流的意愿，他们也总是匆匆几句加以搪塞。志愿者用“冷漠的客套”对此加以形容：“老师们都很客气，但明显把我们当成了外人，除了教育局指派的既定工作，几乎和我们没有什么交流。”更大的问题来自当地村民的不信任。G 女士甚至直言，如果没有老师们的动员，当地的学生家长可能不会把孩子们交由一群“陌生人”负责的暑期学校。起初，志愿者以为乡村繁重的农活拖住了孩子们进入暑期学校的脚步，但一番了解后发现，这个以唐卡产业而闻名的村落基本上已经摆脱了“土里刨食”的生计方式，几乎没有额外的农活需要孩子们承担。因此，家长们的态度只能用对志愿者的质疑和不信任加以解释。总而言之，当地教师与村民们的态度让志愿者产生了深深的疑惑——他们不仅没有在支教活动中寻觅到原本属于“公益人”的成就感与归属感，反而似乎成了一群闯入乡土社会的“异乡客”。这种疑惑带来的挫败感始终萦绕在初来乍到的志愿者心头，很大程度上影响了公益服务的整体效果。就此而言，正是由于这种“信任失调”，LY 组织在 S 村的支教服务陷入一场预期之外的“公益困境”之中。

① 2017 年 7 月至 2019 年 10 月，笔者在该组织理事之一 G 女士的引荐下，接触并关注该组织在青海同仁的公益支教项目。本文所述内容均来自上述时间段内的田野观察与深度访谈。按照学术惯例，本文对相关组织名称、人名及地名进行了匿名化处理。

## 二　理论问题——"公益"与"礼物"

借助在"社会"中发育和成长的非政府组织来践行某种特定公益行动，是源于西方社会的"现代公益"理念的重要标识。[①] 更广泛意义上，西方学术脉络中的"现代公益"常与"公共空间""市民社会"等政治学术话语紧密勾连。在美国政治学者希尔伯（Ilana Silber）看来，现代公益是个体和组织基于某种价值观而实施的志愿活动，其目的是满足或实现公共利益。值得注意的是，希尔伯尤其指出现代公益的发生并不以传统社会中"面对面"的熟人关系为基础，与之相反，现代社会中以异质性与陌生性为特征的"非直接关系"的激增，是公益得以成立的社会条件。在希尔伯看来，公益是个体或组织在公共空间里所实施的一种与"陌生他者"之间的互动。[②] 帕顿（Robert Payton）与莫蒂（Michael Moody）则进一步指出，现代公益实践不仅以"社会"的充分发育为必要条件，与此同时，以社会组织为载体的现代公益实践能够反向形塑个体独立、奉献而具有社会责任感的"市民精神"，因此，现代公益既有助于培育活跃而强健的"公共空间"，也成为塑造"市民社会"的有效途径。[③] 就这个意义而言，西方政治学家眼中的现代公益蕴含着"生产社会"与"改造社会"的潜在价值与功能。

改革开放以来，包裹在"现代性"之名下进入中国的西方公益理念，不仅塑造了当前中国公益实践的主要方式，同时在相当程度上影响了中国公益研究的相关理论范式，国内学界基本延续和继承了西方"公益"理念所蕴含的政治意涵。朱健刚在梳理当代中国的公益研究时就指出，对于大量非政府组织公益活动的讨论构成了当前国内公益研究的主流，而学界对于这种公益

---

① 武洹宇：《中国近代"公益"观念的生成：概念谱系与结构过程》，《社会科学文摘》2018 年第 12 期。

② Ilana Silber, *The Gift-Relationship in a Era of "Loose" Solidarities*, *In Identity, Culture and Globalization*, edited by Eliezer Ben-Rafael & Yitzhak Sternberg, Leiden：Brill, 2002, p.293.

③ Robert Payton and Michael Moody, *Understanding Philanthropy：Its Meaning and Mission*, Bloomington：Indiana University Press, 1988, pp.1-4.

实践的讨论基本上没有脱离"国家—社会"关系的框架，这一趋势鲜明反映了学界对转型期中国"市民社会"的某种期待。① 换言之，"国家—社会"关系框架中的公益研究强调公益之于"社会成长"的功能与意义。这种理论倾向也使得有关公益的微观研究偏好将视角对准公益实施方，强调公益理念及其实践过程如何塑造实施者的"市民精神"，进而论证现代公益作为一种手段何以"生产"出一个具有完备公共空间的"市民社会"。但吊诡的是，就在学界主流话语期待着公益成为塑造现代公共性社会有效途径的同时，一些基于田野实证的研究结论却严重质疑和挑战了上述理论期待。例如，孙飞宇等人对一个 NGO（Non-Governmental Orgranization，非政府组织）扶贫困境的田野观察表明，社会组织的公益实践不仅不能实现改造和生产"社会"的愿景，与之相反，在既有的"社会—政治"结构下，公益组织本身却可能成为地方性社会得以再生产的空间。② 在这种研究结论的映照下，"国家—社会"关系框架中的公益研究不仅在宏观的目标实现层面失去了合理性，同时也无法解释出现在微观生活世界中的种种"公益困境"。事实上，将西方现代公益理念作为一种"普遍性知识"运用于中国实践，并以此假定现代公益理念能够超越中国特定"民情"成为塑造"现代市民"与"公共空间"的手段，可能是"国家—社会"关系框架中的公益研究备受质疑的主要原因。李荣荣在一个公益组织的乡土实践中敏锐地发现，强调超越固有社会关系网络而自发通过公共空间主动关爱"陌生他者"的现代公益理念，与中国乡土社会盛行的简单互惠逻辑存在观念层面的不对等。③ 由此看来，有关公益的讨论应该将公益实施方与受益方的"关系相互性"纳入研究视野，因为讨论公益双方的相互关系，一方面可以全面而客观地呈现和验证公益作为塑造"现代市民"途径的有效性和实用性；另一方面亦可以将被"遗忘"的公益受益方带回讨论范围，为当前实践中出现的种种

---

① 朱健刚主编《公益蓝皮书：中国公益发展报告（2011）》，社会科学文献出版社，2012，第225~226 页。
② 孙飞宇、储卉娟、张闫龙：《"生产"社会还是社会的自我生产？以一个 NGO 的扶贫困境为例》，《社会》2016 年第 1 期。
③ 李荣荣：《作为礼物的现代公益：由某公益组织的乡土实践引发的思考》，《社会学研究》2015 年第 4 期。

"公益困境"提供一种基于田野观察的文化解释。正是在这个意义上，来自经典人类学的"礼物"范式或许能为当前陷入困境的公益研究提供一种新的解释框架。莫斯〔Marcel Mauss）的礼物研究关注交换双方的相互性关系，强调馈赠、接受与回礼义务的互惠原则是"社会得以可能"的基本条件①；道格拉斯（Mary Douglas）则进一步指出，基于互惠原则而形成的礼物循环体系，实际上就是我们所理解的"社会"②。无独有偶，杨联陞先生认为"报"是中国社会关系的基础③；欧爱玲对于中国广东客家乡村的人类学研究表明，即便历经历史变迁与多重社会转型，"需要记恩并努力报恩"的道德话语依然是中国乡村社会根深蒂固的行为准则④。由此可见，人类学"礼物"范式对于中国乡土社会的解释力依然有效，"馈赠—接受—回报"构成的互惠原则依然构成中国乡土社会的基本民情。正是在这样的理论思考下，本文尝试远离"国家—社会"关系框架，转而在人类学"礼物"范式下讨论 LY 在 S 村遭遇的"公益困境"。具体而言，本文认为，当地人与志愿者之间的"信任失调"源自礼物经济原则下乡土互惠逻辑与现代公益理念之间的观念不对等，LY 在 S 村"公益困境"背后蕴藏着不同文化语境下道德话语的分歧与冲突。本文按两个步骤展开讨论：首先，以 S 村日常生活中义务与权利明晰可见的乡土互惠原则为镜像，反观现代公益理念存在的互惠原则"模糊性"问题；其次，以个案的田野观察为基础，讨论"互惠"对于公益实践的意义。本文希望在为 S 村的"公益困境"提供文化解释的同时，也能够为当前强调"国家—社会"关系框架的公益研究补充一种关注受益方与日常生活的人类学视角。

---

① 汲喆：《礼物交换作为宗教生活的基本形式》，《社会学研究》2009 年第 3 期。
② Mary Douglas, "Foreword：No Free Gifts", in Marcel Mauss, *The Gift：The Form and Reason for Exchange in Arcuaric Societies*, Trans., by W. D. Halls. foreworded by Mary Douglas, New York：W. W. Norton and Company, 1990.
③ 杨联陞：《报——中国社会关系的一个基础》，《中国文化中"报"、"保"、"包"之意义》，贵州人民出版社，2009，第 1~13 页。
④ 〔美〕欧爱玲：《饮水思源：一个中国乡村的道德话语》，钟晋兰等译，社会科学文献出版社，2013，第 232 页。

## 三 互惠与奉献——S 村"公益困境"的文化解释

### (一) S 村的互惠原则与乡土道德

S 村位于青海省同仁县隆务河谷地。这个偏安青海东南一隅的藏族村落，却是赫赫有名的"热贡唐卡"的发源地。改革开放 40 多年来，S 村人将世代传承近 600 年的唐卡技艺推向市场，一跃成为青海乃至整个西北最大的唐卡生产和销售基地。唐卡文化的产业化深刻改变了 S 村的面貌以及村民的日常生活。截至 2019 年，这个拥有 4000 多人的古老村落人均收入已超过 10 万元，成为当地远近闻名的"首富之村"。就此而言，深嵌于市场社会之中的 S 村在经济层面业已具有了"现代性"殊相。但是，乡土经济的市场化拓展却并没有"涤荡"村落的文化传统，基于家族文化而形成的互惠原则依然是这个村落根深蒂固的道德准则与行为标准。从这个角度来看，S 村又无疑是一个延续了"历史"与"传统"的村落。

S 村的互惠原则在宗教仪式与人生礼仪中体现得尤为明显。对于笃信藏传佛教的 S 村人而言，每个成年男子一生中仅有一次的"念活经"是极为重要的人生礼仪。在他们看来，如果不履行这一仪式，佛祖就无法知晓和确定信众今生的功德，进而影响下世的轮回。"念活经"在 S 村古老的村寺中举行，由寺院全体僧人在大经堂为施主念经祈福、消除业障，一般持续 3~5 天。这是一项花销巨大的宗教仪式——施主不仅需要为寺院全体僧人提供必要的供养，还需要负责参与仪式的村民至少 3 天的免费吃喝。对于每一个需要"念活经"的家庭而言，烦琐的仪式准备工作都难以靠"一己之力"完成。因此，S 村以"措哇"①为单位，对"念活经"期间的集体互助有明确规定：凡有家庭需要"念活经"，"措哇"内 18 岁以上、

① "措哇"，安多藏语，汉语意为"家族"。有本土人类学者指出，在 S 村所处的热贡涉藏地区，父系血缘继嗣群"措哇"是社会认同的初级单位；由若干"措哇"基于地缘关系结合而成的"迪哇"，就是通常意义上的"村庄"。具体参见索端智《藏族信仰崇拜中的山神体系及其地域社会象征——以热贡藏区的田野研究为例》，《思想战线》2006 年第 2 期。S 村实际上就是一个由四个"措哇"组成的"迪哇"。

45 岁以下的成年男女皆有义务帮忙仪式的准备工作。年岁既高且具有权威的老年男子所组成的"老人会"，负责"措哇"内每个家庭"念活经"的整体筹备、收缴未履行义务者的罚款等事项。

> 在我们庄子，不管你是在城里工作的人还是常住庄子里的人，只要有人"念活经"，都必须回来帮忙。一家子要准备一百多个阿卡 3 天的吃喝，怎么顾得过来？光是做馍馍的面都要六七百斤，要是没人帮忙，一家人就是准备一个月都做不完。所以"念活经"帮忙是庄子里不能变的"卡玛"①。要是你确实有事不能参加，也要交钱或请别人帮忙。（C.R，S 村村民）

在 S 村，每一个履行了"念活经"帮忙义务的社区成员都会充分相信自己家庭在"念活经"时会得到同样的回报性服务。对于不能履行"念活经"帮忙义务的成年男女，S 村每个"措哇"的"老人会"都会有具体的罚款规定。例如，"凯尔囊"② 庄子的"老人会"就规定，一次未能参与"措哇"内"念活经"帮忙事宜的家庭罚款 300 元；两次未履行帮忙义务者，罚款 600 元；前一天家里有人，"念活经"准备工作开始又未见参加的家庭，则需要加倍罚款至 1000 元。近十几年来由于唐卡产业的风生水起，外出从事唐卡生意不在村内的村民不在少数，因此每个措哇的"老人会"都会有相当数量的罚款积累。不过，名义上虽然称之为"罚款"，但不少外出者不会等到"老人会"上门收缴，反而在此之前就将"罚款"上交，多数情况下所交罚款还会高于规定的数额。

> 我们家情况特殊，兄弟 3 个都在西宁工作。庄子里有人要念经又确实回不去的话，我们要不就请别的亲戚去帮忙，要不就提前把钱给庄子上的老人交上。因为不在庄子上住，庄子里的很多事我们也帮不

---

① "卡玛"，S 庄内土语，意为规矩、规则。

② "凯尔囊"，安多藏语，意为"城郭"。"凯尔囊"是 S 村四个"措哇"之一。

上忙，所以只要交钱，我们一般都是多交，一方面是因为心里愧疚，多交的钱就当是"捐赠"；另一方面等到我们家有事，也容易开口让别人帮忙。就像我父亲经常讲的一样，不管我们人走到哪里，根都在庄子里。庄子上的规矩，那是一点都不能乱的。（D.Z，S村村民，现在西宁从事唐卡生意）

我们在田野调查中还听闻这样的故事，某户人家兄弟两个都在玉树做唐卡生意，连续几年没有参加其他家庭"念活经"的准备工作。更为"恶劣"的是，他们既没有交钱，也没有请其他的亲戚朋友帮忙参加。轮到自己父亲需要"念活经"时，庄子上的老人没有提前通知大家，也不见有邻里村民前来帮忙。财大气粗的两兄弟不得已找到老人们，提议花钱请大家帮忙。老人们的回复是"乡里人缺钱，但不缺骨气"。无奈之下，兄弟俩只能在城里雇了专门负责酒席业务的生意人准备仪式所需的相关事宜。正式"念经"那几天，同一"措哇"庄子上的村民都没有去寺院参加仪式，本来意义非凡的人生礼仪顿时变得冷冷清清。此后，庄子里凡有人家"念活经"，老人们再也不会通知这家人参加或交钱。故事尽管发生在十几年前，但至今仍然被当作反面事例被村民们反复提及。由此可见，刻意逃避互惠互助的乡土道德规范，很大程度上意味着与村庄的某种"断裂"，其后果是一再被乡土社会所排斥和挤压。或许正是由于这一口耳相传的"前车之鉴"，S村里即使最为"抠门"的家庭，也不会吝啬在"念活经"上应该付出的人力、物力或财力。

"庄子上的人就要守庄子里的规矩"，而S村最显著的"规矩"，可能就是必须践行基于互惠原则的乡土道德。不难发现，尽管"大社会"历经转型和变迁，但S村人很大程度上依然生活在由互惠所构筑的地方性道德社会之中。对于每一个村民而言，在日常生活中践行互惠原则，既可以在应对社会危机或人生重大事件（如"念活经"）时寻觅到集体力量的支持，又能够通过这一途径塑造个体在村落中的地位与声望。不遵守互惠原则，不但需要"形单影只"地应对各种烦琐的人生礼仪，还将受到汹涌而至的舆论压力与道德谴责。当然，当地人对于互惠的强调还隐含着寻求尊严与平等的情感维度。就像 S 村里人常说的那样，"规矩讲的就是平等，不管多有钱、当多大官，在庄子里都一样，别人给你帮多少，你就要回报别人多少"；或许正是在这种你来我往的互惠关系中，村民对于人格尊严与地位对等的心理诉求才能得到切实的满足。

S 村互惠原则之所以如此明显，本质上因为村落是一个以血缘关系与地缘关系为纽带的文化共同体。萨林斯（Marshall Sahlins）在《石器时代经济学》中指出，简单互惠与商品交换的适用范围存在明确分野，前者以亲属关系、地缘关系为条件，后者则以业缘关系为前提。[①] 与此相对应，S 村互惠的乡土道德也有着明确的边界，来自村落外的"陌生人"既没有承担互惠的义务，也不在互惠范围之内。概言之，S 村以互惠为基础，构筑了一张巨大的乡土道德之网，浸没在这张道德之网中的村民习惯于以界限清晰、权利与义务对等的互惠逻辑应对和处理日常事务。毫无疑问的是，这种地方性乡土道德正是 LY 组织进行公益实践时不得不面对的民情，而这一民情的存在，促使我们必须对 LY 组织及志愿者所秉承的道德话语进行细致的考量，因为在某种意义上，两种道德话语的匹配与否，在相当程度上可以对 LY 组织在 S 村所遭遇的"公益困境"加以厘清和解释。

## （二）LY 组织"奉献他人"的道德话语

在很多学者看来，现代公益实践之所以能够成为塑造公共空间或市民社会的手段，很大一部分原因在于现代公益理念主张超越明确边界的简单互惠网络，进而通过公共空间主动关爱、服务并奉献于他人的道德愿景。方洪鑫在其田野研究中指出，现代公益理念本质上是一种"道德装置"，这一装置催生出的无私奉献与关爱他人的道德话语，能够使公益组织成员在实践中被规训和"主体化"，塑造出公益组织成员的"市民道德"，进而达到"改造社会"与"生产社会"的目的。[②] 与此类似，作为一个由高校

---

① 〔美〕马歇尔·萨林斯：《石器时代经济学》，张经纬等译，生活·读书·新知三联书店，2009。

② 方洪鑫：《边城瑞丽公益组织的国际理念与草根话语——一个道德人类学的探索》，《社会》2019 年第 3 期。

教师组织发起的公益组织，LY 组织章程对于从事公益服务的目的有明确规定：一方面，旨在通过支教服务"尽可能改变西部地区基础教育滞后的现状，促进东西部基础教育资源均衡"；另一方面，强调通过公益实践，"推动即将走向社会的大学生志愿者成长为关爱他人、奉献社会并具有强烈责任感和行动力的现代公民"。这样的章程设定显示出 LY 组织事实上具有参与中国社会变迁进程、改善结构性不平等的宏大理想。换言之，拥有高级知识分子身份的创始人从一开始就有借助公益去实现"改造社会"的远大抱负。关于这一点，G 女士也加以印证：我们机构的发起者都是贫困地区走出来的高校老师，他们对于西部基础教育的落后是有切身体会的。机构成立之初，几位老师就清醒地认识到，单纯依靠机构的一己之力去改变现有格局是行不通的，人力和财力都不够。但我们这么多年还是坚持下来了，原因无非就一点，我们想通过自己的坚持传递一种关爱他人和奉献社会的精神，感召更多的大学生在走出校园后能够主动关注、服务和奉献于西部基础教育，借助这些未来有生力量去改变这种结构性不平等。

为了感召"更多的未来有生力量去改变现有格局"，LY 组织需要传递出一种关爱他人、疏于回报与无私奉献的道德话语来影响和塑造大学生志愿者们的价值观。事实上，LY 组织会运用培训来达成这一目的。根据组织章程，通过校园招募或网络报名而遴选上的志愿者，在支教服务开始之前应该接受为期一周的培训课程。起初课程培训地点设在北京，后期志愿者来源扩及全国各地多个高校后，培训方式便改为网络培训。课程培训的老师一般由经验丰富的前志愿者、组织创始人和聘请的高校专业教师担任。参加过项目服务的志愿者除了传递有关基础教育的基本知识之外，还会通过自己的经历教导新志愿者如何与当地人有效沟通；受聘进行培训的高校教师则会从各自专业角度对志愿者即将开启的公益实践进行指导。这一环节尤其值得注意的是，LY 组织会聘请京内著名高校的社会学者向志愿者介绍中国乡村基础教育的现状、东西部社会发展的结构性差距及原因等；在培训的最后阶段，组织的创始人会亲自"上阵"，先是讲解 LY 公益服务的规章制度，尤其强调"不能带着优势视角对服务群体进行价值判断""不能接受服务群体的馈赠"等公益伦理，然后创始人会历数自己儿时求学的艰辛与不易，强调优质教学资源对于西部基础教育的意义；最后，培训内容中会呈现一些先进人物不畏艰苦、服务西部、无私奉献进而实现人生价值的典型事迹。其中，一位上海知青扎根甘肃涉藏地区草原行医 40 多年的故事被反复宣传。

总之，LY 组织希望通过培训让志愿者知晓三方面的内容：一是有关基础教育与公益服务的技能；二是中国基础教育东西部差距的结构性原因；三是基本的公益伦理与组织的规章制度。但需要注意的是，培训既是具体的知识传授，又是更高层次的情感动员与道德知谕——对于中国基础教育结构性差距的讲解，在于让志愿者对 LY 公益服务的目的有更深层次的理解；而创始人自述艰辛往事以及对典型事迹的宣传，则旨在激发志愿者对于身处西部的服务群体的关注，从而能够鼓励志愿者服务西部的热情。从这个角度来看，作为一个公益组织，LY 犹如一台"道德装置"，想方设法地生产出不计回报、主动关爱与奉献他人的道德话语，促使更多的志愿者能够服务于"改变东西部教育结构性不平等"的远大理想。

不过，虽然被"包裹"在公益组织"奉献他人"的道德话语之中，但志愿者参与公益服务都存在特定的个体动机。来自南京的志愿者 W 就提及参与支教服务的原因：

> 来青海参加支教主要有两方面的考虑，首先是我在东部地区长大，从来没到过西部，我马上就大四了，想趁着这个机会去看看祖国的大好河山。另外，我正准备申请美国一所学校的研究生，国外学校对于公益实践这方面比较看重，参加支教对我个人的发展也有帮助。

C 同学是成都一所高校的学生，她参与支教服务则与家庭变故和宗教信仰相关：

> 我出生在一个单亲家庭，从小在一起生活的父亲前几年车祸去世，我因此得了抑郁症。后来就开始接触藏传佛教，内心慢慢平静下

来。我来热贡涉藏地区支教也是佛家说的积功德，好多人觉得我们来支教是为了帮助别人，但我觉得是相互的，给孩子们教授知识，我也会得到一种心灵的慰藉和平静。我或许能改变他们，但更多的是他们改变了我。

不难发现，志愿者参与公益服务的动机不尽然是为了"奉献他人"，甚至某些动机带有寻求回报的理性主义色彩。但是，虽然志愿者参与公益的具体解释指向了多元化，但不管是为了"帮助个人的发展"，抑或为了"抚慰心灵"，呈现自我、改变自我是这些志愿者在参与动机层面的共性特征。志愿者们正是携带着这样的个体动机，统一在公益组织"奉献他人"的道德话语之下奔赴远方，继而与地域性明显的乡土互惠道德发生了正面碰撞。

（三）S 村"公益困境"的文化解释

2014 年初，LY 组织与相关部门接洽后，选定 S 村作为在青海进行公益服务的第一站。据 G 女士介绍，当初之所以会选择 S 村，主要基于两个原因。一是村落交通便利，从西宁乘坐大巴 3 个小时就能直达村口，这会使志愿者的生活便利很多；另一个更为重要的原因是，S 村因为特殊的历史族源，全庄通用汉语，有利于支教服务的顺利开展。事实上，LY 组织的准备工作不可谓不细致，甚至在前期的网络培训中，G 女士还曾邀请当地教育局的官员向志愿者介绍了 S 村所处的热贡涉藏地区的自然环境、历史文化等相关内容。但或许正是这场缺乏对 S 村"地方性知识"进行细致考量的讲解，让 LY 组织忽略了对自身道德话语和当地乡土道德的关注，继而进入村庄后遭遇了预期之外的"公益困境"。

对于大多数村民而言，村民并不了解志愿者参加公益实践的具体动机，只能通过与志愿者的日常交往了解一些情况，因此，他们对于公益服务的看法和态度则直接指向了作为群体的团队和组织，认为是该组织的某些规定过于严苛，不利于村民与志愿者之间的相互了解与沟通。

正如格尔兹（Clifford Geertz）所言，"人是悬挂在自己编织的意义之

网上的动物"①，因此每一种言说、态度和行为都必须置身于特定的意义之
网中才能得以更为清晰地理解和描述。从这个意义上说，把握和理解这些
言说背后的道德话语，可能会更为清晰地呈现"公益困境"的深层次
原因。

　　生活在乡土道德之网中的 S 村村民习惯于以互惠原则应对、思考和践
行日常事务。在他们朴素的逻辑里，一旦开始付出或者馈赠，就可以期待
并且理应得到一份回报。正如斯科特（J. C. Scott）在研究东南亚农民的道
义经济时指出的那样，深嵌于互惠网络中的农民所理解的"回报"，虽不
尽然与"付出"完全相同，但应该是他们认知中"价值类似的物品或服
务"②。正是在这样的逻辑下，村民们认为，不远万里赶来为自己孩子传授
知识的志愿者获得一场热情的招待，不仅是应该的，更是"一件好事"。
但是，这种互惠的乡土道德遇上了公益组织致力于"奉献他人"的道德话
语。更为不巧的是，LY 组织将这种道德话语转化为在实践中必须严格执
行的公益规则，那就是"不能接受服务对象的馈赠"。于是，被村民视为
一种义务的"接受回报"在公益组织那里变成了一种"错误"，这是村民
所没有想到而且不能理解的。对于 LY 组织而言，不接受村民"回报"的
后果相当严重。一方面，村民们之所以如此看重"接受回报"，不仅因为
接受回报是互惠道德所规定的义务，也是地位对等的体现。LY 组织将
"接受回报"视为错误的做法，无疑极大伤害了村民的自尊。另一方面，
正是由于互惠关系中双方权利与义务对等、相互的动机与期待清晰可见，
布罗代尔（Fernand Braudel）才会认为简单互惠为信任关系的产生提供了
保障③。就此而言，LY 组织强调奉献却疏于回报的章程规制，使得村民无
法看清它从事公益实践的真实动机和目的，于是，在猜忌、怀疑甚至担心
中，村民对公益组织的信任感也随之消散。

---

① 〔美〕克里福德·格尔兹：《文化的解释》，纳日碧力戈等译，上海人民出版社，1999，第
5 页。
② 〔美〕詹姆斯·C. 斯科特：《农民的道义经济学——东南亚的反叛与生存》，程立显等译，
译林出版社，2013，第 217 页。
③ Fernand Braudel, *Civilization and Capitalism 15th–18th Century Vol. Ⅲ —The Wheels of Commerce*,
New York：Harper & Row, 1982, p. 150.

　　本地老师们对志愿者以及公益实践的态度也能够在道德话语不对等的框架下给予解释。与公益组织所坚持的"奉献他人"道德话语不同，志愿者参与公益实践的动机显得更为多元。这些多元化动机的共性特征是，这些志愿者都希望在公益实践中获得自我的呈现与改变。从这个角度看，不少志愿者是以互惠原则来实践公益活动的——通过服务他人的支教服务，换取个体的改变与呈现。但志愿者的互惠原则与S村乡土互惠道德并不兼容。诚然，乡土互惠道德并不排斥以呈现与改变自我为目标的回报，在S村内部，也有不少人通过及时和慷慨的互惠往来获得了声望与地位，成功实现了自我的呈现与改变。但是，这种地位与声望必须深嵌于以村落为边界的乡土道德体系内部，因为在封闭的互惠体系内，村民能够清楚预期通过互惠获得的利益也势必会再次通过互惠返回于村落内部。一旦脱离村落边界，一个与村庄关系生疏的陌生人通过一次即止的交易获取利益，那么在村里人看来，这并不是"互惠"，而是一种"攫取"和"掠夺"。由此反观志愿者的动机，无论是为了"个人发展镀层金"，还是为了个人的旅游便利，这些自我的呈现或改变均超越了村落边界，或者说并不在村里人的预期之内。

　　S村乡土道德要求边界清晰、付出与回报对等的互惠原则，但无论是LY组织不计回报、奉献他人的道德话语，还是具体志愿者超越村落边界的获利动机，都与S村乡土道德所要求的互惠原则格格不入。在S村权利与义务如此清晰的互惠原则的对照下，公益组织与志愿者所秉承的实践原则在互惠性方面都显得相当"模糊"。就这个意义而言，LY组织在S村的"公益困境"，本质上源于不同文化语境下道德话语之间的碰撞、博弈与冲突。

## 结　语

　　本文以田野观察与深度访谈的方式对LY组织在S村的"公益困境"进行了人类学意义上的文化解释。我们的观察表明，LY在S村的"公益困境"表现为当地人对志愿者及其公益实践的"信任失调"，但本质上源于乡村互惠道德与现代公益道德间的文化冲突。我们无意过分强调这一个案的普遍性，但作为一种"理论实验场"性质的个案研究，我们仍然希望寻找到某些超越个案的普遍性共识，以此对"互惠"之于"公益"的意义加以讨论。

人类学意义上，"互惠"之于社会的生成、维系与发展具有关键性意义。莫斯不断强调，礼物交换下的互惠原则在初民社会之所以如此普遍，是因为它能够将次级群体整合为一个具有更高群体道德的社会共同体①。更有人类学者指出，没有回报的"免费礼物"不能带来真正的朋友，因而无助于社会团结的形成②。就此而言，礼物交换中的互惠原则是社会得以建构的途径，也是社会关系的本质。互惠也是中国乡土社会关系与道德准则的基本现象。阎云翔就基于一个东北乡村田野研究，将互惠性的关系与人情视为乡土社会关系的"基本形式"③。尽管当前既有的社会结构没有对互惠进行义务性要求，但长久以来的历史惯习仍然使互惠道德作为一种"小传统"牢固扎根于乡土社会之中，使之成为一种普遍性民情。但与此同时，以无偿奉献为核心价值的公益道德借助"现代性"之名，俨然已经成为一种衡量公民素质的道德标准，并由此在社会道德话语中占据了统摄地位。问题在于，公益道德真的能够无视作为社会民情而存在的互惠道德，成为形塑现代公民与公共性社会的手段吗？本文的个案研究隐约给出了相反的答案，那就是日常生活世界中出现的"公益困境"不仅由某些公益实施方"伪善"的动机所导致，结构层面更与这种社会道德话语的失衡密切相关。事实上，已有学者敏锐地发现，"由于与互惠原则相抵牾，不计回报的慷慨慈善与公益活动使得受益方处于一种不对等与边缘化的境地，因而会成为一种结构不平等的生产机制"④。由此可见，以公益道德统

---

① 〔法〕马塞尔·莫斯：《礼物》，汲喆译，上海人民出版社，2002，第 147 页。

② James Laidlaw, "A Free Gifts Makes No Friends", *The Journal of the Foyal Anthropological Institute*, 2000（4）.

③ 〔美〕阎云翔：《礼物的流动：一个中国村庄中的互惠原则与社会网络》，李放春等译，上海人民出版社，1999，第 220 页。

④ James G. Rice, "Icelandic Charity Donations: Reciprocity Reconsidered", *Ethnology*, 2007（1）.

摄社会道德话语、无视作为"小传统"的互惠道德,不仅无益于现代性公共社会的生成,相反会阻滞社会团结、固化结构性不平等,使现代性公共社会的建构沦为"空中楼阁"。就当前中国的现实语境而言,亦有学者指出,"基于互惠道德联结而成的乡土传统社会组织的'复兴'或'重构',是实现乡村振兴、建构现代公共社会不可忽视的本土资源"①。正是从这个意义出发,重塑公益道德与互惠道德的关系、重视"互惠"之于"公益"的重要价值,对于当前公益实践效果的有效达成与现代性公共社会的最终建构,都具有现实而深远的意义。

①  马良灿、哈洪颖:《新型乡村社区组织体系建设何以可能——兼论乡村振兴的组织基础建设》,《福建师范大学学报》(哲学社会科学版)2021 年第 3 期。

**图书在版编目（CIP）数据**

民族学的转型发展 / 中国民族学学会编；王延中主
编；张继焦，祁进玉副主编. -- 北京：社会科学文献
出版社，2024.12
　（民族学论坛）
　ISBN 978-7-5228-3127-5

　Ⅰ.①民…　Ⅱ.①中…　②王…　③张…　④祁…　Ⅲ.
①民族学-研究-中国　Ⅳ.①C955.2

　中国国家版本馆 CIP 数据核字（2024）第 019483 号

民族学论坛
# 民族学的转型发展

编　　者／中国民族学学会
主　　编／王延中
副 主 编／张继焦　祁进玉

出 版 人／冀祥德
责任编辑／周志静
责任印制／王京美

出　　版／社会科学文献出版社 · 人文分社（010）59367215
　　　　　地址：北京市北三环中路甲 29 号院华龙大厦　邮编：100029
　　　　　网址：www.ssap.com.cn
发　　行／社会科学文献出版社（010）59367028
印　　装／三河市东方印刷有限公司

规　　格／开　本：787mm × 1092mm　1/16
　　　　　印　张：20.25　字　数：310 千字
版　　次／2024 年 12 月第 1 版　2024 年 12 月第 1 次印刷
书　　号／ISBN 978-7-5228-3127-5
定　　价／98.00 元

读者服务电话：4008918866